영적 전쟁의 정석

Copyright © 1997 by Clinton E. Arnold
Originally published in English under the title *3 Crucial Questions about Spiritual Warfare*
by Baker Books, Grand Rapids, Michigan, USA.
All rights reserved.

This Korean Edition Copyright © 2016 by Daiseo, Seoul, Republic of Korea.
This Korean edition is translated and used by arrangement of Baker Books
through rMaeng2, Seoul, Republic of Korea.

영적 전쟁의 정석

초판 1쇄 인쇄 2016년 5월 20일
초판 1쇄 발행 2016년 5월 25일

지은이 클린턴 아놀드
옮긴이 한화룡
펴낸이 장대윤

펴낸곳 도서출판 대서
등록 제22-2411호
주소 서울시 서초구 방배동 981-56
전화 02-583-0612 / 팩스 02-583-0543
메일 daiseo1216@hanmail.net

디자인 참디자인

ISBN 979-11-86595-18-3 (03230)

* 책 값은 뒤표지에 있습니다.
* 잘못된 책은 교환하여 드립니다.

이 한국어판의 저작권은 알맹2 에이전시를 통하여 Baker Books와 독점 계약한 도서출판 대서에 있습니다.
신 저작권법에 의하여 한국 내에서 보호받는 저작물이므로 무단 전재와 무단 복제를 금합니다.

3 Crucial Questions about
Spiritual Warfare

영적 전쟁의 정석

클린턴 아놀드 지음
한화룡 옮김

도서
출판 **대서**

Contents
목차

추천사 · 7
서문 · 9

1부. 영적 전쟁이란 무엇인가?

들어가는 말 · 13
I. 그리스도인의 삶은 "영적 전쟁"이다 · 17
II. 영적 전쟁에 대한 관심이 급증하는 이유는 무엇인가? · 30
III. 균형을 유지하라: 우리의 적은 셋이다 · 37
IV. 고전적 구절: 에베소서 6:10–20 · 45
V. 영적 전쟁을 위한 무장: 소그룹 기도 · 57
VI. 선교가 최우선이다 · 64
VII. "다른 예수"를 주의하라! · 72
VIII. 왜 굳이 적에 대해 생각해야 하는가? · 96
   추천도서 · 101
   주 · 102

2부. 그리스도인도 귀신들릴 수 있는가?

들어가는 말 · 111
I. 그리스도인들은 어느 정도 귀신의 공격을 받을 수 있는가? · 114
II. 귀신들이 그리스도인들에게 극심한 영향을 끼친 성경적 사례들 · 141
III. 귀신들이 그리스도인들에게 영향력을 행사하는 방법들 · 148
IV. 관련된 몇 가지 중요한 문제들 · 155
V. 귀신들을 다루는 방법에 대한 성경의 교훈들 · 175
VI. 피해야 할 지나친 일들 · 196

    요약 · 210
    추천도서 · 212
    주 · 215

3부. 그리스도인들은 지역 영에 맞서 싸워야 하는가?

들어가는 말 · 229
I. 전략적 수준의 영적 전쟁이란 무엇인가? · 234
II. 성경적 근거와 교회사적 근거 · 241
III. 전략적 수준의 영적 전쟁에 대한 평가와 대응 · 255
IV. 우리는 지역 영에 어느 정도 맞서 싸워야 하는가? · 293
V. 교회와 도시에서 수행하는 영적 전쟁 모델 · 301
마지막 말: 교회 연합을 호소함 · 312

    요약 · 314
    추천도서 · 316
    주 · 318

Recommendation
추천사

　영적 전쟁에 대해 배우고자 하는 사람이 책 한 권을 소개해 달라고 한다면 나는 그 사람에게 바로 이 책을 권하겠다. 저자 클린턴 아놀드는 스코틀랜드 애버딘대학교에서 신약학으로 박사 학위를 취득하고 미국 탈봇신학대학원에서 신약학을 가르치는 교수이다. 그는 이 책에서 건전한 성경신학과 교회사 특히 초대교회 교부들의 지혜와 통찰에 근거하여 오늘날 우리 주변과 먼 선교지에서 일어나는 영적 전쟁과 관련된 각종 문제들을 두루 고찰하고 있다. 그런 점에서 이 책은 신학과 실천을 겸비한 보기 드문 책이다. 이 책은 신학적이지만 읽기가 어렵지 않고, 실천적이지만 허접하거나 산만하지 않다.

　무엇보다도 이 책은 영적 전쟁을 여러 각도에서 포괄적으로 다룬다. 저자는 영적 전쟁이란 그리스도인의 삶 전반에 걸쳐서 하나님의 주권 아래 사탄의 공격을 물리치고 승리하는 삶이라고 주장한다. 이 책은 영적 "전쟁"이라고 해서 전투적인 측면을 강조하기는 하지만 그와 더불어 삶 전반에 걸쳐서 영적인 측면을 검토한다. 또 이 책은 "영적" 전쟁이라고 해서 육적이고 세속적인 측면을 무시하는 것이 아니라 오히려 총체적으로 삶과 사역을 고려한다.

　이 책에서 저자는 세 가지 질문을 던지고 각각의 질문에 대해 성경적, 신학적, 사역적 해답을 찾아나간다. 1. 영적 전쟁이란 무엇인가? 2. 그리스도인도 귀신들릴 수 있는가? 3. 그리스도인들은 지역 영에 맞서 싸워야 하는가? 그렇게 답을 찾아가면서 저자는 균형을 잃지 않으려고 무진 노력한다. 이 점에서 오늘날 영적 전쟁을 논하는 많은 실천가나 이론가와 두드러지게 차이가 난다.

아울러 저자는 자신의 논지를 펼쳐나가면서 선교학자나 실천가들의 의견을 존중하는 미덕을 발휘한다. 예를 들어 저자는 피터 와그너나 찰스 크래프트의 주장에 귀를 기울이면서 그들로부터 겸손하게 배우려고 한다. 실제로 저자는 피터 와그너와 찰스 크래프트가 속한 〈영적 전쟁 네트워크〉에 신학자문위원으로 참여하고 있다. 하지만 진지하게 신학적 검토를 한 결과 영적 전쟁의 다른 지도자들에게 틀린 점이 있다면 저자는 그 점에 대해 솔직하게 자신의 의견을 밝힌다.

영적 전쟁에 관심이 있는 독자들이 이 책을 차근차근 읽어나간다면 신앙생활 전반에 걸쳐 막대한 유익을 얻게 될 것이다. 삶의 모든 영역에서 선교적 삶을 살아가고자 하는 모든 그리스도인들에게 이 책을 강력히 추천한다.

김성환 (GMS 우간다 선교사; 미국 풀러신학대학원 Ph.D.)

Preface
서문

　내 연구실 책장에 꽂혀 있는 "영적 전쟁" 책의 수를 세어보니 무려 97권이었다. 이 책들 가운데 12권을 뺀 나머지는 다 최근 10년 내에 출판된 것이었다. 대부분 어떤 형태의 "구출 사역"을 제시하며, 또 승리를 거둔 극적인 이야기들로 가득하다. 다른 책들은 "지역 영"에 대해 주의를 촉구하고, 그들의 정체를 알아내서 대적하는 기도를 하라고 제안한다. 소수의 책들은 나머지 모든 책들에 대해 비판적으로 평가하면서, 영적 전쟁에 대해 말하는 것 대부분이 변덕스럽고, 비정상이며, 교회에 해롭다고 주장한다.

　우리는 어떻게 생각해야 하는가? 지난 10년 동안 영적 전쟁에 대해 이루어진 많은 것에도 불구하고, 많은 신자들은 여전히 시원한 대답이 나오지 않은 여러 문제들을 갖고 고민하고 있다. 그 중에서도 가장 중요한 문제는 "성경은 이런 문제들에 대해 어떻게 가르치는가?" 하는 것이다. 특별히, 그리스도인도 귀신들릴 수 있는가? 우리는 정말로 지역 영에 맞서 싸워야 할 책임이 있는가? 그리고 훨씬 더 근본적인 문제로, 영적 전쟁이란 무엇인가?

　이 책은 영적 전쟁과 관련해 이런 세 가지 중요한 문제들에 대해 성경적, 신학적, 교회사적 관점을 제공하려고 시도한다. 이 책이 최종적인 발언이라고 주장하는 것은 아니지만, 이 책은 많은 대중서적들보다 더 깊이 성경에 비추어 이런 문제들을 살펴보려고 노력한다.

이런 문제들에 대한 내 관점은 상당한 개인적 연구를 통해 형성되었을 뿐만 아니라, 또한 내가 그리스도의 대의에 실제로 참여하면서. 다시 말해 복음을 전하고, 새 신자들을 가르치고, 주님과 동행하도록 사람들을 돕는 일을 하면서 형성되었다. 게다가, 소중한 친구들과 동료들의 도움으로 여러 문제들에 대한 내 생각이 더욱 깊어지고 풍성해질 수 있었다. 특히 바이올라대학교의 인류학 교수인 더글러스 헤이워드 박사와 심리학 교수인 존 켈리 박사에게 감사한다. 우리는 지난 3년 동안 2주에 한 번씩 만나서 해리장애와 귀신들림 그리고 사람들이 영적으로 건강해지도록 돕는 방법을 둘러싼 문제들에 대해 논의했다. 이 자리를 빌어서 여러 해 동안 우리가 만날 때마다 토르티야 칩과 살사와 아이스티를 무제한 제공해 준 라미라다 엘페스카도르 레스토랑에 감사를 드린다.

나는 또 〈영적 전쟁 네트워크〉의 회원들에게, 특히 피터 와그너에게 감사를 표하고 싶다. 나는 지난 6년 동안 피터와 대화를 하면서 많은 도움을 받았다. 나는 피터의 전도 열정에, 특히 그리스도를 알지 못하는, 세계 선교학자들이 10/40창이라고 언급하는 지역에 살고 있는 자들에 대한 관심에 큰 감동을 받았다.

또 나는 로버트 소시(탈봇신학대학원), 스캇 모로(휘튼대학교), 짐 로간(국제성경상담센터), 게리 브리시어(웨스턴신학대학원), 에드 머피(OC 선교회), 그리고 우리 교회의 데비 슈스터와 샌디 인야트에게 감사한다. 아울러 나의 가장 중요한 사역 파트너인 아내 바바라에게 고마운 마음을 전한다.

끝으로 1995년 가을 학기에 이 책을 쓸 수 있도록 안식년을 허락해 준 바이올라대학교와 탈봇신학대학원에 감사한다. 또 이 책을 출판할 수 있는 기회를 제공하고 통찰력 넘치는 조언을 해준 편집자 리차드 존스와 그랜트 오스본에게 감사한다.

1부
영적 전쟁이란 무엇인가?

들어가는 말

I. 그리스도인의 삶은 "영적 전쟁"이다

II. 영적 전쟁에 대한 관심이 급증하는 이유는 무엇인가?

III. 균형을 유지하라: 우리의 적은 셋이다

IV. 고전적 구절: 에베소서 6:10-20

V. 영적 전쟁을 위한 무장: 소그룹 기도

VI. 선교가 최우선이다

VII. "다른 예수"를 주의하라!

VIII. 왜 굳이 적에 대해 생각해야 하는가?

들어가는 말

영적 전쟁이란 무엇인가? 영적 전쟁은 기본적으로 악령들에 대한 믿음과 그들이 우리를 조정하기 전에 먼저 그들을 지배하고자 하는 욕구이다. 많은 사람들이 이 주제를 기이하게 생각하는 나머지 진지하게 다루지 못하고 있다.

1. 우리는 기이한 일에 빠져들고 있는가?

귀신들을 언급할 때 다양한 이미지들이 마음에 떠오른다. 어떤 사람들은 바로 자신들이 다른 나라에서 또는 우리가 사는 지역의 이민자들 가운데서 들은 이상한 관례들을 생각해낸다. 예를 들어, 캘리포니아주에서 농산물로 유명한 샌워킨밸리의 중앙에 있는 프레즈노시를 살펴보자. 이 도시에는 계속해서 동남아시아 출신의 몽족 이민자들이 몰려들고 있다. 몽족은 악령들에 대한 강한 믿음을 갖고 있는 사람들이다. 몽족은 또 귀신들을 다루는 확실한 의식과 전통을 갖고 있다. 하지만 이런 관례들 때문에 몽족은 프레즈노시 당국과 충돌하게 되었다. 최근에 한 몽족 무당이 화가 난 영을 달래는 굿을 했다. 그는 그 영이 아내의 건강을 위협하고 있다고 생각했다. 그는 종이돈을 태우고, 닭과 돼지를 잡아 제사를 드렸다. 그래봐야 별 소용이 없자, 그는 3개월 된 저먼 셰퍼드 새끼를 집 앞 현관에 끌고 나왔다. 그리고 그가 고대 라오스 주문을 외우는 동안, 한 친척이 그 셰퍼드 새끼의 머리를 때려서 죽였다. 그가 죽은 강아지를 땅에 묻기 직전에, 이웃의 전화를 받은 경찰이 달려와서 그 사람을 체포했다.[1]

영적 전쟁은 또한 축사 의식에 대한 섬뜩한 이미지를 생각나게 한다. 1973년 인기 영화「엑소시스트」(The Exorcist)를 본 사람들은 두 사제가 13세의 소녀에게 축사할 때 그녀의 몸이 끔찍하게 뒤틀리고 불길한 목소리로 말하는 모습을 쉽게 잊지 못했다. 그러나 이런 종류의 장면은 영화에만 나오는 것이 아니었다. 1995년 3월 다섯 명의 한인 여성들이 체포되어 살인죄로 기소된 일이 있었다. 당시 한 젊은 여성을 때려서 "귀신을 추방"시키려고 하다가 그녀를 죽인 것으로 추정되었다.[2] 같은 해 여름 어느 주말에 한 남성이 10대의 두 아들과 함께 뉴멕시코주 에스탄시아로 낚시 여행을 가다가 아이들이 마귀에 사로잡혔다고 생각하기에 이르렀다. 그래서 그 남성은 길가에 차를 세워놓고 한 아들의 목을 베어버렸다. 그리고 그 틈을 타 다른 아들은 도망을 갔다. 그 사건을 담당한 수사관은 "그 남성은 귀신을 쫓아내려 했다고 자백했다. 그는 아이가 마귀라고 생각했다"고 말했다.[3]

귀신과 마녀들에 대한 이야기는 또 3백 년 전에 발생한 세일럼 마녀 재판의 수치를 생각나게 한다. 누구는 그 재판이 무지몽매했던 과거 시대에 일어난 사건이라고 말할지 모른다. 하지만 정말 그런가?「로스앤젤레스 타임즈」는 1994년 남아프리카에서 최소한 백 명의 마녀들이 불에 태워 죽거나 돌에 맞아 죽었다고 보고한다. 훨씬 더 많은 사람들은 자신들이 살던 마을을 강제로 떠나야만 했으며, 또 어떤 사람들의 경우 집이 불타고, 또 많은 사람들의 경우 아이들이 학교에서 쫓겨나기도 했다. 현재 추방된 많은 사람들이 "마녀 언덕"에서 살고 있다. 그곳은 경찰이 후원하는 마녀 보호 프로그램의 일환으로 건설된 일종의 난민 캠프이다.[4] 다행스럽게 미국의 경우 그런 적대행위들은 아직 보고된 바 없지만, 주술, 요술, 사탄숭배, 다양한 형태의 신비술이 극적으로 증가하고 있다.

우리나라에서 미래에 17세기 뉴잉글랜드 풍의 마녀 재판을 볼 수는 없을지 모르지만, 우리는 이미 마녀 또는 귀신들린 자로 밝혀진 사람들에게 가해진 개인적 적대행위를 목격하고 있다.

마귀 및 그가 저지른 일들에 대한 믿음이 현재 유행하고 있는 현상은 많은 사람들을 위험한 미신으로 곤두박질치게 만들 것인가? 그래서 폭력까지는 아니더라도 이상한 믿음, 의식, 관례, 접신 등이 두루 나타날 것인가? 우리가 한 분 참된 성령, 주 예수 그리스도와 성경을 통해 우리에게 자신을 계시하신 하나님으로부터 인도를 받지 않는다면 분명히 그렇게 될 수 있다. 그러므로 이 책은 이런 문제에 대한 이해와 지혜를 얻기 위해 성경에 호소한다. 성경은 우리가 갖고 있는 특정한 모든 문제에 대해 직접적인 해답을 제공하지 않을 수도 있지만, 성경은 우리에게 악한 영적 영역의 본질 및 활동을 이해하는 전반적인 틀을 제공한다. 성경은 파괴적인 미신과 보이지 않는 세계에 대한 참된 진리를 구별할 수 있게 우리를 도와준다. 가장 중요한 것으로, 성경은 우리에게 악한 영적 권세들에 대응하는 방법에 대해 상당한 통찰력을 제공한다.

2. 우리는 이 주제를 그냥 무시할 수 있는가?

일부 신자들은 너무 겁을 먹은 나머지 영적 전쟁에 대해 이야기조차 하지 못하고 그 주제를 기피하려고만 한다. 2년 전 아내 바바라가 우리가 사는 지역의 공립학교 아이들과 교사들을 위해 기도하는 여성들의 주간 모임에 간 적이 있었다. 그 모임 중에 아내가 남편인 내가 영적 전쟁을 주제로 그 지역에서 세미나를 하고 있다고 말했다. 그러자 참석한 여성 중 한 사람이 바로 목소리를 높여서 자신은 다시는 영적 전쟁 세미나에 참석하지 않겠다고 말했다. 그녀는 그런 세미나에 단 한 번 참석했을 때 매우 이상한 일들이 벌어져서 정말 무서웠다고 주장했다. 그래서 그녀는 아예 영적 전쟁이라는 주제를 무시해서 다시는 그런 일로 이상한 문제가 생기지 않기를 바란다는 것이었다.

하지만 그 주제를 피하는 것은 매우 부적절한 반응이다. 영적 전쟁은 교회 사역이나 그리스도인의 경험에서 분리시킬 수 있는 부분이 아니다. 영적 전쟁은 모든 기독교적 경험의 핵심적인 부분이다. 그것은 어쩔 수 없는 현실이다. 그리스도인이 영적 전쟁을 피할 수 있다고 생각하는 것은 정원사가 잡초 다루는 일을 피할 수 있다고 생각하는 것과 마찬가지이다. 오히려 우리는 겁먹게 만드는 미신과 기이한 관례들로 오염된 견해가 아니라, 성경에 기초한 정확하고 균형 잡힌 견해를 갖고 영적 전쟁을 이해할 수 있도록 노력해야한다.

I. 그리스도인의 삶은 "영적 전쟁"이다

많은 그리스도인들이 영적 전쟁을 특별한 형태의 사역으로 생각한다. 예를 들면, 축사, 구출 사역, 또는 어떤 유형의 중보기도 등이다. 이런 것들이 영적 전쟁이라는 주제의 한 측면을 나타내는 것이 분명하지만, 영적 전쟁은 이보다 훨씬 더 광범위하고 모든 것을 망라한다.

1. 기본적인 현실: 충돌하는 두 나라

나는 강림절에 이 글을 쓰고 있다. 나는 매년 이 때 다른 그리스도인들과 함께 헨델의 「메시아」를 부르면서 깊은 감동을 받는다. "세상 나라가 우리 주와 그의 그리스도의 나라가 되어 그가 세세토록 왕 노릇 하시리로다"라고 선포하는 것은 얼마나 즐거운 경험인지 모른다. 유명한 "할렐루야 합창"의 이 가사는 요한계시록 11:15에서 직접 가져온 것이다. 이 구절은 하나님이 인류 역사에 결정적으로 개입하셔서 "이 세상 나라"를 무너뜨리실 때를 의기양양하게 가리킨다. 날카로운 양날을 가진 검을 휘두르시는 것으로 묘사된 주 예수 그리스도는 하나님을 대신해 심판을 행하시고 악을 최종적으로 정복하실 것이다. 여기에는 적국의 지도자를 멸망시키는 일이 포함될 것이다. 요한계시록은 그를 "용, 곧 옛 뱀이요 마귀요 사탄"이라고 부른다(계 20:2).

공중 사역 초기부터 예수님은 적국과 충돌하는 것의 본질이 무엇인지 말씀하시고 그것을 현시하셨다. 예수님은 가버나움 회당에서 하나님의 나라를 선포하실 때부터 그 싸움을 하셨다(막 1:21-28). 마가는 예수님이 가르치신 직후에 악령이 한 남자 가운데 나타나서 예수님께 도전했다고 전한다. 그러자 예수님은 가버나움 사람들의 세계관을 비웃지 않으시고 직접 단호하게 그 문제를 있는 그대로 다루셨다. 그 남자를 통해 말하는 악령이 실제로 있었다. 그분 자신의 권위로 예수님은 그 영에게 떠나라고 명령하셨다. 이런 영들을 다루는 것은 예수님의 사역의 관습적인 부분이 되었다. 마가는 "이에 온 갈릴리에 다니시며 그들의 여러 회당에서 전도하시고 또 귀신들을 내쫓으시더라"고 말한다(막 1:35).

하나님의 나라는 예수님의 가르침의 중심이 되는 주제였다. 하나님의 구속적 통치는 주 예수님의 인격과 선교에서 시작되었다. 예수님의 축사는 하나님 나라의 임재를 나타내는 표지였다. 예수님은 "내가 하나님의 성령(누가복음에서는 '손')을 힘입어 귀신을 쫓아내는 것이면 하나님의 나라가 이미 너희에게 임하였느니라"고 말씀하셨다(마 12:28; 눅 11:20). 에텔베르트 슈타우퍼(Ethelbert Stauffer)는 "하나님의 나라는 적의 지배가 타도된 곳에 존재한다"고 적절히 논평한다.[5]

이 모든 것은 하나님의 나라와 충돌하는 적대적 영역의 실재를 가리킨다. 요한은 그가 쓴 첫 번째 편지에서 "온 세상은 악한 자 안에 처한 것"이라고 말한다(요일 5:19). 예수님은 사탄을 "이 세상의 임금"이라고 말씀하셨다(요 12:31; 14:30; 16:11). 그러니까 사탄이 예수님께 세상 나라를 주겠다고 제안했을 때 그의 주장에는 어느 정도 타당성이 있었다(마 4:8-9; 눅 4:6). 궁극적으로 하나님이 하늘과 땅을 다스리시는 주권적 왕이지만, 이런 구절들은 사탄과 그의 부하들이 정말로 이 세상 및 그 권력 구조에 상당한 영향력을 행사한다고 말한다.

사탄의 통치는 영토적일 뿐만 아니라 또한 시간적이다. 사도 바울은 사탄을 "이 시대의 신"이라고 묘사했다(고후 4:4). 이것은 역사를 현재의 악한 이 시대와 장차 올 시대의 두 시대로 나누어 본 성경적 관점을 반영한다. 사탄은 이 시대의 군주이지만, 주 예수 그리스도는 새 시대를 여신 왕이며 의로 다스리시는 통치자이다 그림 1.1은 두 시대에 대한 성경적 신학적 이해를 묘사한다.

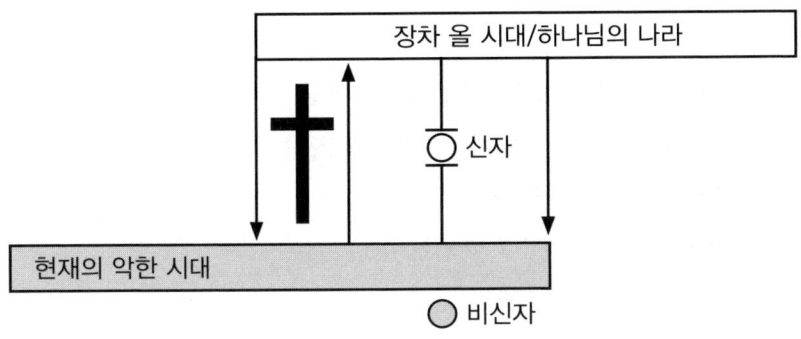

그림 1.1 두 시대

(1) 현재의 악한 시대의 종식

모든 신자들과 함께, 우리는 그리스도의 재림을 고대한다. 이때가 되면 우리 주님이 악을 심판하시고 근절하시며, 현재의 악한 시대를 종식시키실 것이다. 이때가 되면 다음의 말씀이 이루어질 것이다. "다시는 사망이 없고 애통하는 것이나 곡하는 것이나 아픈 것이 다시 있지 아니하리니 처음 것들이 다 지나갔음이러라"(계 21:4). 우리는 장차 올 시대의 완전한 실현을 갈망한다. 유감스럽게도, 우리는 아직 거기에 이르지 못한 상태이다. 우리는 여전히 사망, 애통, 곡, 아픈 것이 있는 시기에 살고 있다. 악이 많이 있다. 사탄과 그의 귀신들이 여전히 활동하고 있다.

(2) 장차 올 시대

우리의 소망은 하나님의 나라와 그분이 약속하신 새 시대에 근거한다. 우리는 우리 주 예수 그리스도와 함께 하는 영생을 열렬히 기대한다. 하지만 우리가 현재 경험하는 것에는 그리스도가 돌아오실 때까지 안전하게 기다릴 수 있는 장소를 찾는 일보다 더 많은 것이 있다. 좋은 소식은 우리가 장차 올 시대의 축복을 지금 당장 어느 정도 경험할 수 있다는 것이다. 영생은 미래의 열망 못지않게 현재의 경험이다(참고. 요 17:3). 하나님 나라의 이런 나타남에는 다음과 같은 것들이 포함된다.

- 우리의 삶 가운데 성령이 권능으로 임재하심
- 주 예수 그리스도와 연합하고 친밀한 관계를 누림
- 성령의 은사들을 받아 누림
- 죄의 속박에서 벗어날 수 있는 능력
- 악령들을 다스리는 권세

(3) 두 시대의 긴장

우리는 현재의 악한 시대가 장차 올 시대와 겹치는 때에 살고 있다. 하나님의 나라가 어둠의 나라와 공존하지만, 그것은 평화로운 공존이 아니다. 긴장이 있다. 그리스도와 새로운 관계를 맺는 것은 사탄의 나라에서 초자연적으로 구출되어 그리스도의 나라의 일원이 되는 것을 의미한다(골 1:13). 신자들은 정말로 하늘나라의 새로운 시민이 된다(빌 3:20).

우리의 정체성은 그리스도 안에 싸여져 있다. 우리는 하나님의 나라에 충성을 바친다. 종말론적 현실은 우리가 지금 장차 올 시대에 참여하고 있으며, 또 새로운 창조의 일부라는 것이다. 우리는 하나님의 백성에 연결되어 있으며, 정말로 하나님의 자녀이다.

그럼에도 불구하고, 우리는 여전히 이 세상에서 살고 있다. 우리의 존재는 현재의 악한 시대의 무대 위에서 펼쳐진다. 우리는 영적으로 새로워지지만, 우리의 몸은 이 시대의 유물이며 따라서 가장 큰 적, 즉 죽음을 당한다. 우리는 계속해서 우리 주변 어디에서나 엄청난 방식으로 죄의 영향을 느낀다. 폭력, 비통, 가난, 범죄, 테러, 표리부동, 배신, 깨짐 등이 도처에 만연해 있다. 신자들도 때때로 구속받지 못한 자들과 다르지 않은 모습을 보인다.

(4) 싸움과 충돌의 때

경험을 통해 우리는 이때가 불화의 때임을 안다. 그리고 이것이 바로 성경이 우리에게 가르치는 사실이다. 신약 전체에서 우리는 충돌과 전쟁의 이미지를 찾아볼 수 있다.

신약에 나타난 전쟁과 싸움의 이미지

이미지	관련 성구
"강한 자"(사탄)는 완전 무장을 하고 있다.	눅 11:21
"더 강한 자"(예수님)가 "강한 자"를 굴복시키고 그의 무장을 빼앗는다.	눅 11:22
예수님은 검을 주러 오셨다.	마 10:34
예수님은 포로에게 자유를 전파하려고 오셨다.	눅 4:18
귀신들린 남자는 군대 귀신에 붙잡혀 있었다.	막 5:9, 15.
예수님은 악한 권세를 물리치고 승리의 행진을 하셨다.	골 2:15
예수님은 악한 권세에게서 무기를 빼앗으셨다.	골 2:15
예수님은 포로들을 사로잡으셨다.	엡 4:8
그리스도인의 삶은 싸움이다.	골 1:29; 2:1; 딤전 4:10
그리스도인의 삶은 악한 세력에 대한 싸움이다.	엡 6:12
그리스도인의 삶은 죄에 대한 싸움이다.	히 12:4
육체의 정욕은 영혼을 거슬러 싸운다.	벧전 2:11
그리스도인들은 믿음을 위해 싸워야 한다.	유 3
바울은 복음을 위해 싸웠다.	빌 1:30

바울은 "선한 싸움을 싸웠다."	딤후 4:7
그리스도인들은 병사이다.	빌 2:25; 몬 2; 딤후 2:3-4
그리스도인들은 무장을 해야 한다 (투구, 검, 방패, 호심경 등).	엡 6:12-17
그리스도인들은 전쟁 중에 있다.	딤전 1:18; 6:12; 고후 10:4
그리스도인들은 전쟁 무기를 휘두른다.	딤전 1:18; 고후 10:4; 롬 6:13; 13:12; 고후 6:7
천사들이 하늘에서 전쟁을 한다.	계 12:7
짐승과 땅의 임금들이 전쟁을 일으킬 것이다.	계 19:19
사탄이 최후의 싸움을 하려고 열방을 모은다.	계 20:8

우리의 충돌은 이 세상에 퍼져서 엄청난 파괴적 영향을 끼치는 죄에 맞서 싸우는 것을 포함한다. 그리스도인들에게 이것은 도덕적 악을 저지르는 경향에 저항하는 것을 포함한다. 베드로는 "영혼을 거슬러 싸우는 육체의 정욕"에 대해 말했다(벧전 2:11). 하지만 이것은 전선의 절반의 모습에 지나지 않는다. 바울이 밝히는 대로, 우리의 싸움은 또한 영적인 악의 세력, 즉 마귀와 그의 부하들, 다시 말해 정사, 권세, 주권, 왕권, 더러운 영들, 귀신들 등을 상대하는 것이다(엡 6:12).

(5) 경쟁이 되지 않는 싸움

우리는 우리보다 훨씬 더 큰 싸움 가운데 있지만, 그것은 우리 하나님보다 더 크지는 못하다. 그것은 두 나라가 전쟁을 하는 것이지만, 양측은 전혀 호각세를 보이지 못한다. 여기에 우주적 이원론, 즉 두 신이 거의 비슷한 권세를 갖고 맞서 싸우는 것은 없다. 처음부터 끝까지 성경의 증언은 여호와 하나님이 통치하신다는 것이다. 하나님은 하늘과 땅의 모든 것을 창조하셨다. 모든 영적 권세가 다 그분에게서 생겨났다. 하나님은 그 권세들을 그분의 손으로 붙잡고 계시며, 그분이 뜻하시는 대로 그들을 처리하실 수 있다. 사실은, 하나님은 이미 그 전쟁의 최종적 결과를 밝혀놓으셨다. 그리스도인들은 이기는 쪽에 서 있다.

그러나 정말로 전쟁이 있다. 사탄과 그의 세력은 이 세상에 온갖 악을 퍼트리려는 목표를 갖고 맹렬히 활동한다. 여기에는 무엇보다도 사람들을 속여서 주 예수 그리스도 안에서 자신을 계시하신 하나님에 대한 진리를 온전히 이해하지 못하게 방해하는 일이 포함된다. 그러나 거기에는 또한 교인들에게 도덕적 악을 부추겨서 교회를 망하게 만드는 일도 포함된다. 마귀와 그의 일에 대한 이런 이해가 종교개혁에 중요한 역할을 했다. 종교개혁 학자이면서 마르틴 루터의 전기 작가인 헤이코 오버만(Heiko Oberman)은 루터에게 "하나님이 우리를 위해 계신다"는 소중한 진리는 곧 "마귀는 우리를 반대해 있다"는 뜻을 함축한다고 논평했다. 오버만은 계속해서 마귀가 그리스도와 복음을 반대한다는 믿음은 "종교개혁이 발견한 진리의 일부로, 만약 하나님을 적대하는 권세의 존재를 온전히 이해하지 못하면 그리스도의 성육신뿐만 아니라 죄인의 칭의와 유혹도 신앙의 경험이라기보다는 마음의 생각이 되어버린다"고 언급한다.[6]

이 전쟁의 결정적인 싸움은 2천 년 전에 일어났다. 예수 그리스도는 죄의 대가로 그분의 생명을 제물로 드리셨다. 그 다음에 하나님은 예수님을 죽은 자들 가운데서 다시 살리시고 그분의 오른편에, "모든 통치와 권세와 능력과 주권 위에" 앉히셨다(엡 1:20-21). 신자들은 이제 그리스도와 정말 하나로 연결되어 있다. 오직 우리가 그리스도와 연합되어 있는 사실에 근거할 때만 우리는 적에게 승리를 거둘 수 있다. 하나님의 백성은 "어린 양의 피"로 적을 이긴다(계 12:11). 이 점을 인식한 새바인 베어링굴드(Sabine Baring-Gould)는 1865년 교회의 영적 싸움과 주 예수 그리스도 안에서 거두는 승리에 대한 소망을 묘사하는 아름다운 노래를 만들었다.

믿는 사람들은 주의 군사니 앞서 가신 주를 따라갑시다.
우리 대장 예수 기를 들고서 접전하는 곳에 가신 것 보라.
원수마귀 모두 쫓겨 가기는 예수 이름 듣고 겁이 남이라.
우리 찬송 듣고 지옥 떨리니 형제들아 주를 찬송합시다.
세상나라들은 멸망 당하나 예수 교회 영영 왕성하리라.
마귀권세 감히 해치 못함은 주가 모든 교회 지키심이라.
믿는 사람들은 주의 군사니 앞서 가신 주를 따라갑시다.

2. 오늘날 영적 전쟁을 반대하는 여섯 가지 흔한 의견

일부 사람들은 영적 전쟁이라는 은유가 오늘날 그리스도인의 경험을 묘사하는 적절한 방법이 아니라고 무시해 버린다. 나는 여기에서 가장 흔한 여섯 가지 반대 의견에 대해 응답하고자 한다.

(1) 영적 전쟁이라는 개념은 원시적, 과학 이전 시대의 세계관을 나타낸다

영적 전쟁에 대한 이런 현대적 관점은 미국, 영국, 그리고 유럽 대륙의 교육 기관들에 깊이 뿌리박혀 있다. 많은 사람들은 귀신들에 대한 믿음은 용, 요정, 이의 요정, 부활절 토끼에 대한 믿음 같은 것이라고 비웃는다. 사람들은 종종 이것을 현대 과학적 세계관을 받아들일 것인지 아니면 원시적, 과학 이전 시대의 세계관을 순진하게 무비판적으로 받아들일 것인지 양자택일의 문제로 만들어 버린다. 물론 이것은 과학적이 되느냐 되지 않느냐 하는 문제가 아니다. 그것은 우리가 어떤 과학적 이해가 지니고 있는 지배적인 자연주의적 가정을 받아들일 것인가 아니면 받아들이지 않을 것인가 하는 문제이다. 인격적인 하나님을 믿는 것은 과학적 방법과 양립할 수 없는 것이 결코 아니다. 또는 역으로, 악한 영적 차원을 믿는 것은 과학적 방법과 양립할 수 없는 것이 결코 아니다. 이 문제는 우리 사회에서 대단히 중요한 문제이기 때문에, 나는 이전에 쓴

「바울이 분석한 사탄과 악한 영들」에서 한 장을 할애해 이 주제를 다루었다(13장 "실체인가 신화인가?"를 보라).[7]

(2) 귀신들과 악령들은 성경에 매우 두드러지게 나타나지 않는다

이것은 종종 공식적인 주장으로 언급되지는 않지만, 일부 사람들은 성경이 악한 초자연적 영역에 대해 많이 말하지 않는다고 생각한다. 하지만 성경의 증거는 명백히 반대 방향을 가리킨다. 사탄 및 악의 권세에 대한 싸움은 성경신학의 주요한 주제 중 하나이다. 이것은 최근에 에드먼턴 침례신학대학원의 신약학 교수인 시드니 페이지(Sydney H. T. Page)가 쓴 책에서 자세히 다루어졌다. 이 중요한 전공논문의 제목은 「악의 권세: 사탄과 귀신들에 대한 성경적 연구」이다.[8] 이 책에서 페이지는 창세기부터 요한계시록까지 관련 성경 구절들을 포괄적으로 분석한다. 성경에서 귀신들을 언급하는 회수와 상관없이, 정말 중요한 것은 성경이 귀신들에 대해 논의하고 또 귀신들을 그리스도와 그분의 교회의 적으로 제시하고 있다는 것이다.

(3) 귀신의 영역에 대한 경험은 오로지 선교지, 특히 비서구세계에서만 일어난다

나는 각양각색의 교회를 다니는 사람들에게서 귀신들은 복음이 아직 전파되지 않거나 우상숭배가 여전히 횡행하고 있는 세계 지역들에서만 활동한다고 말하는 것을 들었다. 그들은 사탄이 기독교화된 서구에서는 그리 활동적이지 않다고 추론한다. 하지만 이런 입장은 부정확하며 위험하다. 첫째, 많은 사람들이 그리스도인이 되고 복음의 영향력이 느껴지는 지역에서 귀신들은 활동하지 않는다는 생각을 뒷받침하는 성경적 증거가 없다. 사실상, 성경은 신자들을 계속되는 악의 공격에 대비시키려 한다. 둘째, 서구 세계에서 지난 두 세대에 걸쳐 점차 기독교의 영향이 줄어들고, 여러 사이비 종교, 비기독교 종교 그리고 다양한 신비술적 믿음과 관례에 대해 점차 관심이 늘어나고 있다. 셋째, 최근에 들어와서 귀신의 직접적 활동으로 명백히 여겨지는 보고가 엄청나게 늘어나고 있다. 이런 현상은 여러 가지 이유로 설명할 수 있는데, 그 중 일부는 지각(인식)과 관련된 것이다. 나는 아래에서 좀 더 자세하게 이 점에 대해 설명할 것이다.

(4) 귀신의 활동은 2세기쯤에 사라져 버렸다

일부 신자들은 귀신의 활동이 예수님께서 사역하실 때 특히 극심했다가, 그 후 점진적으로 줄어들었으며, 사도시대 후에 결국 사라져버렸다고 주장했다. 하지만 교회사는 정반대를 보여준다. 이방 종교들 가운데서 미혹시키는 활동을 하는 귀신들에 대해 묘사한 기록뿐만 아니라 또한 귀신들림과 축사에 대해 말하는 수많은 이야기들을 교부들의 글에서 찾아볼 수 있다. 귀신의 활동이 사라져버렸다는 암시는 없다. 오히려 교부들은 귀신들의 사악한 활동을 폭로하려고 하고, 사람들에게 주 예수 그리스도의 구원하시고 보존하시는 능력을 가리킨다. 나는 2장에서 교부들의 글에서 발췌한 여러 예들을 제공하겠다.

(5) "전쟁"은 평화를 추구하는 사람들이 사용하기에 적절한 은유가 아니다

우리가 우리나라 도시 거리와 세계 여러 나라에서 평화가 이루어지기를 바라는 때에, 그리스도인들이 전쟁의 현수막을 내거는 것은 이상하고 다소 부적절해 보인다. 최근 연설에서, 하버드대학교 신학자인 하비 콕스(Harvey Cox)는 영적 전쟁이라는 개념에 대해 불만을 표시했다. 콕스는 "나는 전쟁 은유와 전투 이미지를 좋아하지 않는다"고 빈정거렸다.[9] 하지만 영적 전쟁에 대해 이야기할 때, 우리는 사람들의 무력 충돌이나 적대감의 도발 같은 것을 상상하는 것이 아니다. 우리는 "영적"이라는 형용사를 아주 심각하게 받아들인다. 우리는 삶은 단순히 생물학이 아니라고 제안하는 것이다. 현실에는 독특하게 영적인 차원이 있다. 일상생활에 영향을 끼치는 눈에 보이지 않는, 인격적 세력이 있다. 이런 영들 모두가 긍정적이거나 자애로운 것은 아니다. 악하고 파괴를 일삼는 영들이 많이 있다. 성경은 그리스도인들에게 이런 존재를 인식하고 싸움에 대비하라고 명령한다. 그러니까 영적 전쟁이라는 성경적 은유는 우리가 이런 영적 세력과 다투는 싸움을 간결하게 언급하는 방식이다. 그들은 물리적 영역과 도덕적 영역에 엄청난 악을 저지르는 가해자들이다. 성경은 이런 영들이 특히 사람들이 주 예수 그리스도의 구속적 메시지에 반응하지 못하게 막고 또 하나님의 백성을 망하게 하는 일을 하는 것으로 묘사한다. 우리가 사람들에게 전하는 구출의 메시지는 사실은 평화와 화해의 메시지로, 그것은 정확히 귀신의 영감을 받은 폭력의 선동자들이 필요로 하는 메시지이다.[10]

(6) 영적 전쟁을 강조하다 보면 특이한 것에 집중하는 불균형한, 경험지향적 신학으로 빗나갈 수 있다

일부 보수적 그리스도인들은 영적 전쟁에 대해 이야기를 많이 하지 않으려 한다. 그들이 영적 전쟁을 극단적인 집단이나 특이한 것에 너무 많은 관심을 기울이는 집단과 연관시키기 때문이다. 그러나 이미 앞에서 논의하고 또 뒤에서 더 자세하게 살펴볼 것처럼, 영적 전쟁이라는 주제는 철저하게 성경적이다. 우리가 영적 전쟁을 강조해야 한다고 다시 주장하는 것은 경험에 근거한 신학이 아니라 성경의 증거에 의지한다. 하지만 우리가 사람들이 어둠의 권세의 속박에서 자유롭게 되는 것을 보다시피 이 신학은 경험에 영향을 끼쳐야 한다. 그리고 이런 의미에서 영적 전쟁은 정말로 특이하다.

어쨌든 이런 여섯 가지 의견은 영적 전쟁이 오늘날 교회에서 강조될 필요가 있는 중요한 은유라는 주장을 약화시키지 못한다. 사실은, 성경에서 이 주제에 부여하고 있는 중요성과 교회가 그리스도를 따르면서 직면하는 싸움을 고려할 때 우리는 우리가 하는 싸움의 본질에 대해 더 많은 관심을 기울여야 한다.

3. 영적 전쟁을 한 가지 형태의 사역에 제한시키는 위험

일부 진영 사람들은 영적 전쟁을 신자로서 우리가 흔히 겪는 싸움을 특징적으로 묘사하는 표현보다는 한 가지 형태의 전문적 사역으로 생각하는 경향이 있다. 따라서 많은 사람들에게 영적 전쟁에 대해 말하는 것은 축사, 구출 사역, 적에 대해 예수님의 이름으로 권세를 행사하는 것, 또는 권세를 주장하는 특별한 형태의 기도에 대해 말하는 것이다. 분명히 이런 것들은 영적 전쟁의 모든 측면에 해당하지만, 어떤 한 가지 사역으로 우리가 이해하는 영적 전쟁을 다 설명할 수는 없다.

영적 전쟁에 대한 고전적 구절인 에베소서 6:10-20에서, 바울은 마귀가 다양한 방법을 사용해 신자들과 싸운다고 주장한다. 바울은 신자들에게 "마귀의 간계[메도데이아이]를 능히 대적하기 위하여 하나님의 전신 갑주를 입으라"고 권고한다(엡 6:11). 이 절은 사탄과 그를 따르는 귀신들이 여러 가지 방법으로 사악한 영향력을 행사한다는 점을 나타낸다. 바울은 귀신의 활동에 대한 이런 견해를 다른 상황에서도 표현한 바 있다. 바울은 고린도인들에게 자신이 사탄의 "계책"[노에마타]을 알지 못하는 바가 아니라고 말한다(고후 2:11).

우리는 더 광범위한 방식으로 영적 전쟁에 대해 생각할 필요가 있다. 영적 전쟁은 그리스도인으로서 우리가 흔히 겪는 싸움을 특징적으로 묘사하는 방법이다. 우리가 영적 전쟁에 대해 생각하기를 원하든 원하지 않든 간에, 진리는 그리스도인으로 살면서 우리 모두가 초자연적 반대에 직면한다는 것이다. 우리에게는 오로지 우리가 망하기를 바라는 반대자가 있다. 우리에게는 아직 포로로 붙잡혀 있는 자들에게 해방의 좋은 소식을 전하고자 하는 우리의 노력을 약화시키려고 하는 적이 있다.

영적 전쟁은 모든 것을 망라한다. 영적 전쟁은 우리 삶의 모든 영역과 관련된다. 우리 가족, 관계, 교회, 이웃, 지역사회, 일터 등 모든 것과 관련이 있다. 사실상, 우리의 존재 가운데서 악한 자가 해롭고 나쁜 영향력을 행사하려고 하지 않는 부분은 없다. 역으로, 예수님은 주님으로서 우리의 삶의 모든 영역을 통치하기를 열망하신다. 이것은 모든 신자들이 겪는 치열한 싸움의 장소이다. 그리고 그것은 권력 투쟁이고 힘의 대결이다. 우리는 어느 나라에 그리고 어느 힘의 근원에 항복하는가?

그렇다고 해서 마귀가 우리가 맞서 싸우는 유일한 형태의 악한 영향력이며, 따라서 우리가 죄에 빠질 때마다 탓해야 할 유일한 대상이라는 말은 아니다. 우리는 나중에 우리의 다른 두 적, 즉 육신과 세상의 본질에 대해 설명할 것이다. 그렇지만 세 가지 모두에 대해, 하나님은 우리에게 모면과 도움의 길을 제공해 놓으셨다. 우리를 위해 싸우실 수 있는 분에게 우리의 삶을 항복하는 것은 우리에게 달려 있다. 우리는 죄를 짓고 "마귀가 그렇게 하게 만들었어"라고 변명하는 어리석음을 범하지 않을 수 있다.

영적 싸움의 은유는 그리스도인의 삶은 단순히 인간의 노력으로 이루어지는 것이 아니라는 사실을 깨닫게 도와준다. 그리스도인의 삶은 또한 초인적 능력, 충성, 관계 그리고 소속 의식의 문제이다. 그리스도 없이는 분명 승산이 없다. 우리는 그리스도가 우리에게 요청하시는 삶을 살 수 없다. 우리는 그분의 성령으로 말미암은 하나님 자신의 강력한 임재에 의존하는 법을 배우는 것이 필요하다. 따라서 바울은 에베소인들을 위해 이렇게 기도했다. "아버지 앞에 무릎을 꿇고 비노니 그의 영광의 풍성함을 따라 그의 성령으로 말미암아 너희 속사람을 능력으로 강건하게 하시기를 구하노라"(엡 3:15-16). 우리가 하나님의 능력을 받지 못한다면, 사탄은 우리에 대해 그의 통치를 다시 주장할 수 있다.

II. 영적 전쟁에 대한 관심이 급증하는 이유는 무엇인가?

교회 역사상 영적 전쟁이라는 주제에 대해 지난 10년보다 더 많은 책이 출간된 적이 없었다. 현재 그리스도인들이 영적 전쟁에 대해 최소한 2세기동안 생각했던 것보다 더 많이 생각하고 있는 것 같다. 그들이 갑자기 눈에 보이지 않는 삶의 차원에 엄청난 관심을 갖게 된 이유는 무엇인가?

1. 변화하는 세계관: 자연주의의 부적합성

많은 사람들이 삶의 모든 영역에 대해 생각하는 방식에 자연주의적 세계관이 담당했던 지배적인 역할에 의문을 품기 시작하고 있다. 이런 현상은 그리스도인들과 비그리스도인들을 망라해, 우리 사회의 여러 수준에서 일어나고 있다.

전반적으로, 무신론과 불가지론은 우리 사회에서 사라지고 있는 추세이다. 인구의 5%만이 이런 범주들에 속한다고 말할 것이다. 미국인들의 94%는 하나님을 믿고, 85%는 종교가 자신들의 삶에서 "상당히" 또는 "매우" 중요하다고 믿는다. 다른 한 편으로, 인구의 절반이 마귀의 존재를 믿고, 4분의 1이 귀신의 존재를 믿으며, 또 4분의 1이 점성술을 믿는다. 6명 중 한 사람이 죽은 누군가와 접촉한 적이 있다고 생각하며, 10명 중 한사람이 실제로 마귀와 이야기한 적이 있다고 말한다.[11] 이런 갤럽 여론조사에 근거해 볼 때, 종교 및 여러 종류의 영성은 미국인들에게 아주 중요한 것 같다. 많은 사람들이 이런 변화는 영성을 지나간 시대의 유물로 무시해 버린 자연주의적 세계관을 지나치게 강조한 결과라고 생각한다.

하버드대학교 교수인 다이애나 에크(Diana Eck)는 동양 세계관의 여러 측면들이 지금 미국에 매우 깊이 뿌리를 내려서 우리는 전적으로 새로운 세계관으로 패러다임이 전환되는 가운데 있다고 최근에 진술했다.[12] 에크는 이런 새로운 동양 세계관이 기독교 및 유대교와 경쟁 관계에 있는 것은 아니지만, 그 종교들을 개조시키고 있다고 논평한다. 이런 변화의 뿌리에는 하나님에 대한 새로운 개념이 있다. 신적 존재는 더 이상 초월적인 존재가 아니라, "소금이 물에 스며 있는 것처럼" 완전히 내재적인 존재이다. 따라서 몸은 우리 자신을 이해하기 위해서뿐만 아니라 또한 신을 찾기 위해서도 중요한 조사 대상이 된다. 우리는 그것을 다음과 같은 방식으로 요약할 수 있다.

o 영성은 최고 수준의 의식이다.
o 우리 모두는 신적 본질을 공유한다. 우리는 그것을 최고 수준의 의식에서 발견한다.
o 우리는 내면을 들여다봄으로써 신을 발견한다.
o 우리의 목표는 우리의 인격을 내부에 있는 신적 영과 연결("요가"는 "연결하다"는 뜻을 가진 범어 "유즈"에서 나왔다-역주)시키는 것이다.

이것은 죄에 대한 전통적인 기독교적 개념을 신뢰하지 않는 세계관이다. 오히려 이것은 문제의 근원을 부주의, 산만, 분산 등으로 본다. 하지만 그것은 도덕적 악을 부추기고 여러 가지 형태로 고통을 가져오고 파괴를 일삼는 악령들이 있다는 생각에 대해서도 진지한 관심을 기울이지 않는다.

에크가 언급한 많은 것이 뉴에이지운동으로 널리 알려진 것에 필수적이다. 뉴에이지운동의 주제들은 지난 20년에 걸쳐 미국 문화의 많은 측면에 침투해 들어갔다. 뉴에이지운동은 전략적으로 서구 문명을 해체시키려고 음모를 꾸미는 조직적 단체는 아니다. 그것은 우리의 세계관적 가정이 동양 사상의 강력한 영향을 받아 극적으로 변화된 것을 나타낸다. 과학으로 설명할 수 없는 믿음과 경험 역시 뉴에이지운동에 필수적이다. 최근에 실시한 갤럽 여론조사는 지금 모든 미국인의 약 절반이 초능력을 믿고, 약 3분의 1이 텔레파시를 믿고, 또 10%가 영매술을 믿고 있다고 발표했다.[13]

다행스럽게도, 철학적 자연주의를 거부하고 있는 모든 사람들이 동양사상이나 과학으로 설명할 수 없는 일에 대한 믿음을 받아들이는 것은 아니다. 일부 사람들은 성경을 믿는 기독교로 돌아오고 있다. 이와 관련해 가장 주목할 만한 인물은 버클리대학교 교수이며「위기에 처한 이성」의 저자인 필립 존슨(Philip Johnson)이다.[14] 존슨은 우리 현대 시대의 과학적 자연주의가 지닌 결점을 다음과 같이 웅변적으로 지적한다.

> 과학적 자연주의는 실재를 물리적 입자와 비인격적 법으로 축소하고, 삶을 오직 생존하고 번식하기 위해서만 존재하는 유기체들 간의 무의미한 경쟁으로 묘사하고, 마음을 생화학적 반응의 발현적 속성에 지나지 않는 것으로 보는 이야기이다.[15]

우주를 모든 것에 침투하는 어떤 신적 존재를 지닌 살아 있는 영적 유기체로 보는 세계관으로 돌아가기보다, 존슨은 궁극적 진리는 주 예수 그리스도 안에서 우리에게 자신을 계시하신 하나님 안에서 찾을 수 있다고 강력하게 주장한다. 하나님은 세상을 창조하셨으며, 세상을 사랑하시고, 예수님의 희생을 통해 그분께 나아갈 수 있는 길을 제공해 주신 분이다.

영적 전쟁에 대한 글을 쓰는 많은 기독교 지도자들이 서양의 자연주의적 세계관이 영적 영역에 대한 자신들의 인식을 흐려놓은 사실을 어떻게 깨닫게 되었는지 설명한 바 있다. 예를 들어, 풀러신학대학원 인류학 교수인 찰스 크래프트(Charles Kraft)는 처음으로 선교지에 나가 나이지리아의 히기 부족을 섬기면서 자신이 겪었던 혼란과 낙심에 대해 말한다. 크래프트는 "우리는 나이지리아인들이 가장 중요하게 여기는 한 영역, 즉 그들과 영의 세계의 관계를 다룰 준비가 전혀 되어 있지 않았다"고 한탄한다.[16] 이런 깨달음과 더불어 몇몇 다른 그리스도인들이 효과적으로 사역하는 현장을 직접 보면서 크래프트는 영적 전쟁이라는 맥락에서 하나님의 능력이 나타나는 것을 깊이 경험하게 되었다. 크래프트는, 어느 정도는, 자신이 미국에서 자라면서 물려받은 "기술적 사고방식"(또는 자연주의적 세계관)을 떨쳐버리면서 그런 변화가 가능해졌다고 말한다.

2. 성경적 세계관의 인식

영적 전쟁에 대해 이야기하고 글을 쓰는 많은 사람들은 그것이 실재에 대한 성경적 관점의 중요한 부분이라는 점을 인식하게 되었기 때문에 그렇게 한다. 나 역시 그런 경험을 한 사람 중 하나이다.

나는 어떻게 해서 영적 전쟁에 관심을 갖게 되었느냐는 질문을 자주 받는다. 사람들은 내가 회심하기 전에 우리 어머니가 죽은 자의 혼령과 교류를 시도하는 모임에 나갔다든가 아니면 우리 아버지가 사탄교 대사제였다는 등 머리카락이 쭈뼛해지는 이야기를 기대하고 그런 질문을 하는 것 같다. 하지만 나에게 그런 일은 없었다. 나는 1983년 스코틀랜드 애버딘대학교에서 박사공부를 시작하면서, 그 당시의 역사적/문화적 배경에 비추어 본 신약의 능력이라는 주제를 연구했다. 나는 곧 하나님을 대적하는 능력의 영역 즉 사탄 및 그의 정사와 권세에 대해 동시에 탐구하지 않고서는 하나님의 능력에 대해 성경적 연구를 할 수 없다는 점을 깨달았다. 성경은 처음부터 끝까지 악한 권세와의 싸움이라는 이 주제를 강조한다. 그것은 성경적 세계관에 필수적이다. 성경을 믿음과 행위에 대한 권위 있고 신뢰할 수 있는 지침으로 여기는 우리는 성경적 메시지의 이 측면을 진지하게 받아들여야 한다. 하지만 성경적 세계관은 현대적 세계관 및 그것의 자연주의적 가정과 정면으로 충돌한다. 우리는 종종 자연주의적 가정이 우리의 생각에 어느 정도 스며들어 있는지 깨닫지 못한다.

3. 성경적 세계관이 실재와 일치한다는 인식

박테리아, 바이러스, 기생충이 많은 신체 질병의 원인인자로 밝혀지고, 또 해리성 정체 장애와 외상후 스트레스 장애 같은 심리 진단이 여러 유형의 정신병을 설명할 수 있는 시대에, 귀신이나 악령들에 의지할 무슨 이유가 있는가? 그것은 바로 악이 나타나는 어떤 현상이, 파괴적인 행동을 하도록 사람들을 밀어붙이는 강력한, 인격적인, 초자연적 세력들에 대한 개념과 일치하기 때문이다.

한 어머니가 네 살 난 자기 딸을 오븐에 집어넣어 태워 죽이려 한 이유를 어떻게 설명할 수 있는가(1984년 메인주 오번에서 발생한 사건)? 그런 잔학 행위는 파괴적인 일을 할 수 있는 인간의 단순한 능력을 넘어서는 것 같다. 학자 제프리 버튼 러셀(Jeffrey Burton Russell)은 이런 사건과 아우슈비츠 대참사 같은 일들을 고려한 결과 인격적 마귀의 실존, 다시 말해 인간을 고통과 죽음으로 몰아넣는 일에 힘쓰는 지성과 의지를 가진 강력한 존재가 있다는 믿음을 갖게 되었다.[17]

또한 어떤 사람이 "빙의 행동"(possession behavior)을 하는 것을 목도하면서 사람들은 성경적 패러다임이 옳은 것은 아닌지 생각하게 된다. 갑자기 얼굴 표정을 바꾸고 다른 목소리로 말하며, 개처럼 으르렁대고, 죽이겠다고 위협을 하며(예를 들면, "목을 따서 저 벽에다가 매달거야"), 전혀 다른 눈빛을 하는 모습을 보면서 사람들은 성경에서 "귀신의 영향"으로 묘사한 것이 어떤 경우에 적절한 것은 아닌지 생각하게 된다. 물론 이런 종류의 행동은 허위일 수도 있고, 아니면 기질성 뇌장애의 증상 또는 해리성 장애의 어떤 유형일 수도 있다. 아니면 이런 징후들은 그 사람 안에 있는 귀신이 나타난 것일 수도 있다. 어떤 경우에 나는 내가 본 것이 전부 위장이라고 확신할 때가 있었다. 다른 경우에 나는 주된 문제가 정신분열이었다고 생각한다. 하지만 기이한 행동은 그 사람에 대해 또는 그 사람을 통해 자신을 나타내는 악한 초자연적 존재로 가장 잘 설명할 수 있다고 확신하는 또 다른 경우도 있었다.

4. 프랭크 페레티

프랭크 페레티(Frank Peretti)의 소설 「어둠의 권세들」이 엄청난 영향을 끼치리라고 예상한 사람은 거의 없었다. 이 책은 블록버스터급 대작이라고 할 만큼 많이 팔렸다.[18] 페레티는 이 책의 후속편으로 두 권의 스릴러 소설책을 더 출간했다. 하나는 「보이지 않는 전쟁」이고, 또 다른 하나는 최근에 나온 책으로 「서약」이다. 페레티가 영적 전쟁에 대한 관심이 새롭게 일어나는 추세에 편승한 것은 사실이지만, 그의 훌륭한 글 솜씨가 그런 관심을 더욱 촉진시킨 것도 사실이다.

「어둠의 권세들」은 애쉬턴이라고 하는 지방 도시를 놓고 하나님의 천사들이 사탄의 세력과 싸우는 서스펜스가 넘치고 액션이 가득한 이야기이다. 이 이야기는 전적으로 하늘에서만 전개되지 않는다. 이 천사들은 이 대학 도시에 사는 사람들의 일상생활에 깊이 관여한다. 페레티는 그 도시의 귀신 군주가 안주, 욕망, 살인, 질투 등의 하급 귀신들을 조종하는 모습을 묘사한다. 어둠의 천사들과 빛의 천사들의 싸움에서 중요한 영향을 미치는 것은 하나님의 백성이 하는 기도이다. 페레티는 천사들이 한층 더 용감하고 강력하게 싸우도록 북돋아주는 것이 기도라고 인상적으로 묘사한다.

페레티의 소설이 받은 가장 큰 비판은 수많은 그리스도인들이 그 책을 귀신론과 영적 전쟁 전술을 가르쳐 주는 상세한 지침서로 사용하게 되었다는 점이다. 그 책을 이런 식으로 사용한 그리스도인들이 있었던 것은 부인할 수 없는 사실이다. 만약 페레티가 그 책에서 조금이라도 실재를 있는 그대로 반영하고자 했다면(나는 페레티가 그랬다고 거의 확신한다), 나는 기도를 거의 마술처럼 역사하는 것으로 본 점, 성령의 사역을 강조하지 않은 점, 그리고 세계적인 음모가 있을지 모른다고 대중들이 염려하고 있는 불건전한 현상을 강화시킨 점 등으로 인해 페레티는 비판을 받을 소지가 있다고 생각한다.

사람들이 그 소설과 후속편들에 대해 무어라고 생각하든지 간에, 기독교 세계에 속한 많은 사람들이 그 책을 읽었으며 그들에게 중대한 영향을 끼쳤다. 아마도 가장 큰 긍정적 영향은 많은 사람들이 세균, 심리적 장애, 혈기 왕성한 죄보다 더한 존재가 실제로 있을 수 있다고 생각하게 만들었다는 점이다. 그것은 귀신이 이전에 생각했던 것보다 일상생활에 훨씬 더 만연해 있을 수 있다는 사실을 진지하게 받아들이도록 한다.

III. 균형을 유지하라: 우리의 적은 셋이다

많은 그리스도인들이 "모든 덤불 뒤에 마귀가 있는 것으로 여기는" 극단주의자로 불릴까봐 크게 염려하고 있다. 하지만 마귀가 악에 대항해 싸우는 전쟁의 한 요인이라는 점을 인정한다고 해서 우리가 궁극적으로 극단적인 사람이 되는 것은 분명 아니다.

성경은 사람들의 삶에 영향력을 발휘해서 죄를 범하고 하나님을 떠나게 만드는 악한 영향력이 세 가지가 있다고 가르친다. 이 세 적들은 세상, 육신, 마귀로 간단히 묘사된다. 몇몇 성경 구절에서 이런 악한 영향력의 근원들 중 하나가 다른 두 개보다 더 논의되기도 하지만, 대체로 성경은 이런 세 가지 악한 영향력들을 균형 있게 다룬다. 이 균형을 가장 분명하게 보여주는 구절은 에베소서 2:1-3이다.

> 그는 허물과 죄로 죽었던 너희를 살리셨도다
> 　그 때에 너희는 그 가운데서 행하여
> [(1) 세상] 이 세상 풍조를 따르고
> [(2) 마귀] 공중의 권세 잡은 자를 따랐으니 곧 지금 불순종의 아들들
> 　　　　가운데서 역사하는 영이라 전에는 우리도 다 그 가운데서
> [(3) 육신] 우리 육체의 욕심을 따라 지내며 육체와 마음의 원하는 것을
> 　　　　하여 다른 이들과 같이 본질상 진노의 자녀이었더니

이 구절은 주 예수 그리스도와 연합하는 관계를 맺기 전에 신자의 존재가 본질적으로 어떠했는지 묘사한다. 그리스도가 없는 경우에, 사람은 생명을 주시는 분에게서 소외되어 있고, 하나님의 심판을 받아야 하는, "죽음"의 상태에서 살고 있다. 이 사람은 세상, 마귀, 육신에 속박되어 있다. 이 세 가지 범주가 연결되어 있는 점은 야고보(약 3:15을 보라)와 요한(요일 2:15-17; 3:7-10을 보라)에게서도 찾아볼 수 있다. 여기에서 벗어날 수 있는 유일한 방법은 믿음으로 주 예수 그리스도와 연합해서, 그 결과로 하나님에게서 생명의 선물을 받는 것이다(엡 2:4-10). 이런 세 권세는 계속해서 그리스도인들에게 영향력을 행사하지만, 이제 그것들은 도저히 저항할 수 없을 만큼 강력한 존재는 아니다. 능력을 주시는 그리스도의 임재로, 신자들은 "안돼"라고 말할 수 있다.

이런 세 가지를 균형 있게 이해하는 것이 관건이다. 나타나는 모든 악을 마귀의 탓으로 돌리는 것이 잘못된 것과 마찬가지로 그 악을 나쁜 짓을 하는 인간의 경향이나 문화의 영향 탓으로 돌리는 것 역시 잘못된 것이다. 그림 1.2는 육신과 세상에 초점을 맞추고 마귀를 도외시하는 흔한 경향을 보여준다.

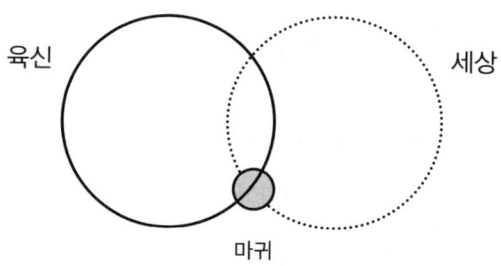

"나와 내가 사는 세상이 문제다"

그림 1.2 악한 영향력들에 대한 불균형한 견해:
마귀의 영향을 무시함

많은 그리스도인들은 성경에 그 이름이 언급되어 있기 때문에 마귀의 존재를 믿지만, 악에 맞서 싸울 때 그가 행사하는 영향력이 어떠한지 정말 진지하게 고려하지 못한다. 그들은 사악한 사회적 압력과 자신들의 악한 성향은 쉽게 분별해낼 수 있지만, 악령들이 유혹 및 죄와 관련해 무슨 일을 할 수 있다는 생각에 대해서는 그저 말뿐이다.

다른 한 편으로, 일부 오순절주의, 은사주의 그리고 제3의 물결 계통의 신자들은 사실상 삶의 모든 측면에서 악령들이 활동한다고 지적한다. 이러저러한 문제를 일으키는 더러운 영의 정체를 밝혀내 추방할 수 있다면, 그 문제는 해결된다. 그들의 세계관은 그림 1.3에 묘사되어 있다.

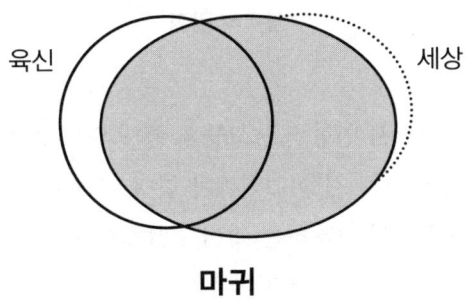

"마귀가 그렇게 하도록 했다"

그림 1.3 악한 영향력들에 대한 불균형한 견해:
마귀의 영향을 과장함

그림 1.3은 마귀에게 압도당하고 있는 세상과 육신의 범주를 묘사한다. 물론 이 견해가 지닌 위험은 다른 두 개의 힘과 영향력을 진지하게 고려하고 있지 않다는 점이다.

성경은 세 가지 모두를 진지하게 고려한다. 악을 생각하고 행하는 내적 성향(육신)과 사악한 사회적 표준에 순응하라는 외적 압력(세상)은 하나님과 그분의 백성에 적대적인 강력한 초자연적 존재만큼 중요한 것으로 여겨진다. 나는 이런 균형 잡힌 관점을 그림 1.4에서 묘사한다.

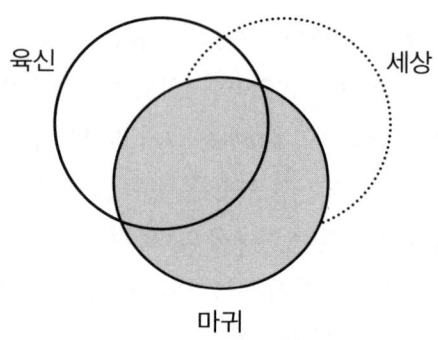

그림 1.4 악한 영향력들에 대한 균형 잡힌 견해:
성경적 관점

하지만 이런 세 가지 영향력은 그들의 존재 및 그들이 활동하는 방법 면에서 동일하지 않다는 점을 인식해야 한다. 그럼에도 불구하고, 각각은 다른 두 개를 똑같이 고려하는 것이 필요하며 또 그것들이 서로 어떻게 관련되는지에 대해서도 고려해야 한다.

1. 육신

육신은 악을 행하려는 내적 경향 또는 성향이다. 육신은 타락으로 오염된 우리의 존재의 일부로, 우리가 죽을 때까지 우리와 함께 있다. 육신은 우리가 이 현재의 악한 시대와 계속 연결되어 있는 것이다. 비록 그 악한 시대는 멸망당할 운명일지라도, 지금 우리는 그것에 맞서 싸워야만 한다. 하지만 그리스도인으로서 우리는 새로운 피조물이며, 십자가에서 이루어진 그리스도의 죽음으로 육신이 지닌 강제적인 영향력은 분쇄되었다. 그럼에도 불구하고, 이 내적 충동은 계속해서 영향력을 행사하려고 애쓰며, 우리는 오로지 성령의 능력으로만 그것에 저항할 수 있다(특히 갈 5:16-17을 보라).

2. 세상

세상은 우리가 살고 있는 해로운 사회적 환경이다. 여기에는 문화, 동료들의 압박, 가치, 전통, 유행, 시류, 관습, 철학, 태도 등의 사악한 측면들이 포함된다. 세상은 실재에 대한 성경적 이해 및 성경적 가치에 반대되는 것으로 오늘날 널리 퍼져 있는 세계관적 가정을 나타낸다. 우리 문화는 우리가 생각하고 행동하는 방식에 믿을 수 없을 정도로 엄청난 영향력을 행사한다. 우리 문화는 우리에게 어떻게 살아가야 하는지 완전한 대본을 제공한다. 우리 문화는 아플 때 해야 할 일, 이성을 대하는 방식, 돈을 쓰는 방법, 인생에서 추구할 목표, 우리와 다른 사람들에 대해 생각하는 방식 등등에 대해 지대한 영향을 끼친다. 바이올라대학교의 인류학 교수인 셔우드 링겐펠터(Sherwood Lingenfelter)는 문화의 악한 측면을 "불순종의 감옥," 즉 예수 그리스도에 의해 자유롭게 될 때까지 우리를 속박하는 감옥으로 묘사했다.[19] 그러니까 그리스도인들은 평생에 걸쳐서 이런 해로운 영향력들이 자신들의 삶 가운데 어떻게 작용하고 있는지 분별하고, 그것들을 뿌리 뽑고, 경건한 태도와 가치를 받아들이는 일을 해나가야 한다. 이런 변화 과정이 어떤 그리스도인의 삶 가운데 지속될 때, 그는 자신이 속한 공동체에서 문화를 변화시켜 나가는 행위자가 된다.

3. 마귀

마귀는 지적이고 강력한 영적 존재로, 철저하게 악하며 훨씬 더 큰 규모로 활동할 뿐만 아니라 또한 개인들의 삶 가운데서 악을 저지르는 일에도 직접 관련되어 있다. 마귀는 부패한 내적 자아가 인격화되어 나타나거나 조직화된 사회악이 상징적으로 나타나는 것 (예를 들면, 나치즘) 같은 추상적 존재가 아니다. 바울은 에베소서 2:2에서 마귀를 "지금 불순종의 아들들 가운데서 역사하는 영"으로 묘사한다. 바울 사도에게 불순종하는 자들은 예수 그리스도 안에 나타난 하나님의 계시에 반응하지 않은 자들, 즉 비그리스도인들이다. 마귀나 사탄은 그들의 삶 가운데서 어떻게든 강력하게 역사하는 것으로 묘사된다. 이를테면 마귀나 사탄은 죄를 조장하거나 그리스도의 자비와 은혜의 메시지에 반응하지 못하게 한다. 바울은 또 사탄이 "공중의 권세 잡은 자"라고 밝힌다. 이것은 사탄의 역할이 자신의 계획 실행을 돕는 수많은 다른 강력한 영들을 이끄는 지도자임을 암시한다.

그러므로 성경은 그리스도인들이 악을 행하려는 내적 성향 및 세계관과 문화의 강력한 영향에 맞서 계속 싸울 뿐만 아니라 또한 악을 저지르는 일에 힘쓰는 인격적 초자연적 존재와도 맞서 계속 싸울 것을 이야기한다. 이런 세 가지 영향력들이 따로따로 일하는 것이 아니라 협력해서 일한다는 점을 인식하는 것이 중요하다. 우리가 우리 자신의 개인적 싸움과 다른 사람들의 싸움을 이해하려고 노력하면서 이 세 가지를 예리하게 구별하는 것은 불가능하지는 않더라도 엄청나게 어려운 일이다. 내가 도표에 묘사한 대로, 세 가지 영향력 모두가 만나서 사이좋게 그리고 똑같은 의도를 갖고 일하는, 중복된 큰 영역이 있다. 하지만 어떤 사람이 처한 특정한 상황에서 세 가지 영향력 중 어느 하나가 더 현저한지 우리가 알아낼 수 있을 때가 있다(그것은 동그라미의 바깥 테두리로 설명된다).

이런 세 가지 영향력이 집합되는 것을 묘사하는 다른 방법은 그것들을 세 가닥으로 꼰 밧줄에 비교하는 것이다(그림 1.5를 보라).

세 개의 뚜렷이 다른 줄이 있지만, 그것들은 함께 꼬여 한 개의 강한 밧줄이 된다. 세 가닥으로 꼰 이 밧줄은 우리가 그리스도를 알게 되기 전에 우리를 속박한 것이다. 내 전 동료인 닐 앤더슨(Neil Anderson)은 주 예수 그리스도는 "속박을 깨부수고 자유롭게 하는 분"(The Bondage Breaker)이라고 지적한다.[20] 오로지 예수님과 연합을 이루고 능력을 주시는 그분의 임재를 경험하는 것을 통해서만 사람들은 이런 영향력들의 강제에서 벗어날 수 있다.

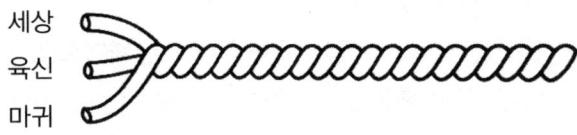

**그림 1.5 악한 영향력들의 본질:
세 가닥으로 꼰 밧줄**

사탄은 육신과 협력해서 일한다. 예를 들어, 어떤 사람이 탐욕스러운 생각으로 몸부림을 치면, 사탄은 이것을 이용하고 이런 경향을 활용할 것이다. 시험하는 자로서(살전 3:5), 사탄은 타고난 성향을 자극하고 새로운 생각과 아이디어를 집어넣을 것이다. 사탄은 환상에 근거해 행동하도록 그 사람을 몰아갈 것이다.

마귀의 행동은 또 세상과도 긴밀하게 연결되어 있다. 마귀의 주된 관심은 사람이지만, 그가 지위가 높은 유력자들에게 힘을 집중할 수 있다면, 그렇게 함으로써 그는 문화가 나아가는 진로에 상당한 영향을 끼칠 수 있을 것이다.

이런 식으로 악한 영향력의 본질을 살펴보는 것은 삶과 사역에 중요한 의미를 지닌다. 여기에 몇 가지 교훈이 있다.

첫째, 그것은 판이 그들에게 불리하게 짜여 있다는 점을 인식할 수 있도록 도와준다. 우리는 예수 그리스도의 윤리와 표준에 따라 살려고 노력하면서 초자연적으로 기이한 일들에 직면한다. 우리는 잘못된 길로 갈 뿐만 아니라 또한 세상이 우리에게 잘못된 방향을 가리킨다. 게다가, 우리가 이미 향해 가고 있는 잘못된 길로 우리를 밀어붙이는 초자연적 반대자가 있다. 우리는 이런 세력의 저항하기 힘든 영향력에서 우리를 자유롭게 하실 뿐만 아니라 또한 신앙생활을 잘 해나갈 수 있도록 우리를 도와주시는 그리스도가 필요하다. 우리는 단순히 노력을 더 많이 한다고 해서 그리스도인의 삶을 잘 살 수 있는 것이 아니다. 노력이 필요한 것은 맞지만, 능력을 주시는 성령의 지원이 있어야 한다.

둘째, 이 관점은 그리스도인의 성숙에 대해 총체적으로 접근할 것을 격려한다. 그것은 악한 행동을 근시안적으로 한 가지 근원의 탓으로 돌리지 말고, 세 가지 영향력 모두를 동시에 고려할 것을 격려한다.

셋째, 그리스도인의 삶은 한 번에 모든 문제가 해결되는 것이 아니라, 일생에 걸친 싸움이다. 한 번 어떤 사람에게서 귀신을 내쫓았다고 그 사람의 문제가 다 사라지는 것은 아니다. 치료 전문가를 다섯 번 찾아가거나 구출 상담자를 세 번 찾아가도 마찬가지이다. 이런 개입 활동이 그 사람을 한 단계 더 성장하도록 도와주는 것은 사실이지만, 시간이 지나도 싸움이 계속 있을 것이다.

넷째, 이 관점은 건전한 치료 및 견고한 멘토링/제자훈련과 함께 구출 사역을 시행할 것을 격려한다. 뿌리 깊은, 어려운 문제를 갖고 있는 사람에게는 균형 잡힌 접근법이 최고이다. 어떤 사람이 구출 상담자를 찾아갈 만큼 문제가 심각하다면, 그리스도인 심리학자에게 건전한 상담을 받아보는 것도 바람직하다. 최소한, 그 사람은 그를 위해 간절히 기도해 주고 또 정기적으로 만나서 조언을 해줄 수 있는 성숙한 그리스도인과 긴밀한 멘토링 관계를 맺어야 한다.

우리는 이제까지 더 자세하게 다루어야만 하는 여러 가지 문제들을 제기했다. 2장에서 나는 마귀와 육신을 다루는 방법에 대해 논의를 계속할 것이며, 3장에서는 마귀와 세상에 대한 문제를 다룰 것이다.

IV. 고전적 구절: 에베소서 6:10-20

영적 전쟁의 정수를 논하면서 우리는 반드시 고전적인 영적 전쟁 구절인 에베소서 6:10-20을 주의 깊게 살펴보아야 한다. 나는 다른 곳에서 이 구절에 대해 매우 상세하게 논평한 바 있다.[21] 나는 이 자리에서 중심이 되는 메시지만을 강조하고자 한다.

이 구절은 악령을 추방하거나 지역 영을 다루는 것에 대한 교훈이 아니다. 이 구절은 그리스도인들이 일상생활에서 흔히 겪는 악과의 싸움을 묘사한다. 바울은 악한 영향력의 한 가지 근원으로 악령의 역할을 강조한다. 이 구절은 육신이나 세상을 언급하지 않지만,[22] 악한 영향력의 이런 다른 근원들은 앞에서 살펴본 대로 우리의 싸움에 대한 바울의 전반적인 이해의 일부를 차지한다.

1. 그리스도인의 삶은 싸움이다

바울은 전투라는 은유를 사용해서 싸움이라는 주제를 강조한다. 하지만 이 구절에서 가장 널리 알려진 절은 싸움(struggle; 우리말 개역개정은 씨름으로 번역-역주)이라는 이미지를 소개한다. "우리의 싸움은 혈과 육[즉 사람]을 상대하는 것이 아니요"라고 말할 때(엡 6:12), 바울은 그 당시 독자들이 소아시아와 그리스 올림피아에서 개최된 여러 운동 경기를 통해 잘 알고 있던 용어를 사용한다. "팔레"라는 용어는 보통 레슬링 경기를 할 때 사용되었다. 레슬링은 그 당시 가장 인기가 있던 경기 중 하나였다. 에베소에서 발견된 한 비문에서 그 용어가 어떻게 사용되었는지 주목해 보라.

> 의회와 시민은 이스미안 경기, 에베소와 대 에베소의 아시아 종합 경기에서 레슬링[팔레] 승자가 된 메노도러스의 아들, 디오니소스의 손자, 알렉산더에게 경의를 표한다……알렉산더는 또 갈라디아 종합 경기에서도 레슬링[팔레] 승자가 되었으며……사르디스에서 열린 아시아 종합 경기와 다른 많은 경기에서도 레슬링[팔레] 승자가 되었다.[23]

물론 바울은 자신이 언급하는 것이 문자적인 의미에서의 싸움이 아니라는 점을 강조한다("혈과 육"). 바울은 보이지 않는 세력과의 싸움을 말하는 것이다. 레슬링의 은유는 그 싸움의 근접성을 강조한다. 거기에는 불굴의 노력, 체력, 그리고 특히 적절한 영적 적합성이 포함된다.

싸움은 매일 일어나는 일이다. 그리스도인에게 싸움은 레슬링처럼 12분이나 30분 안에 끝나는 것이 아니다. 바울은 에베소인들에게 "때가 악하기 때문에" 세월을 아끼라고 권고했다(엡 5:16). 이것은 그들이 현재의 악한 시대에 살고 있음을 상기시키는 말이었다. 지금은 우리가 편안히 앉아서 쉴 때가 아니다. 지금은 선교를 하고 하나님 나라의 일을 할 때이다. 여기에서 바울은 에베소인들에게 영적 준비를 해서 "악한 날에" 적을 물리칠 수 있도록 하라고 격려한다(엡 6:13). 그렇다. 우리가 아직 장차 올 시대의 충만함 가운데 살고 있지 않다는 점에서 모든 날은 악하다. 하지만 그리스도인들이 끔찍한 어려움에 직면하거나 거부하기 힘든 유별난 유혹이 다가올 때가 있다.

2. 초자연적 적들

여기에서 바울이 강조하는 적들은 귀신의 세력이다. 단순히 "귀신들"이라고 말하는 대신에, 바울은 일련의 네 가지 용어를 사용해 이런 세력의 특징을 묘사한다.

아르카이	정사
엑수시아이	권세
코스모크라토레스	세상 주관자
프뉴마티카	악의 영

처음 두 용어는 바울이 귀신들에 대해 말할 때 가장 흔하게 사용하는 방식이다. 그들은 바울서신에서 보통 함께 발견되며, 또 모든 종류의 악한 권세를 요약해서 언급하는 방식인 것 같다(고전 15:24; 엡 1:21; 3:10; 6:12; 골 1:16; 2:10; 2:15을 보라). 그들은 천사들에 대해 말하는 1세기 유대교 어법의 일부였다.[24]

"코스모크라토레스"라는 용어는 훨씬 더 희귀하다. 이것은 성경 전체에서 유일하게 여기에만 나타나 있다. 그것은 1세기에 유대인들이 적대적인 귀신 세력에 대해 말할 때 사용하던 용어였다. 예를 들어, 그것은 36 귀신들의 활동을 묘사하는 한 유대 문서에 나타난다.[25]

"프뉴마티카"라는 마지막 용어는 여러 종류의 영들을 매우 일반적으로 말하는 것이다. 그것은 영, "프뉴마"라는 흔한 단어를 기반으로 하고 있다. 바울이 그것을 중립적인 용어 "다이모니아"("귀신들")와 문법적으로 결합시키기 위해 중성을 선택했을 수 있다. 더 중요한 것은, 바울이 이런 영적 세력을 악하다[포네리아]고 묘사한 점이다. 여기에서 우리는 주기도문의 마지막 행을 상기하게 된다. "다만 악[포네로스]에서 구하시옵소서"(마 6:13).

바울이 선택한 네 가지 용어의 뜻이 무엇인지에 대해 많은 추측이 있었다. 이런 추측에 근거한 의견들을 종합적으로 고려하여, 나는 다음과 같은 논평을 하고자 한다. (1) 그 용어들이 귀신의 영역에 있는 계급을 나타내는 것일 수도 있지만, 우리는 이런 용어들이 사용된 것을 갖고 여러 등급을 분별할 방도가 없다. 예를 들어, 우리는 "아르카이"가 "엑수시아이"보다 더 높은 권세를 갖고 있다고 주장할 수 없다. (2) 이런 용어들은 우리가 다니엘서에서 발견하는 지역 영들, 즉 한 국가나 지역을 책임 맡고 있는 귀신의 군주(단 10:13, 20을 보라)를 나타내는 것이 아니다. 에베소서 구절은 모든 신자의 일상적인 싸움을 강조하고 있다. 이것은 우리가 개인적으로 하는 싸움이며, 따라서 우리가 개인적으로 싸울 준비를 해야 한다. (3) 이런 용어 각각에는 우리에게 귀신의 영역에 대해 더 알려줄 만한 특별한 의미가 없다. 그 용어들은 1세기 사람들이 귀신들에 대해 말할 때 사용한 전문용어 모음집에서 나온 것 같다.

그렇다면 바울이 단순히 "우리의 싸움은 악령들을 상대하는 것"이라고 말하는 대신에 이런 네 가지 용어들을 나열하는 이유는 무엇인가? 나는 바울이 설득력을 갖추기 위해 그렇게 한다고 생각한다. 바울은 신자들이 그리스도인이 되었다고 해서 이제 싸움이 끝난 것이 아니라는 사실을 깨닫기 원한다. 싸움은 계속되며 우리들을 무너뜨리기 위해 애쓰는 온갖 종류의 강력한 귀신들이 있다.

3. 싸움을 도와주는 자원들

하나님은 그분의 백성에게 싸움을 할 수 있는 신적 능력을 부여하신다. 따라서 바울은 에베소인들에게 "주 안에서와 그 힘의 능력으로 강건하여지라"고 권고한다(엡 6:10). 에베소서는 신자들이 하나님의 능력에 즉시 접근할 수 있다는 점을 특히 강조한다.

신적 능력에 대한 접근성

엡 1:18–19 "너희 마음의 눈을 밝히사……믿는 우리에게 베푸신 능력의 지극히 크심이 어떠한 것을 너희로 알게 하시기를 구하노라."

엡 3:16 "그의 영광의 풍성함을 따라 그의 성령으로 말미암아 너희 속사람을 능력으로 강건하게 하시오며."

엡 3:20–21 "우리 가운데서 역사하시는 능력대로 우리가 구하거나 생각하는 모든 것에 더 넘치도록 능히 하실 이에게 교회 안에서와 그리스도 예수 안에서 영광이 대대로 영원무궁하기를 원하노라 아멘."

엡 6:10 "끝으로 너희가 주 안에서와 그 힘의 능력으로 강건하여지고."

하나님은 그분의 백성에게 그분의 능력을 인격적인 방법으로 나누어 주신다. 주문을 외우고 공식을 말하거나 부적을 착용하는 것으로 하나님의 능력에 접근할 수 있는 것이 아니다. 하나님은 내주하시는 성령을 통해 그리고 주 예수 그리스도와의 관계에 근거해서 우리에게 능력을 부여하신다. 그리스도와 관계를 맺음으로써, 우리는 과거에 그분이 이루신 일에 연결된다. 따라서 그리스도가 십자가에서 흘리신 피에 근거해서, 우리는 죄사함을 받고 죄의 강력한 지배에서 벗어난다. 바울은 로마서 6:6에서 "우리의 옛 사람이 예수와 함께 십자가에 못 박혔다"고 말한다. 이런 근거에서, 유혹의 힘이 분쇄되었기 때문에 우리는 그 유혹에 대해 "안돼"라고 말할 수 있다.

그리스도와의 연합에는 훨씬 더 많은 의미가 있다. 우리는 그분의 죽음 면에서뿐만 아니라 또한 그분의 부활 및 승귀 면에서도 그리스도와 연결되어 있다. 에베소서 2:5–6에서 "함께"가 반복되고 있는 점을 주목하라.

○ 새 생명: "하나님이……허물로 죽은 우리를 그리스도와 함께 살리셨고"
○ 부활: "또 함께 일으키사"
○ 승귀: "그리스도 예수 안에서 함께 하늘에 앉히시니"

승귀하신 그리스도와 연합한다는 것은 우리가 영적 전쟁을 고려할 때 특히 중요하다. 이것은 현재 영적 영역을 다스리는 권세를 갖고 계신 그리스도와 연합하는 것을 뜻하기 때문이다. 에베소서 1장에서 바울은 사탄의 영역과 관련해서 그리스도의 승귀가 지닌 의미를 다음과 같이 설명했다.

> 그의 힘의 위력으로 역사하심을 따라 믿는 우리에게 베푸신 능력의 지극히 크심이 어떠한 것을 너희로 알게 하시기를 구하노라 그의 능력이 그리스도 안에서 역사하사 죽은 자들 가운데서 다시 살리시고 하늘에서 자기의 오른편에 앉히사 모든 통치와 권세와 능력과 주권과 이 세상뿐 아니라 오는 세상에 일컫는 모든 이름 위에 뛰어나게 하시고 또 만물을 그의 발 아래에 복종하게 하시고 그를 만물 위에 교회의 머리로 삼으셨느니라 (엡 1:19-22)

십자가에서 악의 능력을 분쇄하고 승리하셨기 때문에, 예수님은 하나님의 오른편에 앉아서 그 능력을 다스리는 최고의 통치권을 갖게 되셨다. 신자들은 이렇게 강력하고 사랑이 넘치는 주님과 생동적이고 참된 관계로 연결되어 있다. 우리는 귀신들과 더러운 영들을 다스리시는 예수님의 권세를 공유한다. 바울은 골로새서에서 똑같은 점을 강조한 바 있다.

> 그 안에는 신성의 모든 충만이 육체로 거하시고 너희도 그 안에서 충만하여졌으니 그는 모든 통치자와 권세의 머리시라 (골 2:9-10)

바울은 그것이 귀신적 질서와 관계가 있다고 지적함으로써 우리가 그리스도의 능력을 공유한다는 것이 무엇을 뜻하는지 더 밝힌다. 이것은 인간적인 사고방식에서 말하는 능력 신학이 아니다. 그것은 정치적 과정에 영향을 끼치는 능력이 아니다. 그것은 사람들을 통제하는 능력이 아니다. 그것은 사람이 원하는 것은 무엇이나 얻을 수 있는 능력이 아니다. 그것은 지진, 기아, 폭풍 같은 모든 형태의 물리적 악을 거스를 수 있는 능력이 아니다.

우리는 귀신의 영역을 다스리시는 그리스도의 왕국 권세를 공유한다. 이것은 우리가 이제 귀신의 영향을 받은 유혹을 물리칠 수 있음을 의미한다. 그것은 우리가 밤에 그 모습을 드러낸 악령에게 떠나라고 명령할 수 있는 권세를 갖고 있음을 의미한다. 그것은 또한 우리가 주 예수 그리스도의 복음을 강력한 방식으로 전할 수 있음을 의미한다.

에베소서 1장에서, 바울은 하나님의 뜻을 7번 언급한다. 하나님은 분명히 계획을 갖고 계시며, 그 계획은 우리와 관련되어 있다. 하나님은 그분의 뜻을 따라 살고 또 우리에게 주신 선교적 사명을 완수할 수 있도록 우리에게 그분의 능력을 부여하신다. 여기에는 무엇보다도 다음과 같은 것들이 포함된다.

o 나쁜 생각과 행위를 제거하고 미덕을 함양하기
o 그리스도가 보여주신 최고 모범을 따라 구체적으로 사랑을 나타내기. 그리스도는 다른 사람들을 위해 그분의 생명을 기꺼이 내놓으셨다
o 다른 사람들 곁에 다가가서 그들이 성숙한 그리스도인의 삶을 살도록 돕기
o 자신의 은사를 사용해서 기독교 공동체에 속한 다른 사람들을 섬기기
o 기독교 공동체 가운데 연합을 조성하기
o 더 건강한 가족 관계를 개발하기
o 그리스도의 좋은 소식을 다른 사람들에게 전하기

이런 일곱 개 항목은 틀림없이 하나님의 뜻의 일부이다. 사탄과 그의 악한 영들이 무엇보다도 이런 것들을 반대할 것이라는 점에는 의심의 여지가 없다. 사탄은 단순히 악을 행하는 자가 아니다. 사탄은 참된 한 분 하나님을 반대하는 자이다. 사탄은 하나님의 뜻이 이루어지지 못하게 방해하는 일을 한다. 우리는 이런 일곱 개 영역 각각에서 반대에 직면할 수 있다. 사탄은 각 신자가 하나님의 뜻을 이루지 못하게 방해하려고 애쓰며, 그래서 결국 넘어지게 만들려고 한다. 이 구절의 가장 중요한 강조점이 신자들이 "서 있을" 수 있도록 영적 준비를 적절히 하라는 데 있는 것은 당연하다. 전투에서 승리를 거둔 자를 나타내는 군사적 은유인 "서 있다"(stand)는 말이 에베소서에서 4번 나타난다(우리말 개역개정에서는 2번 "대적"으로 번역되어 있다-역주).

- "마귀의 간계를 능히 대적하기(take your stand) 위하여 하나님의 전신 갑주를 입으라"(11절)
- "그러므로 하나님의 전신갑주를 취하라 이는 악한 날에 너희가 능히 대적하고(to stand your ground)"(13절)
- "모든 일을 행한 후에 서기(to stand) 위함이라"(13절)
- "그런즉 서서(stand firm) 진리로 너희 허리띠를 띠고"(14절)

하나님은 우리에게 그분의 뜻을 이룰 수 있는 자원들을 제공해 주셨다. 예수님이 요한복음에서 말씀하신 대로, "내가 너희를 고아와 같이 버려두지 아니하고 너희에게로 오리라"(요 14:18). 예수님은 성령을 통한 그분의 임재를 약속하신다. "그러나 너희는 그를 아나니 그는 너희와 함께 거하심이요 또 너희 속에 계시겠음이라"(요 14:17). 따라서 바울은 에베소인들에게 "성령으로 충만함을 받으라"고 격려할 수 있다(엡 5:18). 우리는 내주하시는 주님의 임재 안에서 우리의 힘을 얻을 수 있다. 주님은 마귀의 간계를 대적할 수 있도록 우리에게 능력을 부여하신다.

에베소서 6:10-20에서 귀신과 싸우는 것이 무엇인지 계속 논의하면서, 바울은 또 우리가 그리스도 안에서 갖고 있는 특별한 자원들을 사용하고, 계속해서 어떤 미덕들을 함양하라고 권고한다. 바울은 이런 점들에 대해 전쟁, 특히 군인이 싸울 때 입는 갑옷의 은유를 들어 상세히 설명한다. 바울은 영적 갑옷을 "하나님의 전신갑주[*파노플리아*]"라고 부른다.

이 은유를 지나치게 해석하고 각각의 특별한 무기에서 바울이 명백히 의도하지 않은 의미를 끌어내려는 경향이 있다. 예를 들어, 진리의 띠는 바지를 붙잡아 주기 때문에 중요하고, 투구는 뇌를 보호해 주기 때문에 극히 중요하다고 주장한다. 하지만 이런 정교한 은유의 목적은 영적 영역에서 위험한 싸움이 진행되기 때문에 독자들은 적절한 보호 조치를 취하는 것이 필요하다는 점을 알리는 것이다. 따라서 우리가 집중해야 하는 것은 띠, 호심경, 방패가 아니라 진리, 의, 믿음 그리고 나머지 것들이다. 자칫 잘못하면 기도 같은 것들이 무시될 수 있기 때문에, 이 은유의 여러 측면들을 지나치게 해석하지 않는 것이 중요하다. 여기에서 기도는 갑옷의 일부로 언급조차 되지 않고 있다.

각각의 무기는 계속되는 싸움, 그리스도인의 삶의 본질적인 부분을 차지하는 싸움을 준비하는데 중요하다. 다음 목록은 하나님의 갑옷에 대한 해석을 요약해 놓은 것이다.

어둠의 권세에 대응하는 방법

당신은 혼자 성공할 수 없다. 그리스도가 공급해 주시기로 약속한 힘에 의지하라.
당신은 매끄럽고, 편안한 삶을 살 것이라고 기대할 수 없음을 인식하라.
당신을 파괴시키려고 애쓰는 악한 초자연적 세력이 있다.

1. 바지를 입어라: 진리를 입어라
당신이 그리스도 안에서 누구인지 올바로 알아라(어둠의 권세가 당신을

속이려고 할 것이기 때문이다)
정직을 행하고 도덕적으로 진실하게 살아라.

2. 의의 호심경을 입어라

하나님 앞에서 모든 죄에 대해 무죄 선고를 받은 자로서 당신의 신분을 알라.
개인적 거룩함을 추구하고 선한 성품을 개발하라.

3. 신발을 신어라: 평안의 복음을 전할 준비를 하라

하나님이 당신을 부르시는 곳이라면 어디에서나 복음을 전할 준비를 하라.

4. 믿음의 방패를 들라

의심하지 말라! 하나님이 당신이 이기도록 도와주실 것을 믿으라.

5. 구원의 투구를 쓰라

그리스도 안에서 당신의 정체성에 대해 확신을 가지라. 당신은 구원받고, 그리스도와 연합하고, 살아나고, 같이 부활하고, 같이 승귀된 존재이다.

6. 성령의 검, 곧 하나님의 말씀을 가지라

복음을 적극적으로 전하는 일에 헌신하라.
성경을 알고 그것을 모든 어려운 상황에 적용하라.

7. 결론적으로 기도하라

하나님께 당신 및 다른 신자들이 유혹을 뿌리치고 복음을 효과적으로 전할 수 있는 힘을 달라고 간구하라.

---

4. 기도가 중요하다

기도는 영적 전쟁의 핵심이다. 기도는 전능하신 주님과 친밀하게 교제하는 수단이기 때문에 매우 중요하다. 기도는 또 믿음의 표현이다. 기도하는 행위는 "나보다 더 크신 분이 있다" 그리고 "나는 할 수 없다"는 점을 인정하는 것이다. 사도 바울은 대단히 겸손한 마음으로 하나님께 접근했다. 그것은 바울이 기도하는 자세에 그대로 나타났다. "내가 아버지 앞에 무릎을 꿇고 비노니"(엡 3:15). 영적 전쟁의 일부는 당신이 자신의 힘으로 할 수 없다는 점을 인정하는 것이다. 당신은 당신을 붙잡아 주시고 당신을 대신해 싸워주실 하나님이 필요하다.

베드로는 소아시아 신자들에게 영적 전쟁에 대해 편지를 쓰면서 이 점을 인정했다. 베드로는 잠언 3:34을 인용하면서 말문을 열기 시작했다. "하나님은 교만한 자를 대적하시되 겸손한 자들에게는 은혜를 주시느니라"(벧전 5:5). 베드로는 계속해서 이 소중한 신자들에게 하나님 앞에서 겸손할 것을 권고했다. "그러므로 하나님의 능하신 손 아래에서 겸손하라 때가 되면 너희를 높이시리라 너희 염려를 다 주께 맡기라 이는 그가 너희를 돌보심이라"(벧전 5:6-7). 그리고 나서 베드로는 눈에 보이지 않는 악의 세력과의 싸움에 대해 말한다. "근신하라 깨어라 너희 대적 마귀가 우는 사자 같이 두루 다니며 삼킬 자를 찾나니 너희는 믿음을 굳건하게 하여 그를 대적하라"(벧전 5:8-9).

바울이 나열한 신자의 무기 중 일곱 번째는 기도이다(엡 6:18). 하지만 그것은 일곱 번째로 중요하다는 말이 아니다. 그것은 실제로 다른 모든 무기를 효율적으로 사용하는 기반이 된다. 기도는 영적 전쟁의 정수요 방식이다. 바울이 이 구절에서 기도를 어떻게 강조하는지 주목해 보라.

(1) 바울은 기도를 마지막에 언급한다(그것은 기도를 강조하는 한 가지 방법이다)

(2) 바울은 기도를 창이나 투구 같은 물리적 무기와 연결시키지 않는다 (그것 역시 기도를 강조하는 한 가지 방법이다)

(3) 바울은 기도를 언급하면서 모든(all)이라는 단어를 네 번 사용한다(우리말 개역개정은 다르게 번역되어 있다-역주)

모든(all kinds of) 기도와 간구를 하되

　항상(on all occasions)

　성령 안에서 기도하고

이를 위하여 깨어 구하기를

　항상(always) 힘쓰며

　여러(all) 성도를 위하여 구하라.

(4) 바울은 곧 바로 자신을 위한 특별 기도를 부탁한다(엡 6:19-20)
(5) 바울은 앞에서 두 번 그들을 위해 기도한 내용을 알렸다(엡 1:15-23; 3:14-21)

싸움에서 승리하는데 기도가 차지하는 중요성을 고려해서 기도하는 방법에 대해 더 자세히 살펴보도록 하겠다.

V. 영적 전쟁을 위한 무장: 소그룹 기도

영적 전쟁을 위해 하나님의 전신갑주를 입는 것에 대해 생각할 때, 사람들은 흔히 그 문제를 개인적인 견지에서 이해한다. 조용한 장소를 찾아서 성경을 읽고 주님께 신적 힘을 달라고 간구한다. 이것은 분명히 그리스도인의 훈련에 기본적 사항이며 또 싸움을 해나가는데 핵심적 사항이다.

하지만 바울이 여기에서 강조하고 있는 "무장"에 또 한 측면이 있다. 그것은 소그룹 기도로 보통 그리스도인의 경험에 혁명적 변화를 가져올 수 있는 잠재력이 있다. 나는 개인적으로 많은 소그룹 기도 모임에 참여한 경험이 있다. 그것들은 주로 몸이 아픈 사람들의 명단을 작성하고 그들을 위해 기도하는 모임이었다. 어떤 경우에 이런 유형의 기도 요청이 사람들이 편안하게 할 수 있는 유일한 일인 것 같다. 그러나 아픈 사람을 위해서 기도하는 것이 매우 중요하긴 하지만, 소그룹 기도는 더 많은 역동성을 갖고 있다.

바울은 함께 기도하기 위해 그룹으로 자주 만나는 사람들에게 편지를 썼다. 에베소에 큰 교회 하나만 있었을 가능성은 별로 없다. 실제로 에베소 그리스도인들은 그 도시 전역에 흩어져 있는 많은 집들에서 모임을 가졌다. 그들은 만나서 예배를 드리고 가르침을 받았을 뿐만 아니라 또한 그룹으로 모여 기도했다. 그러면 그들은 무엇을 위해 기도했는가? 그들은 무엇을 위해 기도해야만 했는가? 바울은 여기에서 그들에게 그룹 기도 시간에 할 일을 가르쳐 준다. 그들은 기도를 통해 영적 전쟁을 위해 서로 무장해야 한다. 바울은 또 그들에게 로마에서 복음을 위해 계속 싸울 수 있도록 자신을 무장시켜 달라고 요청한다.

나는 보통 이런 형태의 기도를 "건강한 자를 위한 기도"라고 언급한다. 다시 말해 이것은 개인적으로 취약한 영역에서 유혹을 물리칠 수 있도록 특별히 그룹에 속한 개인들을 위해 기도하는 것이다. "이는 악한 날에 너희가 능히 대적하고 모든 일을 행한 후에 서기 위함이라"(엡 6:13). 여기에는 "몸이 아픈 자를 위해 기도하는 것"도 포함된다. 질병은 하나님을 떠나도록 사람들을 유혹하는 "악한 날"의 시험이기 때문이다. 이런 형태의 기도에는 또 주님이 다른 신자들을 강하게 만들어 옛 사람의 특성을 벗어버리고 새 사람의 미덕을 함양해 나갈 수 있게 해주시기를 기도하는 것이 포함된다. 그것에는 우리 형제자매들이 올바르게 하는 모든 활동을 방해하려고 하는 초자연적인 적이 있다는 것을 제대로 알고, 그들의 삶의 모든 영역에서 하나님의 뜻이 이루어지기를 기도하는 것이 포함된다.

물론 이 모든 것은 다른 신자들과 진솔하고 깊은 관계를 상정한다. 다른 사람들과 더욱 친밀해지면서, 우리가 그들을 위해 하는 기도 역시 더욱 구체화되고 깊어져야 한다. 이런 종류의 기도는 소그룹 기도 시간을 강력하게 만드는데 기여한다.

바울은 에베소인들을 위해 이런 식으로 기도했다. 바울은, 종종 동료 선교사들과 함께, 하나님이 그들을 위해 역사하는 신적 능력이 얼마나 광대한지 알 수 있는 영적 통찰을 주시고, 또 하나님이 그들을 이런 능력으로 강하게 만들어 주시기를 간구했다고 말한다(엡 1:15–23; 3:14–19). 이와 같이 바울의 두 기도는 신자들이 서로를 위해 기도해야할 내용이 무엇인지 모범적으로 보여준다. 우리는 주 예수님이 귀신의 적대 활동을 인식하셨을 때 이런 종류의 기도를 하신 사례를 찾아볼 수 있다. 예수님은 베드로에게 "시몬아 시몬아 보라 사탄이 너희를 밀 까부르듯 하려고 요구하였으나 그러나 내가 너를 위하여 네 믿음이 떨어지지 않기를 기도하였노니"라고 말씀하셨다(눅 22:31-32). 우리 주님은 전투의 참 본질이 무엇인지 아셨으며, 또 베드로가 혹독하게 시험을 당할 "악한 날에" 직면할 것도 아셨다.[26] 예수님은 이 시험이 눈에 보이지 않는 영역에 의해 고무되고 조장될 것을 아셨다. 그리하여 예수님은 베드로를 위해, 특별히 베드로의 믿음이 시험으로 흔들리지 않도록 기도하셨다. 그리고 베드로가 주님을 알지 못한다고 순간적으로 실수했음에도 불구하고, 우리 주님의 기도는 응답되었다. 예수님은 베드로에게 "내 양을 먹이라"고 다시 사명을 부여하셨으며(요 21:15-21), 성령은 놀라운 방법으로 베드로를 사용해 사도적 교회를 세우셨다.

1. 영적 전쟁을 하는 기도 방식들

영적 전쟁 기도에 해당하는 방식의 기도가 있고, 또 해당하지 않는 다른 종류의 기도가 있는 것이 아니다. 모든 기도는 영적 전쟁과 관련되어 있다. 기도는 전투 사령관과 소통하는 것이다. 우리의 전투 인식은 우리에게 보급품을 공급하고 명령을 내릴 수 있는 우리의 최고사령관과 지속적으로 접촉하는 것이 필요하다는 의식을 고양시킨다.

바울은 영적 전쟁 구절 끝에서 "성령 안에서" 기도할 것을 강조한다(엡 6:18). 이것은 구체적인 일들을 위해 기도하도록 우리를 인도하시고 지시하시는 성령의 역사를 언급한다. 바울은 성령이 기도하게 하시는 일에 그리고 그 일을 갖고 기도하는 방법에 대해 민감하게 반응하는 법을 배울 것을 우리에게 요구한다. 기도는 단순히 하나님께 필요한 것들을 입으로 말하는 것이 아니다. 기도에는 하나님께 기도하는 방법을 여쭈어 보고, 그 다음에 성령이 우리 마음에 떠오르게 하는 말과 인상에 따라 행동하는 것이 포함된다.

나는 어느 화요일 저녁에 30명의 사람들이 모여서 기도했던 일을 지금도 생생하게 기억한다. 인도자가 우리에게 여러 가지 기도 제목을 알려 주었다. 그러나 우리가 기도할 때에 성령이 분명히 그룹 전체에 특별히 매우 힘든 시험을 당하고 있던 한 개인을 위해 기도하라는 부담을 주셨다. 먼저 한 사람이 그 개인을 위해 기도했다. 그리고 다른 사람이 기도하고 나서 또 다른 사람이 기도했다. 그런 식으로 기도 시간이 끝날 때까지 계속 기도했다. 우리는 보통 각 사람이 다른 제목을 갖고 기도했지만, 그날 밤 인도자로부터 그렇게 하라는 지시를 받지 않았는데도 우리 모두는 곤란을 겪고 있던 한 친구를 위해 기도했다. 나중에 알게 된 일이지만, 그날 밤 그 사람의 상황이 매우 극적으로 변화되었다. 우리 모두는 성령이 기도하라고 이끄셨을 뿐만 아니라, 또한 하나님이 우리의 기도를 놀라울 정도로 응답하셨다는 확신을 가졌다.

에베소서 6:18의 네 개의 "모든"은 여러 가지 다양한 때와 기회에 기도하는 것을 강조한다. 항상 기도할 준비를 하는 것이 매우 중요하다. 하나님이 가까이 계신다. 우리는 그분의 자녀로서 정기적으로 그분의 임재 안에 들어가는 특권을 갖고 있다. 개인으로서, 훌륭한 출발점은 아침 첫 시간에 그날 및 그날에 일어날 모든 일들을 주님께 맡기는 기도를 하고, 그 날 끝 시간에 신실하게 인도하신 주님께 감사하고 안식을 구하는 기도를 하는 것이다. 하나님이 하루 종일 우리와 함께 하신다는 인식이 내면화되면서, 우리는 시시각각 하나님께 기도하고 찬양을 올릴 수 있다. 나는 다음에서 기도할 수 있는 다른 때와 상황을 간단하게 소개한다. 물론 여러 가지 다른 형태의 소그룹 기도가 있을 수 있다.

기도: 영적 전쟁의 필수 무기

환경
개인
하나님을 예배하고 고백하고 감사하라. 그리고 당신이 필요로 하는 것들을 공급해 주시고 또 유혹을 물리칠 수 있을 만큼 강하게 만들어 주시도록 간구하라.

당신의 염려를 하나님께 맡겨라 (하나님이 당신을 돌보아 주신다)

소그룹

소그룹으로 만나서 다른 신자들을 위해 중보기도를 하라.

이 그룹과 친밀하게 삶을 나누고 기도로 당신을 무장시켜 주시도록 간구하라.

주제

어려움에 처한 개인들

어려운 형편에 처한 사람들을 만나서 그들을 위해 기도하라.

목사와 교회 지도자

주일 아침 일찍 다른 사람들을 만나서 목사 및 교회의 다른 지도자들을 위해 기도하라.

자녀와 학교

학령 아동을 둔 여성들은 "기도하는 어머니" 그룹에 참여할 수 있으며, 필요하다면 새로운 모임을 만들라.[27]

도시: 지역사회 연합기도회

소그룹과 만나 도시에 속한 동네들을 걸어 다니면서 기도하라.

때때로 여러 도시의 교회 그룹들과 연합해서 지역을 위한 특별기도회를 개최하라 (예를 들어, 1995년 "LA 기도회"[28]와 데이비드 브라이언트의 "기도합주회").[29] 다른 신자들과 함께 이런 집중기도 행사에 참여하라.

믿지 않는 지인들

소그룹으로 만나서 특별히 그리스도를 알지 못하는 사람들을 위해 기도하라.

이웃 사람들과 만나서 당신이 그들을 위해 어떻게 기도하면 좋을지 물어보라.[30]

국가

지방, 주, 국가 지도자들을 위해 기도하라. 이 지도자들이 직면하고 있는 중요한 문제들을 위해 기도하라.[31]

세계

교회에서 파송한 선교사를 위해 기도하는 후원팀에 참여하거나 만들어라. 개인적으로 10/40창에 속한 국가와 도시들을 위해 기도하는 일에 힘쓰라.[32] 교회나 교회 내 한 그룹에 10/40창에 있는 한 도시를 입양해서 기도하는 일에 힘쓰도록 격려하라.

처음 두 영역-개인적 경건 시간과 정기적인 소그룹 기도 모임-은 영적 전쟁을 하는 그리스도인의 삶과 성공에 극히 중요하며 필수적이다. 그리스도인은 혼자 살도록 만들어지지 않았다. 우리는 백성의 몸에 연결되어 있다. 우리는 우리를 위해 기도하고, 또 적을 물리칠 수 있을 만큼 우리를 무장시켜 줄 사람들이 필요하다.

2. 특별히 중보자로 부름 받은 사람들

모든 그리스도인들이 다른 사람들을 위해 기도를 해야 하지만, 하나님이 중보기도의 과업을 위해 강력하게 사용하시는 소수의 사람들이 있는 것 같다. 성경은 "중보기도"라는 특별한 은사에 대해 말하지 않지만, 어떤 개인들이 다른 사람들을 위해 간절하게 기도한 사례들이 있다. 우리는 특히 느헤미야와 다니엘 같은 사람들을 생각한다. 우리는 또 여호수아가 이스라엘을 이끌고 아말렉과 싸울 때 모세의 팔을 붙잡고 있는 아론과 훌의 이야기에서 끈질긴 중보기도의 이미지를 본다(출 17:8-13). "모세가 손을 들면 이스라엘이 이기고 손을 내리면 아말렉이 이기더니"(출 17:11). 이 이야기의 끝에서, 모세는 "여호와의 보좌를 향해 손을 들었으니"라고 말한다(출 17:16). 그것은 기도를 상징하는 아름다운 모습이었다. 바울이 에베소서 6:12에서 분명히 밝히는 것처럼, 우리의 전쟁은 물리적 군대를 상대하는 것이 아니라 초자연적 세력을 상대하는 것이다. 다른 사람들을 위해 중보기도를 하는 것은 전쟁에서 이기는데 필수적이다.

지난 몇 년간 영적 전쟁이라는 주제에 대해 가르치고 강연을 하면서, 나는 하나님이 교회 내에 있는 어떤 개인들의 마음에 다른 사람들을 위해 열렬하게 기도하도록 특별한 부담을 지우신다고 확신하게 되었다. 특히 이런 소명을 받은 여성들이 많이 있다. 성령은 이런 소중한 중보기도 용사들의 마음을 감동시켜서 그들의 기도가 필요한 사람이 누구인지 알게 하신다. 때때로 그들은 절박감을 느낀 나머지 한밤중에 깨어나 특정한 사람이나 상황을 위해 기도한다. 그리고 그들은 그 부담이 사라질 때까지 기도한다.

최근에 나온 「방패 기도」라는 책에서, 피터 와그너(C. Peter Wagner)는 지금 우리나라를 휩쓸고 있는 위대한 기도 운동의 일부로 수많은 회중들이 중보기도를 과거보다 더 진지하게 받아들이고 있다고 논평했다. 와그너는 모든 그리스도인들이 다른 그리스도인들을 위해 중보기도를 해야 하지만, 일부는 더 많은 시간과 힘을 기울여 중보기도를 해야 할 특별한 소명이 있다고 지적한다.[33]

나는 하나님의 인도하심을 따라서 이런 식으로 나를 위해 기도하는 사람들에게 특별히 감사한다. 이런 사람들 중 일부는 내 삶에서 일어나는 중요한 사건들과 문제들에 대해 정기적으로 알려줄 것을 나에게 요청했다. 내가 이런 사람들 중 한 분에게 알려주는 일을 소홀히 했을 때, 그녀는 나에게 전쟁을 하는 동안 모세가 아론과 훌이 그를 도울 수 있게 한 일이 얼마나 중요했는지 상기시켜 주었다. 그녀가 한 말은 정말 옳았다.

모든 그리스도인들은 자신들을 위해 중보기도가 필요하다. 목사와 그리스도인 지도자들도 예외가 아니다. 그리스도인 지도자들의 "도덕적 실패"가 유행처럼 일어나고 있는 심각한 현실에 비추어 볼 때, 목사, 신학교 교수 및 다른 그리스도인 지도자들은 자신들의 취약성을 깨닫고 기도 후원자를 모으고 기도 후원 팀을 만들어야 한다.

VI. 선교가 최우선이다

영적 전쟁은 단순히 방어만 하는 것이 아니다. 영적 전쟁은 또한 공격적인 것이다. 우리는 완수해야할 선교적 사명이 있다. 마태복음에 기록된 예수님의 마지막 말씀이 그 사명을 가장 잘 요약해 놓았다.

> 하늘과 땅의 모든 권세를 내게 주셨으니 그러므로 너희는 가서 모든 민족을 제자로 삼아 아버지와 아들과 성령의 이름으로 세례를 베풀고 내가 너희에게 분부한 모든 것을 가르쳐 지키게 하라 볼지어다 내가 세상 끝날까지 너희와 항상 함께 있으리라 (마 28:18-20)

선교의 핵심은 "제자를 삼는" 것이다. 여기에는 주 예수 그리스도의 복음을 전혀 듣지 못한 자들에게 (또는 제대로 듣지 못한 자들에게) 전하고, 그들을 성숙한 일원으로 교회에 통합시키는 것이 포함된다. 따라서 선교는 광범위하면서도 철두철미하다. 선교는 새로운 사람들을 찾아 가서 전도하는 것과 교인이 된 사람들을 성숙하게 만드는 것을 포함한다. 사악한 세력을 조직해 이런 선교 활동을 강력하게 반대할 초자연적인 적이 있다는 점을 예수님은 통렬히 인식하셨다. 이 점을 염두에 두시고, 예수님은 추종자들에게 그분이 그들과 함께 하겠다고 확실히 약속하셨으며, 또 그분이 이런 영역을 다스리는 "모든 권세"를 갖고 계시다고 장담하셨다.

1. "강한 자의 재산을 강탈함": 구속적 선교

지상 사역을 하시는 동안, 예수님은 서기관들에게서 그분이 "바알세불"에 붙잡혔으며 또 귀신의 왕의 권세를 빌려서 귀신들을 추방한다는 터무니없는 비난을 받으셨다(막 3:22). 예수님은 이런 불경스러운 비난에 대해 다음과 같은 간단한 비유를 언급하셨다.

> 사람이 먼저 강한 자를 결박하지 않고는 그 강한 자의 집에 들어가 세간을 강탈하지 못하리니 결박한 후에야 그 집을 강탈하리라 (막 3:27 = 마 12:29 = 눅 11:22)

이것은 예수님의 사역 및 그분이 교회에 맡기신 선교적 사명을 이해하는 데 중추적 역할을 하는 구절이다. 그것은 또 예수님과 사탄의 싸움이 본질적으로 무엇인지, 그리고 예수님의 십자가 사역이 우리의 과업에 어떤 의미를 지니는지 가르쳐 준다.

이 구절에서 강한 자는 사탄이다. 그는 정말로 초자연적으로 강력하며 가볍게 여길 존재가 아니다. 그의 소유물은 개인적 재산이나 물품이 아니라 사람이다. 그가 하나님의 구원의 계획에 대한 진리를 알지 못하게 만든 사람 말이다. 강한 자를 결박하는 사람은 주 예수 그리스도이시다. 일부 해석자들은 예수님이 사탄의 유혹을 훌륭하게 물리치시거나 많은 축사를 하셨을 때 이렇게 결박하는 일이 일어났다고 생각하지만, 그 결박은 그리스도가 십자가에서 성취하신 것으로 가장 잘 설명할 수 있다. 그리스도가 피를 흘리시고 세상의 죄 값을 치르신 곳이 바로 십자가였다. 그렇게 함으로써 사탄은 사람들을 정당하게 비난할 능력을 상실했다. 하나님이 용서를 베푸시고 그들과 인격적인 관계를 맺으실 수 있게 되었기 때문이다. 바울은 골로새서 2:15에서 감동적인 말로 어둠의 권세가 당한 이 패배에 대해 이야기한다. "통치자들과 권세들을 무력화하여 드러내어 구경거리로 삼으시고 십자가로 그들을 이기셨느니라." 이와 같이 사탄은 결박되었다. 절대적인 의미가 아니라 예수 그리스도와 관계를 맺은 자들과 관련해서 그렇다는 말이다. 사탄은 더 이상 하나님의 자녀들을 속박하지 못한다. 하나님의 자녀들은 사탄을 물리치고 선교 사역을 실행할 수 있는 능력을 갖고 있다.

교회는 이 비유의 마지막 부분을 수행한다. 우리는 사탄의 집을 강탈하는 자들이다. 우리는 성령의 능력으로 그리스도의 복음을 전하면서 이 일을 한다. 우리는 가족, 친구, 동네 사람들, 그리고 보냄 받은 사람들에게 예수 그리스도 안에 있는 구원의 좋은 소식에 대해 듣고 반응할 수 있는 기회를 제공한다. 사람들이 그리스도께 돌아와서 하나님의 나라에 들어갈 때, 사탄은 그의 소유물을 잃는다.

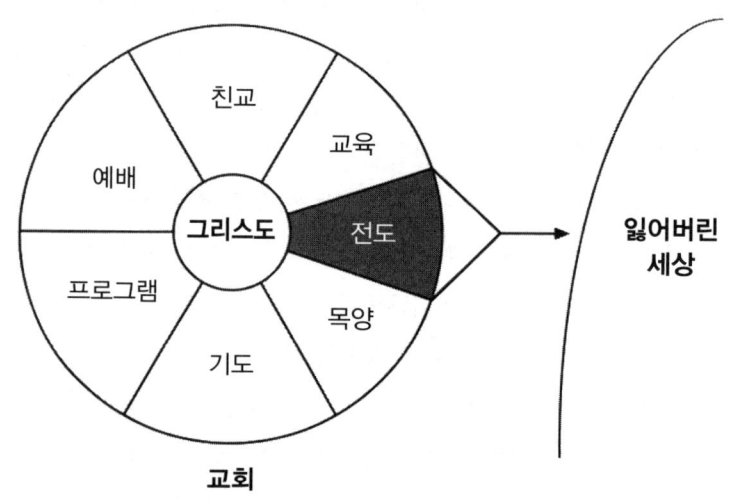

그림 1.6 교회의 선교: 대중적 견해

이와 같이 교회는 회심을 통해 성장하라는 명령을 받는다. 우리의 시간, 자원, 힘의 상당 부분은 그리스도의 대사로서 효과적으로 섬기는 일을 하고 또 그분의 화해의 메시지를 전달하는 일에 바쳐야 한다

(고후 5:18-20). 이것은 교회 내에서 전도에 특별한 은사가 있거나 전도하려는 열정이 있는 엄선된 소수의 책임이 아니다. 이것은 전체 교회의 과제이다. 이것은 그리스도가 우리 모두에게 부여하신 사명이다. 그림 1.6과 1.7은 전도에 대한 대중적 견해와 성경적 견해를 대비시켜 보여준다. 그림 1.7이 명백히 밝히는 대로, 복음 전파에 관여하는 것은 바퀴에 있는 단지 한 개의 바퀴살이 아니다. 전체 바퀴가 다 복음 전파에 관여한다.

하지만 이 도표들은 전도를 훼방하는 반대가 있을 것이라는 사실을 나타내지 않는다. 70인을 보내셨을 때, 예수님은 "사탄이 하늘로부터 번개 같이 떨어지는 것을 내가 보았노라"고 말씀하신 바 있다(눅 10:18). 사탄이 맹렬히 날뛰고 있었다. 사탄은 자신의 나라를 위협하는 이 일을 방해하기로 굳게 결심했다. 싸움이 있을 것이다. 70인이 선교를 마치고 돌아와 기뻐하면서 예수님께 "주여 주의 이름이면 귀신들도 우리에게 항복하더이다"라고 말했다(눅 10:17). 그리스도 안에서 우리도 귀신들을 다스리는 권세를 갖는다. 과거 2천년동안 그랬던 것처럼, 우리는 복음을 제시하고 사람들은 반응을 보일 것이다. 우리는 귀신들을 다스리는 권세를 갖고 있는 사실에 너무 감격할 것이 아니라, 우리가 하나님의 백성의 일부로 다른 사람들에게 그런 기회를 마련해 주려고 열심히 노력하는 사실에 기뻐해야 한다.

다른 사람들에게 그리스도의 좋은 소식을 전하는 것이야말로 초대교회 그리스도인들이 지닌 강력한 열정이었다. 그러나 그들은 온갖 종류의 반대에 직면했다. 의심할 여지없이, 사탄은 그리스도가 그분의 백성을 통해 이루고 계신 일에 몹시 화를 냈으며, 복음의 확산을 막기 위해 온갖 수단방법을 가리지 않았다.

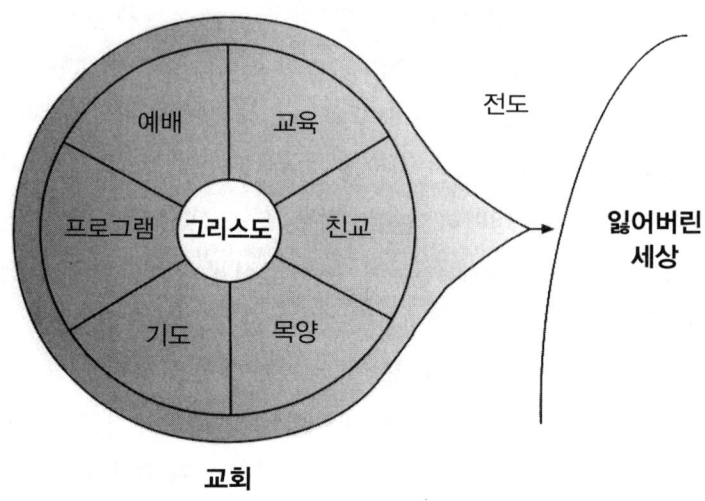

그림 1.6 교회의 선교: 성경적 견해

위협은 사탄이 쓰는 방법 중 하나에 불과했다. 사도행전에서 복음을 전파하는 사도 바울의 영광스러운 이야기를 읽은 후에, 나는 바울이 결코 강력한 반대에 겁을 먹은 적이 없었다는 생각을 하곤 했다. 하지만 바울이 쓴 편지 중 하나는 바울의 인간적인 면모를 드러낸다. 에베소 신자들의 영적 전쟁에 대한 논의를 끝내면서, 바울은 이 소중한 신자들에게 자신을 위해 기도해 달라고 요청한다(엡 6:19-20). 바울은 에베소인들에게 주님이 자신을 강하게 만드셔서 로마에 투옥되어 있는 동안 복음을 담대히[파르레시아] 전할 수 있게 해달라고 기도를 두 번 요청했다. 분명히 사탄이 이 위대한 사도를 위협하려고 활동하고 있었다. 하지만 바울은 그 싸움은 영적이며 그의 힘은 주님으로부터 나와야 한다는 사실을 알았다. 따라서 바울은 에베소인들에게 영적 전쟁을 위해 자신을 무장시켜 줄 것을 요청한다.

사탄은 교회 초창기에 예루살렘 신자들을 포함해서 사도 베드로와 요한을 위협하려고 했다. 주님이 예루살렘 성전 바깥에서 베드로와 요한을 사용해 몸이 마비된 자를 고치신 후에 그들은 체포되었다. 그들은 산헤

드린(유대인들의 통치 기관) 앞에 섰다. 통치자들은 되풀이해서 그들을 위협하고 또 "도무지 예수의 이름으로 말하지도 말고 가르치지도 말라"고 경고했다(행 4:18). 석방된 후 베드로와 요한은 다른 신자들을 만나서 일어난 모든 일을 전했다. 위협을 당했음에도 불구하고 부활하신 주님이 맡기신 선교에 헌신한 그들은 합심하여 이렇게 기도했다. "주여 이제도 그들의 위협함을 굽어보시옵고 또 종들로 하여금 담대히[파르레시아] 하나님의 말씀을 전하게 하여 주시오며"(행 4:29). 하나님은 즉시 그들의 기도에 응답하셨으며, 그 결과 "무리가 다 성령이 충만하여 담대히[파르레시아] 하나님의 말씀을 전하니라"(행 4:31).

서양 그리스도인들은 체벌이나 박해의 위협을 받지 않고 복음을 전할 수 있는 자유를 누려왔지만, 사탄은 우리가 수행하는 구속적 선교를 방해하기 위해 다른 전략들을 구사해 왔다. 이런 전략 중 일부는 다음과 같다.

- 그리스도인들이 다른 사람들에게 "자신들의 신앙을 강요함으로써" 친구들에게 극단주의자나 몹시 불쾌한 존재가 될 수 있다고 염려하게 만들기
- 그리스도인들이 모든 사람들은 이미 복음을 들었다고 생각하게 만들기
- 교회 내에 많은 문제들을 일으켜서 갈등을 해결하는데 우리의 모든 힘을 소모시키기
- 그리스도인들이 선교사와 목사만이 전도에 관심을 가져야 한다고 믿게 만들기
- 그리스도인들이 사랑의 하나님을 고려하건대, 모든 사람들은 어찌했든 궁극적으로 구원을 받을 것이라고 확신하게 만들기

복음전도는 사탄의 나라를 정면으로 공격하는 것이다. 그렇지만 우리 주님은 우리를 부르셔서 이 일을 하게 하신다. 복음전도는 우리 선교의

필수적인 부분이다. 우리는 이 전선에서 영적 전쟁이 아주 격렬하게 그리고 다양한 방법으로 일어날 것을 예상할 수 있다.

2. 그리스도 안에서 사람을 성숙하게 만듦 (골 1:28)

교회의 온전한 성장은 우리가 수행할 선교의 중요한 다른 한 부분이다. 예수님은 "제자를 삼고……내가 너희에게 분부한 모든 것을 가르쳐 지키게 하라"고 우리에게 명령하신다. 전도에 열심을 낸 나머지 공동체를 세우고 하나님의 말씀을 가르치고 영적 성장을 촉진하는 일을 소홀히 해서는 안된다. 나는 특히 전도와 양육을 똑같은 선교의 두 부분으로 여기는 사도 바울의 모범에 감동을 받았다. 바울은 단순히 복음을 선포하지 않았다. 바울은 복음을 선포하고 그리스도인들의 공동체를 형성했다. 바울은 이런 신자 그룹들이 성장하고 성숙해지도록 장기간에 걸쳐 그들과 함께 열심히 일했다. 바울의 야망은 골로새서 1:28에 훌륭하게 요약되어 있다. "우리가 그를 전파하여 각 사람을 권하고 모든 지혜로 각 사람을 가르침은 각 사람을 그리스도 안에서 완전한 자로 세우려 함이니." 이 절은 바울이 예수님의 대위임령을 어떻게 실현했는지 잘 보여준다. 바울에게 제자를 삼는 것은 사람들이 그리스도 안에서 온전히 성숙해지도록 만드는 일을 포함한다. 바울은 이것이 강력한 반대에 맞서 다투는 엄청난 영적 싸움이라는 점을 깨달았다. 바로 다음 절에서 바울은 자신이 하나님의 능력에 어떻게 의존하고 있는지 밝힌다. "이를 위하여 나도 내 속에서 능력으로 역사하시는 이의 역사를 따라 힘을 다하여 수고하노라"(골 1:29).

교회의 구속적 선교가 강한 자에게서 그의 소유물을 강탈하는 것이라면, 우리는 강한 자가 빼앗긴 것을 되찾으려고 시도할 것이라는 점을 예상할 수 있다. 그리하여 사탄은 그의 세력을 동원해 개인들의 삶과 교회 공동체에서 그의 통치를 되찾으려고 한다. 사탄은 사람들을 다시 나쁜 욕구와 생활방식에 속박된 종으로 만들려고 한다. 사탄은 또 사람들이 그리스도에게서 떠나 다른 일들에 관심을 갖게 만들려고 한다. 사탄은 종종 그리스도인들이 다른 예수를 따르게 함으로써 이런 일에 성공한다.

VII. "다른 예수"를 주의하라!

사탄의 주요 전략 중 하나는 예수님이 정말로 어떤 분이신지, 그분이 무슨 일을 하러 오셨는지, 그리고 그분이 앞으로 무슨 일을 하려고 하시는지에 대해 오해하고 헷갈리게 만드는 것이다. 유감스럽게도, 이것은 또한 영적 전쟁과 관련해 최근에 쏟아져 나온 책과 글에서 가장 간과된 측면이다. 기독교 초기에 바울의 고린도 대적자들과 영지주의의 등장, 중세에 면죄부 판매, 그리고 오늘날의 번영복음에 이르기까지, 사탄은 사람들이 그리스도를 이해하는 방법을 왜곡시키려고 전력을 다해 일한다.

1. "견고한 진 무너뜨리기" (고후 10:1-3)

바울은 고린도인들에게 "우리가 전파하지 아니한 다른 예수"를 믿지 말라고 경고했다(고후 11:4). 실제로 고린도에 와서 자신들이 그리스도인일 뿐만 아니라 또한 사도라고 주장하는 사람들이 있었다. 그들은 기독교처럼 들리는 무언가를 가르쳤지만, 그것은 왜곡된 그리스도 상(이미지)을 갖고 있는 사이비 기독교였다. 그런 상황에 맞서, 바울은 영적 전쟁의 언어로 말했다.

첫째, 바울은 사탄이 노골적으로 악한 방법으로 일할 뿐만 아니라 또한 옳고 선하게 보이는 방식으로도 일한다는 점을 지적했다. 사탄은 "광명의 천사"로 가장할 수 있다(고후 11:14). 물론 사탄은 종종 다른 사람들을 통해서 자신의 목표를 달성한다. 이것이 바로 사탄이 고린도에서 한 일이다. 바울은 최근에 도착한 "사도들"이 하나님의 종인 척 하지만 실제로는 사탄의 영감을 받아 일하는 자라고 정체를 폭로한다(고후 10:13-15).

둘째, 바울은 새로운 관계를 맺은 그리스도에 대해 신자들을 속이는 사탄의 일을 강조한다. 바울은 그들에게 "뱀이 그 간계로 하와를 미혹한 것 같이 너희 마음이 그리스도를 향하는 진실함과 깨끗함에서 떠나 부패할까 두려워하노라"고 말한다(고후 11:3). 고린도 교회의 일부 신자들은 이미 이런 다른 그리스도를 따르고 있었다. 그것은 사탄이 만들어낸 괴물 같은 존재였다.

마지막으로, 바울은 전면 전쟁에 대해 이야기한다. 바울은 다음과 같이 말한다.

> 우리가 육신으로 행하나 육신에 따라 싸우지 아니하노니 우리의 싸우는 무기는 육신에 속한 것이 아니요 오직 어떤 견고한 진도 무너뜨리는 하나님의 능력이라 모든 이론을 무너뜨리며 하나님 아는 것을 대적하여 높아진 것을 다 무너뜨리고 모든 생각을 사로잡아 그리스도에게 복종하게 하니 (고후 10:3-5)

이 말씀은 모든 영적 전쟁 문헌에서 널리 인용되며, 또 사람들이 뿌리치지 못하고 걸려드는 나쁜 습관을 언급하는데 가장 흔하게 사용되고 있다. 어떤 사람들은 "견고한 진"이라는 단어를 복음에 거의 반응하지 않는 도시, 지역, 국가를 말하는데 사용한다.

견고한 진이라는 용어를 이렇게 사용하는 것이 그 구절을 올바르게 확대해서 적용하는 것일 수도 있지만, 그들은 그 구절의 취지가 무엇보다도 기독론적 이단을 겨냥한 것이라는 점을 제대로 인식하지 못한다. 일부 고린도인들은 속아 넘어가서 예수님과 그분의 복음에 대한 위험하고 잘못된 생각을 믿게 되었다. 바울은 이런 생각이 실제로는 사탄의 종인 거짓 "사도들"에게서 비롯된 것임을 밝혀낸다. 바울이 신적 무기를 사용해서 무너뜨려야 하는 견고한 진은 일부 고린도인들의 마음에 자리잡은 이런 주장과 생각들이다.[34] 바울의 목표는 그리스도에 대한 그들의 생각을 온전히 바로잡는 것이다. 그러므로 본래의 문맥에서, 견고한 진을 무너뜨린다는 것은 귀신의 영감을 받은 가르침의 영향으로 신자들의 마음속에 자리한 그리스도에 대한 잘못된 생각을 바꾸는 것을 언급한다. 이것은 올바른 정보를 제공해 정신을 개조하는 인지적 재구성 이상의 일을 말한다. 그 일은 특별한 내용을 지닌 특별한 종류의 상담과 하나님의 능력에 의지하는 태도를 필요로 한다.

바울은 고린도후서 10장에서 그 무기들이 무엇이고, 또 자신이 그것들을 어떻게 사용하려고 하는지 자세히 설명하지 않는다. 그 무기들에는 바울이 에베소에서 가르친 것이 틀림없이 포함되었을 것이다(엡 6:14-18). 이런 무기 각각은 바울이 고린도 문제를 다루면서 참여하는 영적 전쟁에서 중요한 역할을 담당한다. 편지를 전체적으로 살펴봄으로써, 우리는 이런 무기들이 이 특정한 상황에서 어떻게 사용되는지 더욱 분명히 알 수 있다.

(1) 진리

바울은 고린도인들에게 편지를 써서, 진리를 상기시키고 그것을 받아들이도록 호소함으로써 왜곡된 복음에 맞선다. 바울은 잘못되고 속이는 다른 거짓 "사도들"과 대조적으로 자신이 "그리스도의 진리"를 말한다는 점을 그들에게 확언한다(고후 6:7; 11:10; 12:6; 13:8).

(2) 의

바울은 고린도인들에게 그들을 대신해 죄가 되시고, 고난을 겪으시고, 죽으신 그리스도 안에서 그들의 의를 발견할 수 있다는 점을 상기시킨다(고후 5:21). 이분이 그들이 따르고 헌신해야 하는 예수님이시다. 이분이 그들이 새로운 관계를 맺은 참된 예수님이시다. 바울은 고린도인들에게 그들에 대한 자신의 의로운 행위를 장담하는데, 그런 행위는 바울이 그들에게 가르친 교훈을 추천하는데 기여했을 것이다(고후 7:2). 하나님의 의를 전하는 그리스도의 대사이기 때문에, 바울은 "의의 무기를 좌우에 가지고" 휘두른다(고후 6:7).

(3) 복음

대적들은 "다른 복음"을 전해서 고린도 공동체에 분열과 불화를 일으켰다(고후 11:4). 바울은 그들에게 자신이 처음에 전한(고후 10:14; 11:17) 그리고 이제 그들이 선포해야 하는(고후 5:18-20) 평화의 참된 복음으로 돌아가라고 주장한다.

(4) 믿음

고린도의 실망스러운 상황과 바울의 수많은 개인적 시련에도 불구하고(고후 6:4-10; 11:23-33을 보라), 바울은 하나님을 신뢰하는 법을 배웠다. 바울은 고린도인들에게 "우리는 믿음으로 행하고 보는 것으로 행하지 아니함이로라"고 말한다(고후 5:7). 바울과 고린도인들 가운데서 강력하게 역사하시는 하나님에 대한 바울의 믿음은 악한 자가 쏘는 많은 불화살이 꺼져버리고 말 것이라는 확신을 가져다주었다.

(5) 구원

그들의 이해를 새롭게 하기 위해, 바울은 고린도인들을 위한 하나님의 구원의 계획을 제시한다(고후 5:18-21). 바울이 제시한 계획의 핵심은 신자들이 그리스도의 사역을 통해 하나님과 화해를 했다는 것이다. 지금 이 세상에서 어려움과 고통을 겪을 것이지만, 구원이 이미 임했으며(고후 6:2) 우리는 하나님과 안전한 관계를 맺고 있다.

(6) 성령과 하나님의 말씀

고린도인들에게 호소하면서, 바울은 여러모로 구약에 의지한다. 특히 그리스도와 그분의 사역을 올바로 이해시키려 할 때 그렇게 한다 (그 당시에는 우리가 지금 갖고 있는 복음서가 아직 기록되지 않았다). 바울은 고린도인들에게 "율법 조문은 죽이는 것이요 영은 살리는 것이니라"고 경고한다(고후 3:6). 이렇게 말한다고 해서 바울이 하나님의 말씀의 중요성을 부인하는 것은 아니다. 오히려 적절하게 이해해서 거짓 사도들처럼 오용하는 일이 없어야 한다는 점을 강조하는 것이다. 거짓 사도들은 "다른 영"을 전했다. 바울은 되풀이해서 고린도인들에게 그들이 성령과 연결되어 있음을 확언한다(고후 1:22; 3:3, 8, 17, 18; 5:5; 13:14).

(7) 기도

우리는 바울과 디모데가 고린도인들을 위해 열렬히 중보기도를 했을 것이라고 확신할 수 있다. 바울은 자신이 기도한 사실과 일부 기도 제목을 실제로 우리에게 말해준다. 고린도인들이 자신의 호소에 응답할 것을 기대하면서, 바울은 이렇게 말한다. "우리가 하나님께서 너희로 악을 조금도 행하지 않게 하시기를 구하노니"(고후 13:7). "이것을 위하여 구하니 곧 너희가 온전하게 되는 것이라"(고후 13:9). 또 바울은 고린도인들을 위한 기도로 편지를 끝낸다. "주 예수 그리스도의 은혜와 하나님의 사랑과 성령의 교통하심이 너희 무리와 함께 있을지어다"(고후 13:13).

고린도에서 바울의 사역의 토대를 이루는 것은 그들을 위한 사랑과 그들과 함께 머물면서 그들이 그리스도 안에서 성장하고 성숙해지도록 돕고자 하는 열정으로 가득한 마음이었다. 바울은 이 문제를 갖고 그들을 한 번 방문한 적이 있었으며("내가 다시는 너희에게 근심 중에 나아가지 아니하기로 스스로 결심하였노니"; 고후 2:1), 우리가 지금 갖고 있지 않은 이전 편지에서 이 문제에 대해 말했으며("내가 마음에 큰 눌림과 걱정이 있어 많은 눈물로 너희에게 썼노니 이는 너희로 근심하게 하려 한 것이 아니요 오직 내가 너희를 향하여 넘치는 사랑이 있음을 너희로 알게 하려 함이라"; 고후 2:4), 지금 그들에게 편지를 쓰고 있으며, 곧 다시 그들을 방문할 계획을 갖고 있다(고후 13:10). 감정, 눈물, 사랑, 고뇌, 기도 이 모든 것들이 다 영적 전쟁의 일부이다.

2. 초대교회에 존재한 귀신의 견고한 진들: 그리스도에 대한 왜곡된 이미지들

인생을 마무리할 때가 다가오자, 사도 바울은 그리스도에 대한 왜곡된 이미지를 만들어 사람들을 속이는 일을 계속하는 귀신들에 대해 경고했다. 바울은 동역자 디모데에게 "성령이 밝히 말씀하시기를 후일에 어떤 사람들이 믿음에서 떠나 미혹하는 영과 귀신의 가르침을 따르리라 하셨으니"라고 말한다(딤전 4:1). 바울에게 이런 "후일"은 지금이었다. 이런 날은 현재의 악한 시대가 끝나는 마지막 시간이다. 미혹당한 교사들이 그릇되고 해로운 생각들을 많이 전파할 것이지만, 바울은 주 예수 그리스도에 대한 건전한 교훈과 일치하지 않는 거짓 교리를 가르치는 자들을 가장 염려한다(딤전 6:3). 그리스도를 적절하게 이해하는 것이 그리스도인의 신앙에 가장 중요하다. 그것은 박해자들의 손에 붙잡혀 죽을 만큼 가치가 있는 일이다. 바울은 지금 그리스도를 위해 죽음을 목전에 두고 있었다. 바울은 디모데에게 "내가 전한 복음대로 다윗의 씨로 죽은 자 가운데서 다시 살아나신 예수 그리스도를 기억하라 복음으로 말미암아 내가 죄인과 같이 매이는 데까지 고난을 받았으나"라고 말한다(딤후 2:8-9).

디모데가 사역하고 있던 기독교 공동체들 가운데서, 일부는 이미 그리스도와 그분의 사역에 대한 순수한 이해에서 돌아서버렸다. 바울은 본질적으로 그들이 강한 자에게 다시 붙잡혔다고 말한다. 바울은 디모데에게 그들을 포기하지 말고 부드럽게 가르치라고 말한다. "거역하는 자를 온유함으로 훈계할지니 혹 하나님이 그들에게 회개함을 주사 진리를 알게 아실까 하며 그들로 깨어 마귀의 올무에서 벗어나 하나님께 사로잡힌 바 되어 그 뜻을 따르게 하실까 함이라"(딤후 2:25-26).

사탄은 초대교회에 그리스도에 대한 온갖 종류의 왜곡된 생각들을 불어넣었다. 이런 잘못된 가르침 중 많은 것들이 예수님이 온전히 인간이셨다는 사실이나 온전히 하나님이셨다는 사실을 부인하거나 아니면 예수님으로 충분하지 않다고 주장했다.

(1) 예수님은 진짜 사람이 아니었다

1세기 말 에베소에서 사역할 때, 사도 요한은 그리스도인 지도자들에게 "영들을 분별하라"고 주의를 주었다(요일 4:1-3). 오늘날 일부 그리스도인 사역자들은 이 본문을 일차적으로 구출 사역에 적용시킨다. 즉, 나타난 영에게 "예수 그리스도께서 육체로 오신 것"을 인정하는지 질문해 보는 것이다(요일 4:2). 하지만 이 절은 원래 소아시아 교회들이 처한 상황에서 귀신의 영감을 받은 가르침을 분별하는 것과 관련이 있었다. 분파적인 그룹들과 교사들이 나타나서 예수님은 신적 존재이시지만 정말 말 그대로 인간이 되신 것은 아니라고 주장했다. 예수님은 단지 인간처럼 보이셨을 뿐이라는 것이다. 초대교회는 이런 잘못된 가르침을 "도세티즘"("[예수님이 육신을 가지신 것]처럼 보이다"를 뜻하는 헬라어 "도케오"에서 파생한 말: 가현설)이라고 불렀다. 요한에게 그런 가르침은 그리스도에 대한 올바른 이해가 아니었으며, 이런 교훈을 가르치는 자들은 흔히 "적그리스도"라고 부를 수 있었다(요일 2:18; 요이 7). 그것은 거짓의 영의 영감을 받은 교훈이었다(요일 4:6).

이런 가르침은 초대교회에서 가장 큰 기독론적 이단, 즉 영지주의가 등장하는 것에 기여했다. 3세기에 걸쳐, 이레나이우스(Irenaeus), 히폴리투스(Hippolytus), 오리게네스(Origen)를 포함한 많은 그리스도인 지도자들이 하나님의 전신갑주를 입고 교회에 영지주의적 생각을 불어넣으려는 세력과 맞서 싸우는 영적 전쟁을 했다. 영지주의는 온갖 종류의 종교적 생각을 섞어 놓은 혼합사상이었다. 거기에는 기독교, 유대교, 플라톤 철학, 이집트 종교, 신비 종교, 마술, 점성술 등이 포함되어 있었다. 영지주의에서 제시하는 구속자 이미지는 죄를 위한 제물로 피 흘려 죽으러 오신, 육신을 입은 하나님이 아니었다. 예수님은 사람들이 악한 육신에 갇혀 있다는 지식[그노시스]을 전하러 온 영에 불과했다. 구원의 소망은 비물질이 물질에서 분리되는 죽음의 날에 물질로부터 탈출할 수 있는 가능성에 달려 있다.

(2) 예수님은 하나님이 아니었다

사탄은 또 정반대의 가르침을 퍼트리려고 했다. 즉 예수님은 하나님이 아니라는 것이었다. 이것은 물론 유대인 출신으로 그리스도인이 된 많은 사람들이 겪은 유혹이었다. 그리스도에 대한 이런 잘못된 진리는 많은 유대인들이 주 예수님께 돌아오는 것을 막는 엄청난 장애물이었다. 그리스도인이 된 일부 사람들은 예수님을 온전한 하나님으로 전적으로 받아들일 수 없었다. 에비온파로 알려진 유대인 그리스도인들은 그리스도의 신성을 부인하고 문화적으로 독특한 관례들을 고수했다. 영지주의는 예수님의 인성을 부인했지만, 그렇다고 해서 예수님을 참된 하나님으로 생각하지도 않았다. 대부분의 영지주의 체계에서, 그리스도라는 인물은 신적 소산의 하나, 즉 천사와 정사와 권세와 거의 같은 수준의 존재로 여겨진다.

교회는 그리스도의 참된 신성을 부인한 교사들과 계속 싸웠다. 그런 교사들 중 한 사람인 아리우스(Arius; 주후 250-336년)는 이집트 알렉산드리아에서 사역하면서 꽤 많은 추종자들을 끌어들였다. 이런 위험한 사상에 맞서 이탈리아, 그리스, 북아프리카, 이집트, 소아시아, 시리아, 팔레스타인, 갈리아의 교회 지도자들이 소아시아 니케아에 모여 아리우스주의에 반대하는 공동 입장을 표명했다. 이 지도자 그룹은 교회가 생긴 이래 공동으로 고백해 왔던 신앙, 즉 예수님은 참된 하나님이시면서 또한 온전한 인간이시라는 믿음을 반영하는 성명서를 작성했다. 그들은 그리스도에 대한 이해를 명백히 하기 위해 작성한 성명서에 예수님을 본질상 성부 하나님과 하나[호모우시오스]이신 분으로 서술했다. 이 성명서는 훗날 니케아신경(주후 325년; 주후 381년 콘스탄티노플에서 개정)으로 알려졌다. 아래에 나오는 것이 니케아신경의 일부이다.

> 그리스도에 대한 진술: 우리는 한 분 주 예수 그리스도를 믿는다. 예수님은 하나님의 유일한 성자, 모든 시대 이전에 성부 하나님으로부터 낳으심을 입은 분, 빛으로부터 오신 빛, 참된 하나님으로부터 오신 참된 하나님, 창조된 것이 아니라 낳으심을 입은 분, 성부 하나님과 똑같은 본질[호모우시온]을 가지신 분, 만물을 존재하게 하신 분, 우리 인간을 위해 우리의 구원 때문에 하늘에서 내려오신 분, 그리고 성령과 동정녀 마리아에 의해 성육신해서 인간이 되신 분이다. 예수님은 본디오 빌라도 치하에서 우리를 위해 십자가에 못 박히시고 고난당하시고 장사되셨다가, 성경에 따라 삼일 만에 다시 살아나시고, 하늘에 오르셔서 성부 하나님 우편에 앉아 계시다가, 산 자와 죽은 자를 심판하기 위해 영광 가운데 다시 오실 것이다. 그분의 나라는 영원무궁할 것이다.[35]

니케아신경은 또 예수 그리스도의 참된 인성을 부인하는 영지주의의 잘못을 바로잡는다. 니케아신경은 성경을 대신하도록 기록된 것이 아니라, 그리스도의 정체성과 사역에 대한 성경의 증언을 간결하게 요약해 놓은 것이다.

(3) 예수님으로 충분하지 않다

사탄은 예수님의 정체성을 공격했을 뿐만 아니라, 또한 예수님의 사역의 효과 및 예수님과 그분의 백성의 관계의 본질에 대한 이해를 공격했다. 다시 말해서, 마귀는 예수님이 한 일은 충분하지 않다고, 또는 예수님은 우리를 도와줄 만큼 강력하지 못하다고 사람들을 설득시키려고 한다.

사역을 하면서 바울은 종종 유대주의자로 언급되는 파당으로부터 계속 괴롭힘을 당했다. 이 사람들은 예수님을 메시아로 받아들였지만 신자들은 구원을 받기 위해 할례도 받아야 한다고 끈질기게 주장한 유대인들이었다. 그들은 또 유대 정결 규정을 따르고 여러 절기를 지킬 것을 주장했다. 바울은 그들의 주장을 강력하게 반박하면서, 할례와 율법 준수로 돌아가는 것은 종, 정사와 권세의 종으로 돌아가는 것과 같다고 말했다(스토이케이아, 갈 4:3, 9).[36]

다른 방식으로, 골로새 교회의 영적 건강은 그리스도로 충분하지 않다고 가르치는 분파적 집단에 의해 위협을 받았다. 이 집단에게, 그리스도는 승귀하신 하나님의 아들이 아니라, 천사들 같은 신적 중재자였으며 따라서 악한 정사와 권세로부터 골로새인들을 보호해 줄 수 없었다. 이 파당은 골로새 신자들은 오로지 신비종교에 가입하는 의식을 통해서만 얻을 수 있는 특별한 영적 통찰이 필요하고, 또 귀신들의 공격에서 보호받기 위해 천사들을 불러내는 것이 필요하고, 또 여러 종류의 의식을 준수하고 금식을 하는 것이 필요하다고 주장했다. 바울은 이 집단의 가르침에 대한 소문을 듣고 그냥 가만히 앉아 있지 않는다. 바울은 골로새 그리스도인들에게 예리한 편지를 써서 이런 가르침은 귀신의 영감을 받은 속임수라고 폭로한다(골 2:8). 바울은 이 사람들이 그리스도에 대한 열등한 견해를 갖고 있다고 주장하면서, 그것을 바로잡으려고 시도한다(골 1:15-20을 보라), 또 바울은 그들이 교회의 머리가 되시는 그리스도와 확실한 관계를 맺고 있지 않다고 주장한다(골 2:19).[37]

"예수님으로 충분하지 않다"고 주장하는 수많은 형태의 가르침들이 초대교회부터 지금까지 교회 역사 전체에 걸쳐 교회를 괴롭혀 왔다. 그런 가르침들은 여러 종류의 율법주의("구원 받으려면 이것을 반드시 해야 한다")로부터 다양한 유형의 혼합주의(기독교에 이런저런 믿음을 더한 것)에 이르기까지 광범위하다.

사탄이 쓰는 중요한 계책 중 하나가 속임수이다. 사람들이 기독교로 회심하는 것을 막을 수 없을 경우, 사탄은 기독교를 개조해서 전혀 기독교가 아닌 것으로 만들어버릴 수 있다. 다음은 거짓 가르침을 조작하는 일을 하는 사탄과 그의 능력에 대해 언급한 초대교회 교부들의 글들을 모아놓은 것이다.

귀신의 견고한 진들을 언급하는 고대 자료들

바나바 서신 (주후 2세기)
"우리는 우리의 구원에 대해 매우 주의해야 한다. 악한 자가 우리 가운데 슬며시 오류를 일으켜서 우리의 생명으로부터 우리를 멀어지게 만들 수 있기 때문이다" (2.10).

헤르마스의 목자 (주후 2세기)
"마귀는 거짓 선지자에게 그의 영을 집어넣어서 의를 망가트릴 수 있는 음모를 꾸민다. 그러므로 진리로 무장하고 주님에 대한 강한 믿음을 갖고 있는 자는 그런 영들과 어울리지 않는다" (「명령」 11.3-4).

이그나티우스 (주후 2세기)
"저는 여러분에게 모든 이상한 식물, 즉 이단을 멀리하라고 권고합니다. 이런 사람들은 신뢰를 얻기 위해 가장하면서 예수 그리스도의 가르침에 독을 뒤섞기 때문입니다……여러분이 저에게 매우 소중한 존재이고, 또 제가 마귀의 계략을 예견하기 때문에 주의하라고 미리 말씀드리는 것입니다" (「트랄레스인들에게 보내는 편지」 6-8).

순교자 유스티노스 (주후 2세기)
"마귀[귀신]라고 불리는 것들은 사람들을 만드신 하나님으로부터, 그리고 그분의 첫 아들이신 그리스도로부터 사람들이 멀어지도록 유혹한다" (「변증서」 58).

"마귀는 폰투스의 마르키온[영지주의 교사]을 내세워서, 지금까지 사람들에게 하나님은 천지만물을 만드신 분이며, 또 선지자들이 예언한 그리스도는 하나님의 아들이라는 사실을 부인하도록 가르치고 있으며, 또 만물의 창조자 외에 다른 신과 다른 아들을 전하고 있다"(「변증서」 58).

"그리고 마귀[귀신]의 영감을 받은……사마리아 출신의 메난더, 우리는 그가 안디옥에서 마술로 많은 사람들을 미혹시킨 것을 안다"(「변증서」 26).

이레나이우스 (주후 2세기)

"그러나 이런 이단자들 가운데 또 한 사람이 있다. 그의 이름은 마르쿠스이다……이 사람은 한 귀신을 붙잡아서 부리고 있는 것처럼 보인다. 그는 그 귀신의 도움으로 예언을 하는 것 같다……하지만 그런 영들은 이 사람들의 명령에 따라 움직이고, 그들이 원할 때 말하며, 세속적이고 약하며, 거만하고 무례하며, 교회를 통해 처음에 받은 건전한 신앙을 굳게 지키지 않는 자들을 유혹해서 지옥에 보내는 일을 하도록 사탄이 보낸 자들이다"(「이단 반박」 1.13.1. 3, 4).

"그러므로 하나님을 경배하는 모든 사람들은, 마르키온의 제자들처럼 노골적인 말을 써서 직접적으로 하든, 아니면 발렌티누스의 제자들과 모든 영지주의자들처럼 성경의 의미를 왜곡시켜서 간접적으로 하든, 창조주를 비난하는 자들을 사탄의 하수인으로 인정하라. 그런 하수인들을 통해 사탄은 지금, 전에 없던 새로운 방식으로, 하나님을 대적하는 말을 하고 있다……마찬가지로 이런 사람들은 사탄의 영으로 충만해서 우리의 창조주에 대해 수없이 많은 비난을 퍼붓고 있다"(「이단 반박」 5.26.2).

테르툴리아누스 (주후 2-3세기)

"이단이 나오는 뿌리가 되는 영적 사악함을 마귀가 보냈다는 점과, 이단이 우상숭배와 별 차이가 없다는 점을 의심하지 말아야 한다. 왜냐하면 둘 다 똑같은 작자의 짓거리이기 때문이다"(「이단 반박 논설」 40).

키프리아누스 (주후 3세기)

"사랑하는 형제들이여, 우리는 노골적이고 분명히 나타나 있는 것뿐만 아니라 또한 교묘한 사기 술책으로 속이는 것에 대해서도 주의해야 한다. 새로운 거짓말을 만들어내고 기독교의 미명하에 경솔한 자들을 속이는 일을 하는 이 적에게, 그리스도가 강림하셔서 그의 정체가 탄로 나고, 수많은 신자들의 무리에 의해 그의 우상들이 버려지고, 그의 사원과 신전들이 내팽개쳐지는 모습을 보는 것보다 더 심각하고 심란한 일이 있을 수 있겠는가? 그는 여러 이단과 분파를 만들어서, 신앙을 전복시키고, 진리를 오염시키며, 연합을 분열시키려고 한다. 옛날 방식의 어둠에 가두어 둘 수 없는 자들에 대해 그는 새로운 방식의 오류를 만들어서 속인다. 그는 교회에서 사람들을 잡아챈다. 또 자신들이 이미 빛에 접근해 있으며, 세상의 밤을 벗어났다고 생각하는 자들에게, 그는 그들이 의식하지 못하는 가운데 다시 새로운 어둠을 쏟아 붓는다. 그래서 그들은 그리스도의 복음에 굳건히 서 있지 않고 그리스도의 법을 지키지 않으면서도 여전히 자신들을 그리스도인이라고 부르며, 어둠 가운데 살면서도 자신들이 빛 가운데 있다고 생각하게 된다. 적은, 사도의 말대로, 자신을 광명의 천사로 가장하고 자신의 일꾼들이 마치 의의 일꾼인 것처럼 꾸며서 사람들을 착각하게 만들고 속이는 일을 한다"(「논문」1.3).

이 목록에 추가할 수 있는 인용문들이 많이 있다. 그것은 역사 전체에 걸쳐 교회를 속이려고 하는 사탄의 전략을 잘 보여준다. 하나님은 많은 신실한 지도자들을 일으키셔서 이런 귀신의 견고한 진들을 효과적으로 무너뜨리는데 사용하셨다. 그들은 영적 무기를 사용해서 이런 일을 했다. 바울의 모범을 따라서, 그들은 성령의 검(하나님의 말씀)과 진리의 허리띠를 가졌으며, 정도에서 벗어난 사이비 교사들의 거짓말, 허세, 속임수, 잘못된 생각 등을 폭로시켰다. 그들은 개인들과 그리스도인 그룹들에게 충고하고, 교회에서 가르치고, 많은 사람들의 유익을 위해 글과 편지를 썼다. 무엇보다도, 그들은 그리스도께 다시 돌아가는 길을 가리켰다. 키프리아누스(Cyprian)는 "우리가 진리의 근원으로 돌아가지 않는 한, 또 우리가 하늘에 계신 주님의 가르침을 구하고 지키지 않는 한 이런 귀신의 견고한 진들은 계속 만들어지고 유지된다"고 말했다(「논문」1.3).

3. 오늘날 존재하는 귀신의 견고한 진들:
"기독교" 내에 있는 그리스도에 대한 왜곡된 이미지들

초대교회에 존재한 그리스도에 대한 귀신의 속임수들은 오늘날 기독교에서 그대로 찾아볼 수 있다. 사탄은 계속해서 속이는 일을 하면서 그리스도에 대한 참되고 올바른 이해를 왜곡시키려고 애쓴다. 물론 일반 사회에 그리스도에 대한 매우 다양한 의견들이 있다. 그러나 더욱 고통스러운 사실은 그리스도인이라고 자처하는 사람들이 그리스도를 잘못 이해하고 있는 경우가 많다는 것이다.

몰몬교, 여호와의 증인, 크리스찬 사이언스 같은 집단들은 모두 성경에 계시되고 수세기동안 교회가 고백한 예수와 다른 예수를 가르친다.[38] 몰몬교는 예수님이 하늘에 계신 부모, 성부 하나님과 그분의 아내에게서 아이 영으로 태어났다고 믿는다. 예수님은 성부 하나님과 성관계를 맺은 마리아가 임신하게 되면서 세상에 나타났다. 최소한 3명의 아내와 결혼을 하고 많은 아이들을 양육한 후에 예수님은 살해당했다. 하지만 예수님의 속죄의 죽음은 그분을 믿게 될 자들의 범죄가 아니라 아담의 범죄만을 해결했다. 각 개인의 구원은 인간의 행위에 달린 문제이다. 여호와의 증인은 예수님이 하나님이라는 사실을 부인하는 것으로 유명하다. 그들은 예수님은 "하나의 신"(a god)이었다고 말하는 요한복음 1:1을 근거로 주장을 펼친다. 진짜 신이지만 그럼에도 불구하고 성부 하나님보다는 못한 신 말이다. 그런 신으로서, 예수님은 천사들과 같은 의미에서 영적 존재이며, 전능하신 창조자 하나님과 동일시하지 말아야 한다. 크리스찬 사이언스도 마찬가지로 예수 그리스도의 신성을 부인한다. 메리 베이커 에디(Mary Baker Eddy)는 예수님은 그저 하나님께 "나아가는 길을 보여주신 분"이라고 가르쳤다. 그런고로, 예수님은 인간에 불과하며, 십자가에서 죽지 않았으며, 죽은 자 가운데서 다시 살아나지 않았으며, 또 십자가에서 우리의 죄를 대속하지도 않았다. 이 세 집단은 모두 "기독교"라고 주장하지만, 그들은 다 성경에서 우리에게 계시된 그리스도의 이미지를 왜곡시킨다.

우리 사회 가운데 문화적 종교적 다원주의의 영향력이 증가하고 있는 현실에서, 일부 그리스도인들이 지역교회에 소속되어 있으면서 다른 종교적 전통을 탐구하는 일이 유행처럼 번지고 있다. 나는 2년 전에 애크런에서 로스앤젤레스로 비행기를 타고 가다가 젊은 기업체 간부 옆에 앉은 적이 있었다. 대화 주제가 영적인 일로 바뀌자, 이 숙녀는 자신도 미국침례교회를 다니는 그리스도인이라고 행복하게 말했다. 계속 이야기를 하다가, 그녀는 아시아 출신으로 약 10년 전부터 불교의 뿌리를 탐구하기 시작했으며 그 결과 전에 배운 많은 것을 다시 받아들였다고 말했다. 하지만 지난 5년 동안 그녀는 또 미국 인디언 원주민의 영적 믿음에 깊은 관심을 갖게 되었다. 그녀는 이런 세 가지를 결합시키는 것이 자신에게 이상적인 조합이었으며, 그 결과 자신은 영적으로 풍성해지고 새로워지는 경험을 하게 되었다고 주장했다.

기독교를 동양 믿음과 결합시키는 이런 유형의 종교적 혼합주의는 많은 사람들이 뉴에이지운동이라고 부르는 것이다.[39] 일부 사람들은 뉴에이지운동이 치밀하게 조직된 세계적 음모라고 말하지만, 그것은 오히려 다양한 믿음을 갖고 있지만 일반적으로 공통적인 세계관에 동의하는 사람들이 느슨하게 연결된 집단이다. 그들이 이해하는 실재의 핵심은 신, 세상, 인간이 유기적인 연합(일원론)을 이루고 있다는 것이다. 하나님은 모든 것 안에, 모든 사람 안에 계신다(범신론). 대부분의 뉴에이지 신봉자들에게 예수님은 "깨달은 선생"으로 다른 사람들이 실재의 참 본질을 알 수 있게 도와주는 존재이다. 예수님은 참으로 역사적인 사람이었지만, 죄사함을 위해 죽으러 오신 육신을 입은 하나님은 아니었다. 참 예수님은 어린 시절 동쪽으로 가서 힌두 구루들과 함께 공부를 한 후에 사람들을 영적으로 각성시키는 사역을 한 수많은 영적 교사 중 하나였다.

그리스도에 대한 참된 이해를 심각하게 왜곡시킨 사례는 사이비 이단 종교와 뉴에이지운동 뿐만 아니라 학계와 대학 강의실에서도 찾아볼 수 있다. 탈봇신학대학원에서 가르치는 사역을 한 이래로 거의 매 학기마다, 하나 또는 그 이상의 학생들이 나를 찾아와서 자신들이 대학교를 다닐 때 겪은 어려움을 이야기했다. 다음의 글은 그 학생들이 한 이야기가 어떠했는지 잘 보여준다.

나는 OO대학교 2학년 때 캠퍼스 선교 단체의 사역을 통해 그리스도를 알게 되었다. 그리스도는 엄청난 변화를 가져왔으며, 처음으로 나는 인생의 목적의식과 의미를 느끼게 되었다. 그리스도의 은혜로, 나는 또 잘못되었다는 것을 항상 알고 있었지만 어떻게 할 수 없었던 매우 추한 것들을 내 삶에서 제거할 수 있었다. 내 영적 멘토는 정말 훌륭했다. 우리는 매주 만남을 가졌으며, 이 사람은 나를 위해 신실하게 기도를 해주었다. 나는 또 주중에 기숙사에서 모이는 소그룹과 내가 출석하기 시작한 교회에서 목사님의 가르침을 통해 성경에 대해 많이 배웠다. 그 해 말이 다가오면서 나는 하나님이 나를 사역자의 길로 인도하신다고 생각하기 시작했다.

가을 학기 등록 안내서를 보다가, 나는 대학교에서 "역사적 예수"라는 강좌를 개설한 사실을 알았다. 새로운 그리스도인으로서, 나는 이 강좌가 이제 나에게 세상에 있는 어떤 것보다 더 소중한 그분과 성경에 대해 더 많이 배울 수 있는 놀라운 기회라고 생각했다. 하지만 그 수업은 내가 기대한 것과 매우 달랐다. 한 예를 든다면, 담당 교수는 수업을 시작하면서 1세기 역사적 상황에 비추어 복음서를 과학적으로 분석해 보면 우리가 확실히 알 수 있는 역사적 예수의 삶이란 것이 정말 별로 없다고 말했다. 우리는 또 복음서들이 내가 처음에 생각했던 곳보다 훨씬 뒤에 기록되었으며, 그것들은 실제로 초대교회 사람들이 갖고 있던 몽상적인 생각들이 만들어낸 예수님에 대한 전설과 이야기에 근거해 있으며, 예수님의 말씀으로 알려진 것 중 일부만이 실제로 그분의 말씀이라는 것을 배웠다. 게다가 이런 말씀조차도 예수님이 원래 하신 말씀을 정확하게 기록해 두기보다 그 당시 교회가 당면한 문제들을 다루는데 훨씬 더 많은 관심을 가진 저자들에 의해 개정되고 편집되었다는 것이다.

나는 이 모든 이야기들을 듣고 크게 놀랐다. 처음에 나는 담당 교수가 말한 모든 것을 전적으로 거부하고 하나도 믿지 않았다. 그러나 교수의 주장은 그럴 듯 했으며, 우리가 읽은 책 전부도 기본적으로 똑같은 메시지를 말했다. 나는 역사적 예수를 어떻게 이해해야 할지 몰랐다. "육신을 입으신 하나님"이라는 개념은 물론이요 동정녀 탄생과 육체적 부활에 대한 생각도 이제 터무니없게 보이기 시작했다. "인자가 온 것은 섬김을 받으려 함이 아니라 도리어 섬기려 하고 자기 목숨을 많은 사람의 대속물로 주려 함이니라"는 마가복음 10:45 말씀조차도 초대교회의 일부 사람들이 생각했던 것이지 예수님이 실제로 말씀하신 것이 아니라는 생각이 들었다.

그리스도인 친구들이 내가 처한 상황을 이해하고 안타까워했지만, 그들은 내가 묻는 어려운 질문들에 확실하거나 신뢰할 만한 대답을 해줄 수 없었다. 나는 이제 이 캠퍼스 선교 단체에 의해 동화 같은 옛날이야기를 믿도록 속은 기분이었다. 나는 성경을 문자 그대로 받아들인 것이 부끄러웠다. 나는 그 그룹과 모든 접촉을 그만둘까 생각해 보았지만, 그동안 특히 가까이 지낸 몇 사람과 맺은 우정을 포기한다는 것이 쉽지는 않았다.

그 학기가 끝나고 내 신앙은 곤두박질쳤다. 하지만 친구들은 내 곁을 떠나지 않고, 나를 위해 기도하고, 나에게 도움이 될 만한 책과 자료들을 갖다 주었다. 심각한 위기가 지나갔다. 나는 여전히 그리스도인이고, 여전히 예수님을 믿고, 다시 사역에 참여하고자 하는 마음을 갖고 있다. 그것이 내가 지금 신학대학원을 다니고 있는 이유이다. 그러나 사실은 나는 여전히 몇몇 큰 질문들과 많은 의문을 갖고 있으며, 때때로 내가 거짓된 삶을 살고 있는 것은 아닌지 생각한다.

그들이 인식했든 인식하지 못했든, 내가 이 이야기에서 언급한 개인들은 영적 전쟁을 하고 있었다. 그들의 영혼의 적은 그들에 대한 권리를 되찾으려고 애쓰고 있었다. 그 적의 작전은 예수 그리스도에 대한 진리를 왜곡시킨 거짓 교훈을 가르치는 것이었다. 그들의 마음에 자리 잡은 귀신의 견고한 진들은 진리와 열렬한 기도라는 영적 무기로 무너뜨려야 했다.

그리스도에 대한 이런 종류의 가르침은 전혀 새로운 것이 아니다. 그것은 한 세기 이상 우리 대학의 종교학부에 깊이 뿌리박혀 있다. 그것은 생각이 많은 사람들을 교회의 족쇄에서 풀어주고자 했으나 결국 파탄에 이른 계몽운동 시대의 영적 유산을 나타낸다. 앨버트 슈바이처(Albert Schweitzer), 빌헬름 브레데(Wilhelm Wrede), 루돌프 불트만(Rudolf Bultmann) 같은 유명한 유럽학자들의 영향력은 지금도 전 세계에서 강하게 느낄 수 있다.[40]

이런 급진적 회의주의, 철학적 자연주의, 그리고 모든 정통 및 복음주의에 대한 반감은 최근에 〈예수 세미나〉(Jesus Seminar)라고 일컫는 그룹의 활동에서 더 조직적이고 대중적인 형태로 나타났다. 이 세미나는 학자를 자처하는 약 75명의 사람들로 구성되어 있다. 이 학자들은 역사적 예수의 가르침과 삶에 대해 구체적인 결론을 내리려고 시도했다. 그들은 주사위를 사용해 예수님의 말씀의 진정성에 대해 투표하는 것으로 널리 알려져 있다. 빨간색 주사위는 예수님이 확실히 이 말씀을 하셨다는 것을 의미하고, 핑크색 주사위는 예수님이 아마도 이 말씀을 하셨을 것을 의미하고, 회색 주사위는 예수님이 이 말씀을 하신 것이 확실하지 않음을 의미하고, 검은색 주사위는 예수님이 확실히 이 말씀을 하지 않으셨음을 의미한다. 심사숙고를 한 끝에, 〈예수 세미나〉는 복음서 저자들이 예수님의 말씀이라고 한 것 중 약 18%만이 그분이 진짜로 말씀하신 것이라는 결론을 내렸다. 그들은 요한복음에는 "빨간 것" 또는 역사적으로 정확한 것이 전혀 없으며, 영지주의 문서인 도마복음은 이제 제5복음서로 여겨져야 한다고 주장했다. 그들이 활동한 결과는 「오복음서」라는 제목을 붙이고 복음서에다가 색 코드 표시를 해서 출판되었다.⁴¹⁾ 최근에 〈예수 세미나〉의 방법론과 결과에 대해 비판하면서, 벤 위더링턴(Ben Witherington)은 그들이 결론적으로 제시한 상냥하고 재치 있고 유머러스한 예수는 데이비드 레터맨(David Letterman)이나 제이 레노(Jay Leno)가 사회를 보는 심야 토크쇼에 출연할 인물에 훨씬 더 어울린다고 말한다.⁴²⁾

우리는 최근에 일어난 이런 일들을 접하고 놀라워해야 하는가? 그렇지 않다. 교회사 전체에 걸쳐, 적은 예수님에 대한 온갖 종류의 잘못된 교훈을 만들어내서 사람들을 타락시키려고 애썼다. 적의 전략은 변하지 않는다.

초대교회의 영적 선배들, 특히 이그나티우스(Ignatius), 이레나이우스, 키프리아누스, 히폴리투스 같은 권위자들이 그랬던 것처럼, 우리는 하나님의 전신갑주를 입고, 사도 바울의 말처럼, "하나님 아는 것을 대적하여 높아진 것을 다 무너뜨리고 모든 생각을 사로잡아 그리스도에게 복종하게 하"는 것이 필요하다(고후 10:5). 여기에는 다음과 같은 일들이 포함된다.

o 연구조사 및 저술. 내 동료 마이클 윌킨스(Michael J. Wilkins)와 모어랜드(J. P. Moreland)는 한 팀의 학자들을 규합해서 〈예수 세미나〉가 제안한 기이한 주장을 반박하는 활동을 했다 (그 결과는 「공격당하는 예수님」이라는 제목으로 출간되었다)⁴³⁾

o 진리를 가르치고 선포하기. 그리스도인 지도자들은 훌륭한 성경적 가르침을 꾸준히 제공해서 신자들이 진리에 깊이 뿌리를 내리도록 만들 책임이 있다. 현대 복음주의 교회는 과거와 달리 새 신자들에게 집중적이고 엄격한 신앙 훈련을 제공하지 못하고 있다.

o 영적 고민을 하는 자들을 만나서 온유한 마음으로 그들을 그리스도께 인도하기. 여기에는 복음의 진실성 및 그들이 부활하신 그리스도와

연결되어 있는 사실을 올바로 이해하도록 돕는 일이 포함된다.
- o 신자들의 믿음을 고무하기. 여기에는 신자들이 믿음의 확실한 토대가 되시는 참된 그리스도에 대한 믿음을 발휘할 수 있게 하는 것이 포함된다.
- o 삶과 사역의 모든 면에서 성령을 의존하기.
- o 사탄이 어떤 종류이든 거점을 확보하지 못하도록, 그리고 모든 신자들의 속사람이 하나님의 능력으로 강건해지도록 중보기도하기.

4. 우리 교회 안에 있는 기독론적 이단?

나는 지난 10년 동안 복음주의 목사들과 교사들이 오늘날 교회에는 교리적 문제가 없다고 말하는 것을 귀가 아프도록 들었다. 우리가 갖고 있는 문제들은 대인관계, 도덕적 타협, 관리 방식, 목회 철학의 차이 등과 관련되어 있다는 주장이다. 그런 고로 그들은 종종 신학을 공부하는 데 시간을 덜 쓰고, 더 나은 교회 행정을 배우고 관리 기술을 개발하는데 더 많은 시간을 투자해야 한다고 제안한다.

우리가 하는 일 중에 우리가 생각하는 방식과 관련이 없는 것은 별로 없다. 우리의 세계관은 우리가 삶을 살아가는 대본이고, 신학은 세계관의 필수 부분이다. 다시 말해, 우리가 그리스도에 대해 견지하는 생각의 종류는 우리가 삶을 살아가는 방식에 직접적인 영향을 끼칠 것이다. 아마 우리는 그리스도의 신성, 동정녀 탄생, 성육신 등을 부인하지 않을 것이다. 그러나 우리가 귀신의 영감을 받아 왜곡되고 변질된 그리스도에 대한 견해를 잘못 받아드리는 경우는 있을 수 있지 않겠는가? 나는 이 시대의 교회에 속한 사람들의 마음속에 허다한 기독론적 이단들, 즉 귀신의 견고한 진들이 있다고 확신한다. 많은 사람들이 부지불식간에 이런 이단들에 동의하면서도, 자신들은 철저한 정통 보수주의자라고 확신한다. 어떤 것들이 다른 것들보다 더 위험하게 왜곡된 경우가 있지만, 모든 것들이 다 신자들의 영적 건강에 부정적인 영향을 끼친다.

(1) 몸이 없는 예수님

그리스도의 몸과 연결되거나 책임을 질 필요가 없다고 생각하는 그리스도인 개인주의자들이 많이 있다. 이들은 "손가락"이나 "눈알"에 해당하는 사람들인데, 그들은 육신이 없는 상태로 떠돌아다니면서 자신들의 일을 하는 것을 좋아한다.

(2) 멀리, 멀리 떨어져 있는 예수님

이것은 그리스도가 사실상 그들의 삶의 문제에서 멀리 떨어져 있는 것으로 생각하는 그리스도인들이 주장하는 견해이다. 그들은 자신들의 슬픔을 나누고 자신들의 문제에 대해 논의하기만 하지, 그리스도를 의지하고 힘을 공급받으려는 시도는 전혀 하지 않는다.

(3) 천사들로 대체되는 예수님

예수님은 근엄하시고 여기저기서 요구가 많아 바쁘시고 접근하기가 어려운 분이라 우리의 수호천사들과 접촉하는 것이 더 낫다. 수호천사들은 우리를 지켜보고 있으며 우리가 부르면 와서 도와준다.

(4) 람보 예수님 (또는 저지 드레드 예수님)

예수님은 그분의 승리한 교회를 통해 지금 사방에서 마귀를 날려 보내고 계신다. 우리가 할 일은 예수님의 이름으로 우리의 길을 방해하는 것은 무엇이나 부수어버리는 것이다. 이 "특공대 기독론"은 모든 일 뒤에 마귀가 숨어 있는 것으로 본다.

(5) 건강하고, 부유한 예수님

예수님은 우리 모두가 이 세상의 모든 것을 편안히 즐기기 원하신다.

담대한 믿음을 가지고 우리는 엄청난 부와 건강을 요구할 수 있다. 신학대학원을 졸업할 즈음에 내 아내가 새로운 직장 동료와 친해졌을 때를 나는 결코 잊지 못할 것이다. 내 아내가 남편이 사역을 준비하고 있다고 말하자, 그 젊은 숙녀는 "와, 남편께서 부자가 되시겠네요. 우리 목사님도 메르세데스 벤츠가 두 대에다가……"라고 말대꾸를 했다.

(6) 내 친구 예수님

예수님은 나 자신에 대해 정말 기분 좋게 만들어주는 멋진 친구이다. 이 견해는 예수님의 영이 나쁜 행동 방식에 대해 유죄 판결을 내리시고, 우리의 삶 가운데 거룩함과 진실함을 촉진시키신다는 사실을 무시한다. 그것은 또 초월적인 하나님, 하늘과 땅의 창조자로서 경배와 영광과 엄청난 존경을 받기에 합당하신 예수님의 정체성을 극소화한다.

(7) 고난을 당하지 않은 예수님

신약은 "그리스도께서 이미 육체의 고난을 받으셨으니 너희도 같은 마음으로 갑옷을 삼으라"고 말하지만(벧전 4:1), 모든 고난은 마귀에게서 온다고 생각하는 그리스도인들이 있다. 우리는 우리가 현재의 악한 시대에 살고 있음을 기억해야 한다. 그리스도가 귀환하셔서 악의 문제를 단번에 결정적으로 처리하시고, 그분의 백성이 하나님의 나라를 온전히 경험하게 하실 때까지 고난과 악은 삶의 끔찍한 사실이다. 그때까지, 우리는 일부러 고난을 추구하지도 않고 또 애써 고난을 외면하지도 않는다. 다만 어려운 일을 당할 때, 우리는 고난 중에서도 그리스도가 주실 수 있는 힘, 평안, 기쁨에 접근할 수 있다.

(8) 선교적 사명을 부여하지 않은 예수님

이것은 예수님이 그분의 백성에게 연합해서 헌신적으로 수행해야 할 과업을 맡기지 않으셨다고 주장하는 견해이다. 예수님은 본질적으로 죄사함을 제공하기 위해 오셨다. 우리는 그 점에 대해 감사하고 그냥 우리의 삶을 살아가면 된다.

(9) 마음이 흔들리지 않는 예수님

예수님은 사회적 양심이 없으셨으며, 가난한 자, 억눌린 자, 사회 낙오자들의 곤궁을 보고도 아무런 감동이 없으셨다.

(10) 우리의 모든 죄를 위해 죽지 않은 예수님

자신들이 저지른 나쁜 일들에 대해 반드시 자신들이 대가를 치러야 한다고 믿는 그리스도인들이 있다. 여러 사람들이 나를 찾아와서 "클린트, 당신은 내가 한 일을 잘 모르지요. 아마 예수님은 그 일에 대해서는 나를 용서해 주시지 않을 거예요. 어쩌겠어요, 내가 그 대가를 치러야죠"라고 말한 적이 있다. 사탄은 그리스도인들이 이런 거짓말을 그냥 믿게 만들려고 한다. 유감스럽게도, 나는 많은 그리스도인들이 겉으로 드러내지는 않지만 그렇게 믿고 있다고 확신한다. 이런 끔찍한 견고한 진은 골로새서 2:13에 기록된 진리의 말씀으로 부수어버려야 한다. "하나님이 우리의 모든 죄를 사하시고."

(11) 용서하지 않는 예수님

예수님은 매우 엄하고 가혹해서 쉽게 용서하지 않으신다. 나를 바라보실 때, 예수님은 아주 더러운 내 모습에 흠칫 놀라신다.

(12) 징계하지 않는 예수님

스펙트럼의 반대편에는 자신들이 죄를 짓고도 별로 벌을 받지 않을 것이라고 믿는 사람들이 있다. 그들은 주 예수님이 잘못을 행하고 죄를 짓는 신자들을 징계하신다는 점을 배제하고 그분의 사랑과 은혜만을 강조한다. 하지만 예수님은 뜨겁지도 않고 차지도 않은 라오디게아 교회에 대해 "무릇 내가 사랑하는 자를 책망하여 징계하노니 그러므로 네가 열심을 내라 회개하라"고 충고하셨다(계 3:19).

이런 귀신의 견고한 진들은 분별해서 근절시키고 진리로 대체시켜야 한다. 이런 견고한 진들 대부분은 전통적인 의미에서 말하는 교리적 이단이 아니지만, 그것들은 그럼에도 불구하고 우리가 사는 방식에 강력한 부정적 영향을 끼치는 잘못된 신학적 생각이다. 이런 생각 중 많은 것들이 자신도 모르는 사이에 받아들여진다. 신자들은 자신들의 생각이 얼마나 잘못되거나 위험한지 거의 잘 모른다.

우리는 주님께 우리의 삶과 우리 교회 안에 자리 잡고 있는 이런 귀신의 견고한 진들을 간파할 수 있는 분별력을 달라고 간구해야 한다. 그 다음에 우리는 하나님의 전신갑주를 입고 이런 잘못된 생각들을 무너뜨리고 모든 생각이 성경의 교훈과 일치하도록 만들어야 한다. 예수님이 어떤 분이신지, 그분이 성취하신 일은 무엇인지, 그리고 나는 그분과 어떤 관계를 맺고 있는지에 대해 올바른 이해를 갖고 있어야 한다. 사탄은 우리가 거짓말을 믿도록 하기 위해 매우 열심히 일한다. 사탄은 우리가 예수님의 발걸음을 온전히 따르지 못하도록 하기 위해 진리를 은폐하거나 왜곡시키는 일을 한다.

VIII. 왜 굳이 적에 대해 생각해야 하는가?

이제 우리가 우리의 대적, 마귀의 본질과 활동에 대해 곰곰이 생각해야 하는 이유가 아주 명백해졌다. 하지만 이 점에 대해 조금 더 분명히 설명하는 것이 좋겠다.

1. 적을 알면 유익하다

"우리는 얼마나 적에 대해 생각해야 하나요?" 1995년 로스앤젤레스에서 워렌 더피(Warren Duffy)와 함께 라디오 생방송을 진행할 때 한 청취자가 나에게 이런 질문을 했다. 내가 질문에 답을 한 후에, 더피는 미식축구를 하는 쿼터백(quarterback; 전위와 하프백의 중간 위치에서 뛰면서 공격을 지휘하는 선수-역주)의 예를 들어서 나보다 훌륭한 답변을 해주었다. 쿼터백이 라인 배커(linebacker; 상대팀 선수들에게 태클을 걸며 방해하는 수비수-역주)와 디펜시브 백(defensive back; 수비팀의 최후열-역주)을 주시한다면, 그는 결코 자신의 공을 받는 리시버(receiver)와 연결되지 못할 것이다. 쿼터백은 주로 와이드 리시버(wide receiver; 공격 라인의 몇 야드 바깥쪽에 위치한 리시버-역주)에 초점을 맞추어야 하지만, 동시에 그는 상대팀 수비수들의 움직임을 예상해서 자신이 던지는 공이 그들에게 가로채이지 않도록 해야 한다.

또 미식축구에서 상대팀의 게임 전략을 연구하는 것이 중요하다. 적을 분석하는 것이 매우 중요한데, 최근에 고등학교 코치 한 사람이 해직되고 리그 우승을 차지한 그 팀이 결승전 게임을 몰수당한 일이 있었다. 그 코치가 결승전에서 맞붙을 상대팀 코치에게 자기 팀의 비디오테이프를 편집해서 전달한 사실이 드러났기 때문이다. 그 코치는 적들이 자기 팀의 모든 플레이에 대해 아는 것을 원치 않았다.

바울은 고린도인들에게 자신이 "그 계책을 알지 못하는 바가 아니로라"고 말했다(고후 2:11). 이 때문에, 사탄은 우리보다 한 수 앞서지 못할 것이다. 분명히 사탄이 지금 하고 있는 일과 또 그가 일을 해나가는 방식에 대해 어느 정도 아는 것은 모든 그리스도인들에게 중요하다. 그렇다고 해서 우리가 사탄에 마음을 빼앗기거나 그에게 지나치게 많은 시간과 관심을 기울일 필요까지는 없다. 그저 우리가 알고 있는 것으로 충분하다.

2. 강력한 초자연적 반대가 있다는 현실을 깨닫게 해준다

귀신의 영역에 대해 알고 나면 우리는 판이 우리에게 불리하게 짜여 있는 현실을 직시하고 긴장하게 된다. 그리스도인의 삶은 단순히 우리의 노력만으로 이루어가는 것이 아니다. 우리를 도덕적으로 영적으로 망하게 하려는 악한 초자연적 세력이 있다. 우리는 또 복음전도는 단순히 우리 지역에 복음을 전하는 효과적 전략을 찾아내는 문제가 아니라는 점을 깨닫기 시작한다. 복음전도는 강력한 초자연적 적이 장악하고 있는 지역을 적극적으로 공격하는 것이다.

3. 하나님을 더욱 의존하게 한다

"단호한 개인주의"는 우리나라에서 거의 국가의 좌우명이 되다시피 했다. 우리 대부분은 어린 나이부터 자급자족, 자립, 개인적 책임을 배웠다. 어떤 형태든 의존하는 것은 업신여김을 당한다. 이런 인생철학은 특정 형태의 사업이나 육상경기에서 우리에게 도움이 될 수 있지만, 그리스도인의 삶에서는 그렇지 않다. 하나님은 혼자 지내거나 그분께 의존하지 않고 독립적으로 살도록 우리를 그분의 가족으로 부르신 것이 아니다. 우리가 배워야 할 가장 중요한 교훈 중 하나는 우리가 하나님 및 그리스도의 몸 안에 있는 다른 신자들에게 의존하는 것이 필요하다는 사실이다.

그러므로 바울은 신자들의 영적 싸움에 대한 논의를 시작하면서 바로 이 사실을 상기시킨다. 바울은 그리스도인들에게 "주 안에서와 그 힘의 능력으로 강건해지라"고 권고한다(엡 6:10). 바울은 또 같은 편지에서 신자들이 한 몸으로 통합되었으며, 그 몸은 각 부분이 자기 역할을 다할 때만 성장하고 건강해진다는 점을 상기시킨다(엡 4:16). 실제적으로, 이것은 우리가 하나님을 직접 의지할 때 하나님이 친히 우리에게 그분의 능력을 부여하실 뿐만 아니라 또한 다른 신자들의 삶을 통해서도 그렇게 하신다는 말이다. 우리가 하나님 및 다른 신자들과 관계없이 독립적으로 살 때 악의 세력의 공격을 당하기 쉽다는 점을 인정하기 시작하면서, 우리는 우리를 사랑하셔서 우리의 삶 가운데 그분의 능력을 나타내고자 하시는 하나님 아버지의 품에 다시 돌아가게 된다.

4. 하지만 귀신에 대해 너무 많이 생각하는 것은 위험하다

1995년 여름, 나는 이웃에 사는 한 남자로부터 다급한 전화 한 통을 받았다. 그는 영적 전쟁 문제에 대해 상담을 받고 싶다고 애원했다. 그는 자신이 살고 있는 집에 귀신들이 득실거린다고 확신했다. 그는 분명히 매우 두려워했으며 어떻게 해야 할지 고민하고 있었다. 그는 자신이 그리스도인으로 가끔씩 교회에 다닌다고 말했다. 그는 또 자신이 알코올 의존증에 시달리고 있다고 말했다. 나는 그에게 그의 집을 괴롭히고 있는 것으로 여기는 귀신들에 대해 무슨 조치를 취했는지 물어보았다. 그러자 그는 사람들이 세 번 와서 집에 기름을 바르고 돌아다니면서 기도를 했다고 이야기했다. 그들은 실제로 창문에 너무 많은 기름을 쏟아 부어서 바깥을 내다볼 수 없을 지경이 되었다. 집주인은 집에다가 온통 기름칠을 해놓은 것에 화가 나서 며칠 내로 깨끗하게 청소를 해놓으라고 강력히 요구했다. 그 남자는 창문과 문틀에 바른 기름을 치워버리면 사태가 악화될 것이라고 크게 염려하고 있었다.

이 남자는 귀신에 너무 집착하고 있었다. 그는 분명히 귀신에 대해 덜 생각하고 그리스도에 대해 더 많이 생각하는 것이 필요했다. 그가 가장 최근에 다녔던 교회는 사람들을 사랑으로 돌보는 사역을 하는 건전한 교회였다. 그 교회에서 한 그룹이 와서 그 사람을 만나고 그와 함께 일하기 시작했다. 하지만 나는 창문에 더 많은 기름을 바른다고 해서 그 사람의 문제가 해결되지 않을 것이라고 확신한다. 한 번 특별 합심 기도회를 가진다고 해도 마찬가지일 것이다. 그에게 정말 필요한 것은 그를 정기적으로 만나서 돌보아 줄 사람들이다. 다시 말해서, 그가 하나님의 말씀을 잘 이해하고 적용할 수 있도록 돕고, 알코올 문제 및 다른 문제들을 책임 있게 다루도록 독려하고, 그를 위해 기도하고, 그를 일반적으로 돌보아 주는 사람들이 필요한 것이다.

또 다른 경우에 중서부 지역에 있는 대도시에서 한 숙녀로부터 전화가 온 적이 있었다. 그녀는 내가 쓴 책 한 권을 읽고 어쩌면 나에게 도움을 받을 수 있겠다고 생각했다. 그녀는 나에게 집요하게 접근해 오는 한 사이비 종교 집단 때문에 자신이 엄청난 두려움에 사로잡혀 있다고 이야기하기 시작했다. 그녀는 그들이 거의 하루 종일 자신을 지켜보고 있는 것 같다고 말했다. 그 중에서도 가장 괴로운 일은 그들이 그녀의 마음속 생각을 읽을 수 있는 능력을 갖고 있는 것이라고 그녀는 말했다. 그녀는 그들이 그녀의 마음에 접근하는 것이 언제인지 다 말할 수 있다고 주장했다. 그녀는 전기 같은 영들이 그녀의 척수와 뇌를 돌아다니는 것을 감지할 수 있었다. 내가 그녀로부터 아주 멀리 떨어진 곳에 살고 있었기 때문에, 내가 할 수 있는 일이라고는 그녀가 하는 이야기를 들어주고, 그녀를 위해 기도하고, 도움을 줄 수 있는 다른 그리스도인들에게 그녀를 소개시켜 주는 것이 전부였다. 나는 그녀에게 구출 사역에 경험을 갖고 있는 그 지역에 사는 내 지인을 찾아가라고 강력하게 권고했다. 그녀는 내 제안을 듣자마자 그 사람을 아는데 그는 사이비 종교의 교인이라고 확신 있게 말했다. 그래서 나는 그녀에게 그 도시에 있는 좋은 교회의 신자들과 교제를 하라고 권고했다. 그 도시에 있는 훌륭한 두 교회를 알고 있던 나는 그녀에게 그 교회들을 추천했다. 그녀는 두 교회의 이름을 듣고서 흠칫 놀랐다. 그녀는 두 교회를 잘 아는데 그 교회들에는 사이비 종교의 영향을 받아 귀신들린 사람들이 가득하다고 주장했다. 그녀는 그 지역에 있는 누구도 신뢰하지 못했다. 슬프게도, 이 숙녀는 두려움 때문에 무력화되고, 또 주변에 있는 모든 사람들을 의심하면서, 스스로 자신이 절실하게 필요로 하는 도움을 구할 수 없게 만들었다.

귀신들과 악령들에 대해, 그리고 그들이 오늘날 세상에서 하는 일들에 대해 너무 많이 생각하는 것은 분명히 위험하다. 우는 사자는 신자들의 마음에 가능한 한 많은 두려움을 불어넣고 또 염려하도록 해서 꼼짝 못하게 만들려고 한다. 우리는 우리의 전사가 되시는 그리스도께 우리의 시선을 고정해야 한다.

추천 도서

Arnold, Clinton E. *Powers of Darkness: Principalities and Powers in Paul's Letters*. Downers Grove, Ill.: InterVarsity, 1992. 「바울이 분석한 사탄과 악한 영들」(이레서원)
이 책은 사도 바울이 쓴 13개 서신에서 제시한 영적 전쟁을 집중적으로 연구한 것이다. 이 책은 정사와 권세에 대한 바울의 가르침을 서술할 뿐만 아니라, 많은 역사적 배경 정보와 현대 교회에 갖는 의미까지 제시한다.

Kraft, Charles H., and others, eds. *Behind Enemy Lines: An Advanced Guide to Spiritual Warfare*. Ann Arbor: Servant, Vine Books, 1994. 「영적 전투에서 승리하라」(은성)
이 책은 선교사, 전도자, 신학교 교수, 그리고 최근에 뉴에이지운동에서 회심한 사람이 영적 전쟁의 다양한 측면에 대해 쓴 글들을 편집한 것이다. 기고자들 가운데는 찰스 크래프트, 에드 머피, 톰 화이트, 에드 실보소 등이 있다. 당신이 이 책에서 말하는 모든 것에 동의하지 않을지라도, 이 책은 현재 영적 전쟁에 대해 논의되고 있는 문제들을 파악할 수 있는 훌륭한 자료이다.

Moreau, A. Scott. *Equipped for Battle: Essentials of Spiritual Warfare*. Wheaton, Ill.: Harold Shaw, 1997.
모로는 10년 동안 아프리카에서 선교사로 활동했으며, 지금은 휘튼대학교의 선교학 교수이다. 이 책은 영적 전쟁에 대한 우수한 입문서로, 성경에 충실하며 균형 잡힌 접근을 한다.

Page, Sydney H. T. *Powers of Evil: A Biblical Study of Satan and Demons*. Grand Rapids: Baker, 1995.
이 주제를 포괄적으로 다루는 성경적 연구서로, 현재 서점가에 나와 있는 유일한 책이다. 페이지는 영국 맨체스터대학교에서 F. F. 브루스의 지도로 박사학위를 취득한 성경학자이다. 이 책은 관련이 있는 모든 성경 본문들을 탁월하게 분석하고 있다.

주

1. Mark Arax, "Hmong's Sacrifice of Puppy Reopens Cultural Wounds," *Los Angeles Times*, 16 December 1995, 1.
2. "Five Women Held in Fatal Anti-Demonic Ritual," *The Orange County Register*, 17 March 1995.
3. Eddie Pells (AP), "Father Feared Possession by the Devil," *The Orange County Register*, 24 July 1995.
4. Bob Drogin, "Witch Hunts: The Fatal Price of Fear," *Los Angeles Times*, 28 December 1994, p. 1 col. 1, p. 8.
5. Ethelbert Stauffer, *Theology of the New Testament*, 5th ed. (New York: Macmillan, 1955), 124.
6. Heiko A. Oberman, *Luther: Man between God and the Devil* (New York: Doubleday, 1992), 104-5.
7. Clinton E. Arnold, *Powers of Darkness: Principalities and Powers in Paul's Letters* (Downers Grove, Ill.: InterVarsity, 1992). 「바울이 분석한 사탄과 악한 영들」(이레서원)
8. Sydney H. T. Page, *Powers of Evil: A Biblical Study of Satan and Demons* (Grand Rapids: Baker, 1995).
9. Harvey Cox, "Overview of Pentecostal Spiritual Healing Practices" (1995년 12월 4일 하버드 의대 및 몸/마음 연구소가 후원한 "의술과 영성과 치유" 학회에서 한 연설).
10. 물론 전투 이미지를 지나치게 강조하거나 오용하는 위험이 정말 있다. 영적 전쟁에 대한 최근 성명서에서, 〈세계복음화 로잔위원회〉는 다음과 같은 우려를 나타냈다. "우리는 전쟁 언어가 그리스도인들이 사람들을 적대적으로 대하도록 몰아가고 있으며, 또 타종교인들이 이것을 폭력과 정치적 참여의 언어로 이해하고 있다는 이야기를 듣고 우려를 표명한다. 우리는 평화, 참회, 화해의 언어가 전쟁에 대한 어떤 이야기만큼 우리의 말과 행동에서 두드러지게 나타나야 한다고 생각한다." "Statement on Spiritual Warfare: The Intercession

Working Group Report, Lausanne Committee on World Evangelization," *Urban Mission* 13.2 (1995): 52를 보라 (원래 *World Evangelization* 18.65 [December 1993]에 발표된 글).

11. 이런 통계를 원하는 사람은 G. Gallup Jr., *Religion in America: 1990* (Princeton, N.J.: Princeton Religious Research Center, 1990)를 보라. 이 수치는 1992-93년 보고서에서는 94%를 기록했다. G. Gallup Jr., *Religion in America: 1992-1993* (Princeton, N.J.: Princeton Religious Research Center, 1993)를 보라.

12. Diana Eck, "Hindu and Buddhistic Spiritual Healing Practices" (1995년 12월 4일 하버드 의대 및 몸/마음 연구소가 후원한 "의술과 영성과 치유" 학회에서 한 연설).

13. *Religion in America: 1992-1993*, 30-33.

14. Phillip E. Johnson, *Reason in the Balance: The Case against Naturalism in Science, Law, and Education* (Downers Grove, Ill.: InterVarsity, 1995). 「위기에 처한 이성」(IVP)

15. 앞의 책, 197.

16. Charles H. Kraft, *Christianity with Power: Your Worldview and Your Experience of the Supernatural* (Ann Arbor: Servant, 1989), 3-4. 「능력 그리스도교」(나단)

17. Jeffrey Burton Russell, *Mephistopheles: The Devil in the Modern World* (Ithaca, N.Y., and London: Cornell University Press, 1986), 301. 「메피스토펠레스: 근대 세계의 악마」(르네상스)

18. Frank Peretti, *This Present Darkness* (Westchester, Ill.: Crossway, 1986). 「어둠의 권세들」(예찬사)

19. Sherwood Lingenfelter, *Transforming Culture: A Challenge for Christian Mission* (Grand Rapids: Baker, 1992), 17. 그는 다음과 같이 언급한다. "모든 사회 구성원들은 집단적인 세계관을 갖고 있으며 구조화된 사회적 환경에 참여한다. 그들은 이런 가치, 믿음, 행동 절차를 받아들이고, 또 그것들 안에서 살도록 부모들과 동료들에 의해 사회화되어서, '세속성'(this-worldliness)에 대

한 집단적 개념을 만들어낸다. 하지만 이런 사회 제도와 세계관은 불순종의 감옥이 된다. 즉 그것들을 받아들이는 자들은 예수 그리스도 안에 표현된 인류를 향한 하나님의 목적과 본질적으로 충돌하는 사회적 이미지에 순응하는 삶을 살수밖에 없다."「변화하는 기독교 문화」(CLC)

20. 인기 있는 그의 책, *The Bondage Breaker* (Eugene, Ore.: Harvest House, 1990)를 보라. 「이제 자유입니다」(죠이선교회)

21. 1세기의 문화적 역사적 상황에 비추어 이 구절을 학문적으로 자세하게 논의한 것으로, 내가 쓴 *Power and Magic: The Concept of Power in Ephesians* (Grand Rapids: Baker, 1997), 5장 "권세와의 충돌," 103-22를 보라. 이 구절을 더 알기 쉽게 해설한 것으로, 내가 쓴 *Powers of Darkness*, 11장 "영적 전쟁," 148-60를 보라.

22. 이 구절은 "혈과 육"에 대해 말하지만, 여기에서 육(flesh)은 악한 성향이라는 윤리적 의미가 아니라 문자적인 의미로 사용된다.

23. H. Engelmann, D. Knibbe, and R. Merkelbach, *Die Inschriften von Ephesos* (Bonn: Rudolph Habelt, 1984), no. 1123 (영어 번역은 내가 한 것이다).

24. 예를 들어, 에녹 1서 61.10; 에녹 2서 20.1 ; 레위의 언약 3.8을 보라.

25. 솔로몬의 언약 18.2. 이 문서는 신약 훨씬 후에 기록되었지만, 그것이 담고 있는 전승(특히 18장)은 주후 1세기와 그 이전의 유대 마귀론을 탁월하게 기술하고 있다.

26. 이 구절에서 첫 번째 나타난 "너희"는("사탄이 너희를 밀 까부르듯 하려고 요구하였으나") 헬라어 복수형으로, 사탄이 모든 사도들을 시험하려고 했다는 점을 나타낸다.

27. 더 자세히 알기 원하는 사람은 다음 주소로 연락하라.

    Moms in Touch

    P.O. Box 1120

    Poway, CA 92074

    Phone: (1-800) 949-MOMS

28. 1995년 11월 로스앤젤레스에서 수많은 기도 회의 및 기도회 행사가 개최되었다. 이런 행사들을 후원한 단체는 Harvest Evangelism/Global Harvest Ministries ("제1회 기도전도 세계회의"), CCC ("금식과 기도 1995"), Women's

Aglow Fellowship ("열방을 비추는 빛이 되자"), 잭 헤이포드 목사의 Church on the Way ("기도의 역학과 하나님의 감찰"), March for Jesus, 그리고 Love L.A. 목자기도모임 등이었다.

29. 기도합주회에 대해 더 자세히 알기 원하는 사람은 다음 주소로 연락하라.

    Concerts of Prayer International

    P.O. Box 1399

    Wheaton, IL 60189

    Phone: (708) 690-8441; Fax (708) 690-0160

    또 최근에 나온 책 David Bryant, *The Hope at Hand: National and World Revival for the Twenty-First Century* (Grand Rapids: Baker, 1995)를 보라.

30. 에드 실보소가 최근에 쓴 책에 수록된 개략적인 계획을 보라. Ed Silvoso, *That None Should Perish: How to Reach Entire Cities for Christ through Prayer Evangelism* (Ventura, Calif.: Regal, 1994). 「아무도 멸망치 않기를」(서로사랑)

31. 〈세계복음화 로잔위원회〉는 우리나라를 위해 기도하고, 또 〈Mission America〉라고 불리는 사역을 통해 복음을 전파하는 일에 열정을 가진 그리스도인 지도자들과 단체들을 연결시키려고 시도해 왔다. 더 자세히 알기 원하는 사람은 다음 주소로 연락하라.

    Paul Cedar, Chairman

    Mission America

    901 East 78th Street

    Minneapolis, MN 55420

    Phone: (612) 853-1762; Fax (612) 853-1745

    또 다른 조직인 〈Intercessors for America〉는 사람들이 우리나라가 당면하고 있는 중요한 문제들과 사건들을 놓고 기도하는 일을 돕기 위해 월간 소식지를 발간한다. 더 자세히 알기 원하는 사람은 다음 주소로 연락하라.

    Intercessors for America

    P.O. Box 4477

    Leesburg, VA 22075

    Phone: (703) 777-0003; Fax (703) 777-2324

    E-mail: USAPray@aol.com

32. 10/40창을 위해 기도하는 운동에 대해 더 자세히 알기 원하는 사람은 다음 주소로 연락하라.

Christian Information Network

11025 State Highway 83

Colorado Springs, CO 80921

Phone: (719) 522-1040

E-mail: 73422.3471@compuserve.com

〈Christian Information Network〉는 새생명교회(테드 해거드 목사)가 수행하는 사역이다. 이 교회는 거대한 세계기도센터의 완공을 눈앞에 두고 있는데, 앞으로 이 센터를 통해 열방을 위한 기도가 크게 활성화될 것이다.

10/40창에 있는 미전도 국가들을 위해 기도하는 일과 관련된 추가 정보는 〈AD 2000 & Beyond Movement〉에서 입수할 수 있다. 이 단체는 관심 있는 그리스도인들에게 협의회, 기도회, 문서 자료 등을 통해 2000년까지 미전도종족들에게 복음을 전하는 비전을 불어넣어서 그들을 격려하고 동기를 부여하고 연결시키는 일을 하기 위해 설립되었다. 더 자세히 알기 원하는 사람은 다음 주소로 연락하라.

AD 2000 & Beyond Movement

2860 South Circle Drive, Suite 2112

Colorado Springs, CO 80906

Phone: (719) 576-2000

33. C. Peter Wagner, *Prayer Shield: How to Intercede for Pastors, Christian Leaders, and Others on the Spiritual Frontlines* (Ventura, Calif.: Regal, 1992), 47-49. 「방패 기도」(서로사랑)

34. 또 다른 1세기 유대인 저자가 "견고한 진을 무너뜨리는 일"에 대해 이야기했다. 필로는 그 당시의 궤변가들과 웅변가들을 공격하면서 이렇게 말했다. "그럴 듯한 주장을 통해 세워진 견고한 진은 오로지 사람들의 마음을 하나님으로부터 멀어지게 하는 목적으로만 세워졌다." 필로는 계속해서 이렇게 말한다. "그러나 거기에 남의 물건을 빼앗는 강도 같은 이 견고한 진을 언제라도 무너뜨릴 준비가 되어 있는 분이 있다"(*The Confusion of Tongues* 129). 필로는 바울이 "어떤 견고한 진도 무너뜨린다"고 말할 때 사용한 용어와 아주 똑같은 용어를 사

용한다.

35. John H. Leith, ed., *Creeds of the Churches* (Louisville: John Knox, 1982), 28-33에서 인용. 또 Philip Schaff, *The Creeds of Christendom* (New York: Harper & Row, 1931; reprint, Grand Rapids: Baker, 1990), 1:24-29를 보라.
36. "스토이케이아"에 대한 이런 해석의 타당성을 변호한 논문으로 내가 쓴 글을 보라. "Returning to the Domain of the Powers: *Stoicheia* as Evil Spirits in Gal 4:3, 9," *Novum Testamentum* 38 (1996): 55-76.
37. 1세기 역사적 상황 내에 위치한 이른바 골로새 철학에 대해 자세하게 서술한 글로, 이 주제를 집중적으로 다룬 내 전공논문을 보라. *The Colossian Syncretism: The Interface between Christianity and Folk Belief at Colossae*, Wissenschaftliche Untersuchungen zum Neuen Testament 77, 2d series (Tubingen: J. C. B. Mohr [Paul Siebeck], 1995; North American edition by Baker, 1996).
38. 이런 종교 및 다른 사이비 이단 종교의 믿음을 간단히 소개하고 그에 대한 성경적 대응 및 평가를 수록한 자료로, 새로 나온 16권짜리 참고서인 Zondervan Guide to Cults and Religious Movements, ed. Alan W. Gomes (Grand Rapids: Zondervan, 1995-)를 보라. 몰몬교, 여호와의 증인, 크리스찬 사이언스에 대해서는 각각 Kurt Van Gorden, Robert M. Bowman Jr., Todd Ehrenborg가 쓴 책을 보라.
39. 뉴에이지 운동에 대해서는, Ron Rhodes, *The Counterfeit Christ of the New Age Movement* (Grand Rapids: Baker, 1990)와 그가 쓴 *New Age Movement*, Zondervan Guide to Cults and Religious Movements를 보라.
40. 불트만의 전반적인 결론은 신약학자들에 의해 자주 인용된다. "나는 우리가 이제 예수님의 삶 및 인격과 관련해서 거의 아무 것도 알 수 없다고 생각한다. 초기 기독교 자료들이 예수님의 삶과 인격에 대해 전혀 관심을 갖고 있지 않은데다가, 단편적이고 종종 전설적이며, 또 예수님에 대한 다른 자료들이 존재하지 않기 때문이다." Rudolf Bultmann, *Jesus and the Word* (New York: Scribner's, 1934), 14.
41. Robert W. Funk and Roy W. Hoover, eds., *The Five Gospels: The Search for the Authentic Words of Jesus* (New York: Macmillan, 1993).

42. Ben Witherington III, *The Jesus Quest: The Third Search for the Jew of Nazareth* (Downers Grove, Ill.: InterVarsity, 1995), 57.
43. Michael J. Wilkins and J. P. Moreland, eds., *Jesus under Fire: Modern Scholarship Reinvents the Historical Jesus* (Grand Rapids: Zondervan, 1995).

2부
그리스도인도 귀신들릴 수 있는가?

들어가는 말
I. 그리스도인들은 어느 정도 귀신의 공격을 받을 수 있는가?
II. 귀신들이 그리스도인들에게 극심한 영향을 끼친 성경적 사례들
III. 귀신들이 그리스도인들에게 영향력을 행사하는 방법들
IV. 관련된 몇 가지 중요한 문제들
V. 귀신들을 다루는 방법에 대한 성경의 교훈들
VI. 피해야 할 지나친 일들
요약
추천도서
주

들어가는 말

자넷(Janet)은 한밤중에 누군가가 주변에 있는 것을 느꼈다. 그녀가 잠든 지 몇 시간이 지난 후였다. 걷잡을 수 없을 정도로 심장이 요동치는 가운데, 그녀는 누군가가 침실에 있는 것을 느꼈다. 극도로 불쾌하고 위협적인 존재가 있는 것 같았다. 눈에는 보이지 않았지만 분명히 누군가 있었다. 그녀는 온몸으로 그의 존재를 느꼈다. 그녀는 침대에서 꼼짝할 수 없었다. 팔이나 다리조차 움직일 수 없었다. 그녀는 소리치려고 했으나 아무런 소리도 낼 수 없었다. 때때로 그녀는 그 자리에 있는 무엇인가가 자신을 성폭행하는 것 같은 역겨운 감정을 느꼈다. 마침내 5분인가 10분인가 지난 후에 그 존재는 사라져버렸다. 정말 소름끼치는 악몽이었다. 하지만 그것은 실제 일어난 일 같았다. 자넷은 불을 켜고 성경책을 집어 들었다. 시편을 읽으면서 그녀는 큰 위로를 받았다.

린(Rin)은 그리스도인이 된 지 3년이 지났다. 그는 선교사들이 와서 부족어로 성경을 번역해 준 것에 대해 매우 감사했다. 그는 번역 선교사 중 한 사람이 언어조력자가 되어 달라고 부탁했을 때 기뻐서 어쩔 줄 몰랐다. 린은 선교사들이 부족어가 지닌 여러 가지 뉘앙스를 이해할 수 있도록 열심히 도왔다. 여러 해 동안 그는 머릿속에서 나는 음성을 들었다. 그런데 그가 선교사를 돕는 일을 하자 그 음성이 더 커지고 종종 선교사에게 적대적인 생각을 제시했다. 선교사가 책상에 앉아 있을 때, 그는 마음에 "손도끼를 들어 그를 죽여라"고 말하는 음성을 들었다. "안돼, 안돼!"하고 그는 속으로 외쳤다. 이 음성은 어디에서 나는 것이었을까? 그는 이런 생각을 꿈에도 하지 않았다. 그는 그 음성을 무시하려고 했지만 그것은 사라지지 않았다. 그 음성은 계속해서 그에게 "손도끼를 들어, 손도끼를 들라구"라고 말했다. 그 음성은 매일 그를 괴롭혔지만, 그는 그것을 계속 억누르고 아무에게도 말하지 않았다. 목요일, 그들은 사무실에 모여서 일을 하고 있었다. 린이 음료수를 마시러 의자에서 일어났다. 그때 한 음성이 권위 있는 큰 소리로 "손도끼를 들어 선교사를 치라"고 말했다. 린은 손도끼를 들었다. 그 음성은 분노에 차 있었다. "그를 쳐! 그를 치라구!" 린은 그대로 했다. 세 시간 후에 발견된 선교사는 책상에 꼬꾸라져 있었다. 린은 붙잡혀서 살인죄로 기소되었다.

마크(Mark)는 화를 낼만 했다. 누구도 그의 아버지가 마크를 대한 것처럼 천진한 어린이를 대하지 말아야 한다. 폭력적인 성향을 갖고 있는 마크는 자신이 아버지처럼 되어가고 있다는 사실에 분개했다. 하지만 그리스도인이 되면서 큰 변화를 맞이했다. 그는 하나님의 용서를 알게 되었을 뿐만 아니라, 주님은 2년 전부터 망가진 그의 부부 관계를 회복시켜 주셨다. 그런데 지금 다시 상태가 나빠지기 시작했다. 그는 분노를 다스릴 수 없었다. 또 그는 아내와 말다툼을 할 때마다 버럭 화를 내기 일쑤였다. 그런 다음 그는 항상 후회하면서 무슨 일이 있었는지 곰곰이 생각했다. 그는 두 사람이 때때로 의견이 불일치하는 것은 어쩔 수 없다는 점을 알았으며, 자신의 감정을 어느 수준까지 통제할 수 있었다. 그러다가 그는 갑자기 "뿅 가게 만드는" 마약을 들이마시는 듯한 경험을 하고는 완전히 정신을 잃고 말았다. 누가 그를 붙잡아서 그렇게 화를 내도록 몰아가는 것 같은 느낌이 들었다.[1]

한밤중에 나타난 존재, 들려오는 여러 음성, 휘몰아치는 분노. 이것들은 다 무엇인가? 이것들은 신자들이 육신과 다투는 전형적인 싸움의 징후인가? 아니면 그것들은 다른 종류의 악, 즉 타락시키고 상처를 입히고 파괴하는 일에 전념하는 실제적인 영적 존재의 영향을 나타내는 것인가?

열성적인 일부 신자들은 하나님이 진정한 그리스도인들을 그런 악령으로부터 보호해 주신다고 말할 것이다. 성령의 전으로서, 신자들은 이런 식으로 그들의 마음을 엉망으로 만드는 귀신들의 영향을 받지 않는다. 위에서 언급한 사례들은 그 세 사람이 그리스도와 진정한 관계를 맺고 있지 않았기 때문에 일어났거나, 아니면 다른 자연적 요인들로 설명할 수 있다. 자넷은 악몽을 꾸기 쉽고, 린은 미신을 믿으며, 마크는 분노를 다루는 방법을 배우고 나쁜 행동 방식을 잊어버리는 것이 필요할 뿐이다.

하지만, 많은 그리스도인 지도자들이 이런 상황은 단순히 흥분해서 착각하거나 감정이 격앙되어서 일어난 일이 아니라고 말하고 있다. 그들은 실제로 사람들의 마음에 이미지를 떠오르게 하거나 말을 하고, 사람들을 두렵게 만드는 방식으로 자신들의 존재를 나타내고, 육신이 지닌 죄를 범하는 성향을 이용하는 귀신들이 있을 수 있다고 말한다. 그들은 자넷, 린, 마크 같은 신자들이 그리스도 안에서 갖고 있는 권세를 인식하고 이런 더러운 영들을 직접 처리할 필요가 있다고 주장한다.

그러나 그리스도인들은 어느 정도 악령들에게 괴롭힘을 당하고 곤란을 겪을 수 있는가? 그리스도인도 "귀신들리는" 것이 가능한가?

I. 그리스도인들은 어느 정도 귀신의 공격을 받을 수 있는가?

1. 역사적 배경

지난 2백 년 동안 북미, 영국 및 유럽대륙에 속한 기독교 진영에서, "귀신들림"(demon possession)에 대한 믿음과 그에 따른 축사는 주변부에서만 받아들여졌다. 의학과 행동과학의 발전으로 인해 사람들은 이상한 행위와 변환된 의식 상태를 여러 가지 다른 식으로 설명할 수 있게 되었다. 특히 사람들이 자신들을 외부에서 침입한 영의 영향 아래 있다고 여길 경우에 그렇다. 약물 요법과 정신 치료가 실제로 축사를 대체했다. 이것은 로마 가톨릭교와 정교회의 경우에도 마찬가지이다. 그들은 여전히 축사 의식을 갖고 있지만, 서구에서는 그 의식을 거의 실행하지 않는다.

그럼에도 불구하고, 성경에는 악령들에 대한 이야기가 실려 있으며 예수님이 여러 경우에 사람들에게서 귀신들을 내쫓고 계신 장면을 묘사한다. 이 때문에 우리 시대의 과학적 진보를 인정하면서 또한 성경을 우리의 믿음과 실천을 위한 기본 계시로 여기는 우리 같은 사람들에게 딜레마가 생겼다. 그리스도인들은 이런 딜레마에 다음과 같은 세 가지 방식 중 하나로 반응하는 경향이 있다.

첫째, 귀신들에 대한 이야기를 모두 묵살하라. 이것은 특히 성경학자 및 루터교 목사인 루돌프 불트만과 연관된 21세기의 "비신화화" 접근법이다. 불트만은 이런 이야기들이 원시적 세계관을 나타내는 것으로 평가했다.

둘째, 귀신들에 대한 이야기들을 재해석하라. 일부 사람들은 축사 이야기들이 시대에 뒤떨어진 세계관의 유물이라는 사실에도 불구하고 그것들이 가치가 있다고 말한다. 이런 설화들은 우리가 그것들의 이면에 감추어 있는 더 깊은 메시지를 찾아낼 경우 현대적 가치를 지닌다. 예를 들어, "귀신"은 바리새적 종교 기득권층을 나타내는 암호용어로 보고, "더러운 영"은 우리의 내적 자아의 심리학적 투사로 보아야 한다고 말하는 사람들이 있다.

하지만 이 두 접근법은 자연주의적 세계관의 영향을 받아서 성경을 지나치게 해석하는 잘못을 저지르는 것이다.

셋째, 그 이야기들을 실제로 일어난 것으로 받아들이라. 이것은 대부분의 복음주의자들과 성경을 믿는 그리스도인들이 나타내는 반응이다. 이것은 모든 그리스도인들이 성경에서 귀신에 대해 말하는 것을 오늘날 적절한 것으로 받아들인다는 말은 아니다. 예를 들어, 일부 사람들은 여전히 "귀신화"(demonization)는 과거 1세기에만 일어났다고 확신하고 있다. 하지만 교회사를 얼핏 들여다보기만 해도 이런 주장은 금방 설득력을 잃고 만다. 교회사의 모든 세기에서 귀신화와 축사에 대한 수많은 예들을 찾아볼 수 있다.[2]

우리는 이제 성경이 말하는 것을 받아들일 뿐만 아니라 또한 이런 설명들이 우리가 오늘날 아는 삶과 어떻게 일치하는지, 그리고 우리가 예수님의 예들에서 무엇을 배울 수 있는지 살펴보아야 한다.

서구 기독교에도 예수님의 축사 사역을 규범적인 것으로 보고 그분의 모범을 따르는 진영이 있다. 특히 오순절주의와 1970년대 은사주의 갱신 운동에 관여한 사람들이 그렇다.[3] 그들은 전도와 선교 활동을 하면서 확신을 갖고 예수님의 이름을 의지해 비그리스도인들에게서 악령을 쫓아낸다. 하지만 하나님의 성회 같은 일부 집단들은 그리스도인들이 귀신들릴 수 없다는 결론을 내렸다. 귀신들림은 오직 비그리스도인들에게만 일어날 수 있다. 그리스도인들은 귀신들의 영향을 받고 괴롭힘을 당하거나 눌릴 수는 있지만, 귀신들림은 일어날 수 없다.

대부분의 보수주의적 복음주의 역시 진정한 그리스도인들은 귀신들릴 수 없다고 확신하는 경향이 있었다. 귀신들림은 보통 우상숭배가 만연한 땅과 관련해서 일어나는 현상이지만, 하나님은 광범위한 기독교적 영향 때문에 미국에 호의를 베푸셨다고 추정하는 경향이 강하다. 사탄은 아프리카, 인도, 아시아, 라틴 아메리카 같은 장소에서만 이런 전술을 사용했다. 그래서 안식년을 맞아 돌아온 선교사들이 사역하던 부족 가운데서 일어난 귀신들림에 대해 이야기해도 받아드리는데 별 어려움이 없었다.

많은 복음주의자들은 1952년 존경받는 성경학자인 메릴 엉거(Merrill Unger)가 쓴 책에서 그리스도인들은 귀신들릴 수 없다는 추정이 옳았음을 확인했다. 「성경적 마귀론」이라는 책에서, 엉거는 신자는 "귀신의 거처가 될 수 없다"는 결론을 내렸다.[4)] 성령이 신자 가운데 내주하시기 때문에 귀신이 침입해 들어올 수 없다. 엉거는 대단한 인기가 있는「엉거의 성경 사전」을 비롯해 수많은 성경 참고 도서의 저자였기 때문에, 그의 견해는 많은 사람들에게 널리 받아들여졌다. 거의 이십년이 지나서, 엉거는 이 문제에 대한 자신의 생각이 바뀌었다는 글을 썼다. 그는 이제 신자도 귀신들릴 수 있다고 아주 확신했다. 그의 관점은 전 세계에 나가 있는 선교사들이 보낸 수많은 편지를 읽고 나서 변화되었다. 선교사들은 참된 신자들이 귀신에 들려 이상한 행동을 하는 것을 목격했다고 주장했다. 엉거는 다양한 타문화 지역들을 직접 방문해서 사역을 했다. 그는 그곳에서 그런 현상을 직접 목격했다. 그는 또 미국에 있는 사람들을 대상으로 사역을 하기 시작했다. 그들은 진정한 신자였지만 귀신에 들린 듯한 증상들을 분명히 나타냈다. 이 모든 일로 인해 엉거는 성경으로 돌아가서 자신의 경험과 성경의 가르침 간의 모순에 대해 다시 평가해 보게 되었다. 엉거는 1952년에 쓴 책에서 자신의 주장을 분명히 과장해서 말했다는 결론에 이르렀다. 그는 자신의 입장을 바꾸어서 귀신들이 다양한 방식으로 그리스도인들에게 영향력을 행사한다고 주장했다. 그 중 하나는 귀신들이 그리스도인들 가운데 거주하거나 들릴 수 있다는 것이다. 그는 자신의 새로운 입장을 두 권의 책을 써서 옹호했다. 「오늘날 세상에서 활동하는 귀신들」(1971)과 「성도를 향한 귀신들의 도전」(1977).5)

엉거의 입장 변화에 대해 사람들은 상반된 반응을 보였지만, 그의 나중 견해는 오늘날 현대 구출 사역으로 알려진 것이 널리 받아들여지게 하는 길을 닦는데 크게 기여했다. 1970년대 초기부터 지금까지 그리스도인들이 자신들의 삶에 영향을 끼치는 귀신들을 효과적으로 다루는 방법에 대해 복음주의 목사, 상담가, 교사들이 쓴 대중서적들이 꾸준하게 출판되어 왔다. 쿠르트 코흐(Kurt Koch), 마크 부벡(Mark Bubeck), 닐 앤더슨, 톰 화이트(Tom White), 팀 워너(Tim Warner), 에드 머피(Ed Murphy) 같은 사람들이 이 주제에 대해 광범위하게 글을 썼다. 그들 모두는 귀신들이 그리스도인들 가운데 거주할 수 있다고 확신한다. 하지만 그들 대부분은 "귀신들림"(demon possession)이라는 표현을 좋아하지 않는다. 그들은 오히려 "귀신화"(demonization)라는 표현을 선호한다 (이것은 보통 "귀신들림"이라고 번역되는 헬라어를 음역한 것이다). 그들이 보기에, "귀신들림"이라는 표현은 사람들이 그것을 「엑소시스트」(이 영화는 퇴마사가 축사 사역을 실제로 어떻게 하는지 보여주지 않는다)에 묘사된 것 같은 섬뜩한 장면들과 연관시키고, 또 오해의 소지가 있는 많은 다른 함축을 지니고 있기 때문에(한 가지 예로 소유권을 들 수 있다) 적절하지 않다. 이 견해는 무디성경학교 신학부 주임교수인 프레드 디카슨(C. Fred Dickason)이 350 페이지에 달하는 책 「그리스도인도 귀신들릴 수 있는가?」(1987)를 출판했을 때 상당한 지지를 받았다.6) 그는 그리스도인들이 귀신화될 수 있는 가능성을 뒷받침하는 성경적 신학적 근거를 제시했을 뿐만 아니라, 또한 1975년부터 1987년까지 실제로 귀신들이 들어와 거주하는 최소한 4백 명의 진정

한 신자들을 상담했다고 주장했다.[7]

이 기간 동안 전도자요 목사인 존 윔버(John Wimber)가 이끄는 새로운 운동이 일어났다. 풀러신학대학원 교수 피터 와그너가 "성령의 제3의 물결"이라고 묘사한 이 운동에서 (오순절운동과 은사주의 갱신 운동이 첫 번째와 두 번째 물결에 해당한다), 윔버는 복음을 선포하면서 이적과 기사로 그 능력을 현시할 것을 강조했을 뿐만 아니라, 또한 하나님의 백성이 모여 집회를 가질 때 성령의 치유 능력이 나타남을 강조했다. 윔버는 하나님의 백성이 모여 예배를 드리면서 사역하는 시간을 가질 때, 성령이 오셔서 몸에 속한 개인들에게 여러 가지 방식으로 서로에 대해 사역 할 수 있는 은사들을 주권적으로 나누어 주실 것이라고 가르쳤다. 여기에는 영분별 및 구출과 치유가 필요한 신자들 가운데서 귀신들을 내쫓는 것이 포함되었다.[8]

대체로 지난 20년 동안 복음주의 진영은 귀신이 그리스도인에게 들어와 거주할 수 있다는 기본 가정에 대해 강하게 반발해왔다. 그리스도인이 귀신들릴 수 있다는 생각은 비성경적이고 위험한 것이라고 비난하는 책, 글, 책자 등이 많이 출판되었다. 여러 논거가 제시되었지만 모든 저술에 두드러지게 나타나는 것은 두 가지이다. 첫째, 그리스도인의 몸은 성령의 전이기 때문에 그리스도인은 귀신들릴 수 없다고 주장한다. 하나님의 영이 귀신과 같은 장소에 거주할 수 없다. 둘째, 그리스도인은 이미 하나님의 소유이기 때문에 귀신들릴 수가 없다고 주장한다. 악령은 하나님이 그분의 사랑하는 아들을 대가로 주고 사신 것에 대해 소유권을 취할 수 없다.

이 문제에 대한 해결책을 찾기 위해 우리는 다시 이 장의 주된 초점으로 돌아가야 한다. 즉 그리스도인은 귀신들릴 수 있는가? 귀신은 성령과 같은 몸에 거주할 수 있는가? 그리고 그리스도인은 사탄의 소유가 될 수 있는가?

2. "귀신들림"이라는 단어를 둘러싸고 있는 비극적 혼란

대부분의 사람들이 "귀신들림"(demon-possession)이라는 말을 들을 때 생각하는 것은 소유권이다. 나는 어떤 종류의 재산을 소유하고 있다. 따라서 나는 그것을 내 마음대로 사용할 권리가 있다. 이것이 사람들이 소유물에 대해 생각하는 자연스러운 방법이다. 우리는 항상 이 용어를 이런 식으로 사용한다. 예를 들어 내가 소유하고 있는 포드 에어로스타 밴은 그냥 내 소유물 중 하나이다. 나는 그것을 차고에 넣어둘 수도 있고, 아니면 내가 원할 때마다 그것을 끌어내 운전할 수도 있다. 내가 그것을 적절하게 정비할 것인지, 아니면 오일을 바꾸어 넣지 않을 것인지 하는 문제는 나에게 달려 있다. 내가 운전대를 잡을 때, 나는 자동차를 완전히 통제한다. 밴은 내가 가속페달을 밟을 때 내 지시와 다르게 브레이크를 작동하거나, 아니면 내가 방향지시등 버튼을 누를 때 앞창의 와이퍼를 작동시킬 능력이 없다. 하지만 내가 자동차 소유권 증서에 서명해서 밴을 다른 누군가에게 넘기면, 나는 더 이상 그 자동차의 소유권을 갖지 않으며 언제 그것을 사용할지, 어떻게 그것을 정비할지, 또는 어떻게 그것을 운전할지에 대해 결정권이 없다. 그것은 새로운 소유자의 특권이 될 것이다.

영어 사용자들은 여러 해 동안 이런 식으로 "퍼제션"(possession)이라는 용어를 사용해 왔다. 또 소유권과 통제라는 생각이 그 용어를 법적으로 이해하는 방식이기도 했다. 「옥스퍼드 영어 사전」은 법의 맥락에서 "퍼제션"(possession)은 "어떤 물건에 대해 합법적인 소유권에 부여된 통제력을 행사할 수 있는 유형적 가능성"을 의미한다고 말한다.[9] 그 사전은 계속해서 사람이나 재산에 대한 통제는 독점적이라고 설명한다. 아무도 와서 그 소유물을 어떻게 사용해야 할 것인지 지시할 권리가 없다.

그래서 대부분의 사람들은 소유권과 통제라는 생각이 "귀신들림"(demon-possession)이라는 표현에 부여되어 있다고 생각한다. 귀신들린다는 것은 귀신의 소유가 되고 전적으로 그의 통제를 받게 되는 것이다. 그것은 그 사람이 무력해지고 더 이상 자기 의지를 따라 행동할 수 없음을 의미한다. 귀신들림은 납치되는 것과도 같다. 적의를 가진 침입자가 들어와 빼앗고 아무 것도 모르는 피해자는 통제권을 되찾을 능력이 없다.

따라서 많은 신실한 그리스도인들이 신자에게 귀신들림이 일어날 수 있음을 부인한 것은 당연하다. 그리스도를 따르는 자에게 귀신이 들린다는 것은 그리스도인이 된다는 것에 대한 성경적 가르침과 일치하지 않는다. 살아계신 하나님의 소유가 된 사람이 어떻게 마귀나 귀신에게 붙잡힐 수 있단 말인가? 사탄이 아니라 하나님이 우리의 새로운 주인이시다. 우리는 성부 하나님의 소유이며 우리는 그분의 자녀이다. 참된 그리스도인이 악령의 소유가 될 수 있다는 것은 생각조차 할 수 없는 일이다. 그러므로 논리적으로 합당한 결론은 그리스도인은 귀신들릴 수 없다는 것이다.

나는 이런 결론에 전심을 다해 동의한다. 그리스도인은 귀신의 소유가 되거나 통제를 받을 수 없다.

하지만 많은 사람들이 제대로 인식하지 못하는 것이 있다. 그것은 예수님이나 사도들이 개인에게서 악령들을 내쫓는 사건을 묘사한 성경 구절들에서 "들림"(possession)이라는 단어가 나타난 적이 없다는 것이다. "귀신들림"(demon-possessed/demon possession)이라는 표현은 헬라어 본문을 영어로 번역한 일부 성경에서 나타나지만, 그 이면에 "들림"(possession)이라는 뜻을 지닌 헬라어는 없다. "귀신들림"은 언제나 다이모니조마이라는 헬라어를 번역한 것이다. 소유를 뜻하는 단어들(예를 들어, 후파르코, 에코, 카테코, 크타오마이, 페리포이에오)은 헬라어 원문에는 없다. [10] "들림"(possession)이라는 생각은 성경 번역자들이 헬라어를 그렇게 해석해 놓은 것이다. 이런 식의 헬라어 번역은 3세기동안 인기를 독차지했던 영어 성경인 흠정역이 "귀신들림"(demon possession/

possessed with the devil)이라고 번역을 하면서 표준이 되었다.[11] 오늘날 인기가 많은 영어 성경 번역본들은 계속해서 "귀신들림"이라는 단어를 사용하고 있다. 마태복음 8:16에 대한 여러 번역본을 비교해 보라.

> 개역개정판: "사람들이 귀신 들린 자를 많이 데리고 예수께 오거늘"
> KJV: "They brought unto him many that were possessed with devils."
> NKJV: "They brought to him who were demon-possessed."
> NASB: "They brought to him who were demon-possessed."
> NRSV: "They brought to him many who were possessed with demons."
> NIV: "Many who were demon-possessed were brought to him."
> NLT: "Many demon-possessed people were brought to Jesus."

대체로 역동적인 번역 철학을 따르는 일부 성경 번역본들은 "귀신들림"이라는 단어를 다른 식으로 바꾸었다.

> CEV: "Many people with demons in them were brought to Jesus."
> GNB/TEV: "People brought to Jesus many who had demons in them."
> Message: "A lot of demon-afflicted people were brought to him."

"다이모니조마이"가 나타나는 다른 경우들에서, 앞에서 언급한 성경 및 다른 번역본들은 그 단어를 번역하면서 "괴롭히다," "성가시게 하다," "애를 먹이다" 같은 표현을 사용했다.

그럼에도 불구하고, 현재 진행 중인 논의는 "귀신들림"(demon-possessed)이라고 번역해온 오랜 전통에 입각해서 이루어지고 있다. 영어 성경 번역자들은 어디에서 "다이모니조마이"를 "귀신들림"으로 번역할 생각을 하게 되었는가? 아마도 그 번역은 귀신 때문에 심한 곤란을 겪고 있는 사람을 묘사하면서 "퍼제시오"(possessio)라는 용어를 사용하는 라틴 교회 전통의 영향을 받은 것 같다. 하지만 흥미로운 사실은 라틴어 불가타 성경은 "다이모니조마이"를 번역하면서 "퍼제시오"(possessio)라는 용어를 사용하지 않고, 그냥 "귀신을 가지다"(have a demon; "*대모니아*"를 "*하베오*"로 번역)로 표현한다는 것이다. 그러나 또한 영어 "퍼제스"(possess)가 소유와 반대되는 개념으로서 통제 또는 점유(거주)를 강조하는 식으로 사용된 오랜 역사가 있다는 점을 인식하는 것이 중요하다.[12] 흠정역 성경의 번역자들이 "퍼제션"(possession)이라는 용어를 사용하면서 소유의 개념을 전달하려고 했다고 확실히 말할 수 없기 때문에 이것은 중요한 의미가 있다.

문제는 현대에서 "퍼제션"(possession)이라는 단어를 사용할 때 우리가 그 단어에서 소유의 개념을 떼어내기가 어렵다는 것이다. 이런 혼동을 피하기 위해, 일부 기독교 지도자들은 "다이모니조마이"라는 용어를 "귀신화"(demonized)라는 표현으로 음역하자고 제안했다. 이것은 "귀신들림"(demon posssession)이라는 용어에서 생기는 오해를 방지하고 새로운 용어를 사용할 수 있는 이점을 제공한다. 그것은 또한 앞에서 언급한 대로 "다이모니조마이"를 다른 식으로 평범하게 번역한 성경 사용을 바람직하게 만들 수도 있다.

나는 우리가 "퍼제션"(possession)이라는 단어를 배제시키고 이 문제를 다른 프레임으로 볼 경우, 이 쟁점에 대해 그리스도인들 간에 훨씬 더 큰 의견의 일치를 가져올 수 있다고 확신한다. 우리는 이렇게 물을 수 있다. "그리스도인들은 귀신의 영향을 많이 받을 수 있는가?" 또는 "그리스도인들이 죄의 능력에 굴복하는 것과 같은 방식으로 그들이 귀신에게 몸에 대한 통제권을 넘겨주는 것이 가능한가?"

3. 그리스도인들은 사탄의 소유가 될 수 없다

그리스도인에게 소유권 문제는 어떤 사람이 그리스도에게 돌아설 때 영단번에 해결된다. 그 때에, 사탄은 십자가에서 흘리신 그리스도의 피에 근거해서 소유권에 대한 법적 권리를 잃는다. 우리는 죄로 말미암은 우리의 죄책에 대해 법적으로 하나님의 무죄 선고를 받으며(롬 5:1) 사탄의 영역에서 하나님의 나라로 옮겨진다(골 1:13). 최근에 쓴 책 「하나님의 소유」에서, 데이비드 피터슨(David Peterson)은 "그리스도 안에서 이루어진 그분의 구원 사역으로, 하나님은 우리를 소유하시며 그분의 말씀과 성령의 활동을 통해 우리를 새롭게 만드신다"고 말한다.[13]

예수님은 사탄의 소유가 된 사람에 대해 간단한 비유를 말씀하셨다.

> 사람이 먼저 강한 자를 결박하지 않고서야 어떻게 그 강한 자의 집에 들어가 그 세간을 강탈하겠느냐 결박한 후에야 그 집을 강탈하리라 (마 12:29 = 막 3:27 = 눅 11:21)

이 비유에서 "강한 자"는 사탄을 나타내며, 사탄의 "세간"은 하나님의 구속적 활동을 경험하지 못한 자들이다(마태복음과 마가복음에서는 "타 스큐에"; 누가복음에서는 "타 휘파르콘타"). 그러나 십자가에서 그리스도가 사탄을 격파하신 결과로 사람들은 이 악한 지배자에게서 자유롭게 될 수 있으며 사랑이 넘치는 주인과 관계를 맺을 수 있게 된다. 그들은 더 이상 사탄의 소유가 아니라 그리스도의 소유이다. 사탄은 더 이상 그들의 주인이 아니고, 그들은 주 예수 그리스도께 속한다.

따라서 그리스도인이 사탄의 소유가 된다고 말하는 것은 부적절하다.[14] 귀신들이 와서 하나님의 자녀와 성도가 된 어떤 사람의 새로운 정체성을 빼앗을 수 없다. 신자들은 이제 "그리스도 안에" 있으며 그것은 아주 견고한 관계이다. 그리스도인들은 하나님의 소유인 것이 맞다. 성부 하나님은 우리를 그분의 귀한 기업으로 보신다(엡 1:18).

어떤 사람이 그리스도인이 될 때, 그는 성령으로 인치심을 받는다(엡 1:13). 성령이 우리의 삶에 내주하시며, 성령은 우리에게 찍힌 하나님의 인장으로 우리가 하나님의 소유라는 사실을 나타낸다. 성령은 우리를 하나님의 가족으로 인도하시며, 우리에게 "하나님의 자녀"가 되는 확정적 지위를 부여하신다(롬 8:16-17). 사탄이 이 지위를 변화시키기 위해 할 수 있는 일은 아무 것도 없다. 바울은 로마서 8장 끝에서 이 사실을 다음과 같이 찬양한다.

> 내가 확신하노니 사망이나 생명이나 천사들이나 권세자들이나 현재 일이나 장래 일이나 능력이나 높음이나 깊음이나 다른 어떤 피조물이라도 우리를 우리 주 그리스도 예수 안에 있는 하나님의 사랑에서 끊을 수 없으리라 (롬 8:38-39)

4. 하나님의 성전이지만, 귀신들이 거주하는 처소?

성경이 신자의 몸을 성령의 전이라고 언급하기 때문에(고전 6:19), 귀신이 하나님의 영과 같은 장소를 차지할 수 없다고 여기는 오해가 널리 퍼져있다. 일부 사람들은 이것에 근거해서 그리스도인은 귀신화되거나 귀신들에게 극심한 영향을 받는 증상을 보일 수 없다고 주장한다. 그들은 귀신들이 그리스도인들에게 영향을 끼칠 수 있지만, 그것은 내부가 아니라 오직 외부에서만 그렇게 할 수 있다고 주장한다.

우리들의 영원한 지위에도 불구하고, 귀신들이 그리스도인들을 공격하고 온갖 종류의 문제를 일으키려고 애쓰는 것은 분명하다. 그러나 그들이 신자의 삶에 침입해 들어올 수 있는가?

첫째, 죄의 능력이 그리스도인의 몸에 들어와 거주하면서 바울이 "지배"라고 말할 정도로 상당한 영향력을 행사할 수 있다면(롬 6:12-13), 우리는 왜 또 다른 형태의 악이 그 몸에 들어와 거주할 수 없다고 추정하는가? 회심 후에 "육신"(악한 성향, 현재의 악한 시대의 구조)은 계속해서 신자와 함께 존재한다. 이것이 신자들이 몸부림치며 싸우는 많은 갈등의 중심지이다. 그것은 하나님의 성령과 같은 몸에 거주하는 악이다. 그것은 우리의 일부이며 우리 안에 있다.

둘째, 바울은 "마귀에게 틈을 주지 말라"고 경고할 때 신자들의 삶 가운데 거주할 공간을 확보하는 마귀를 언급하면서 공간적 언어를 사용한다(엡 4:27). 이것은 둘이 같은 몸에 공존할 수 없다는 견해를 정면으로 반박한다.

셋째, 구약 성전 이미지는 실제로 그리스도인들이 귀신화될 수 있다는 생각을 지지한다. 이스라엘 역사에서 자주, 하나님이 거주하시는 이 장소에 다른 신들이 거주했다. 이런 일은 하나님의 백성이 우상들을 들여오고, 그것들을 세워 놓고 경배하면서 일어났다. 바로 하나님의 성전 안에서 말이다! 이런 우상들이 귀신을 나타냈다는 점을 기억하는 것이 중요하다(신 32:17). 한 좋은 예는 요시야왕 초기에 드러난 성전 상태이다. 하나님과 언약을 갱신했을 때, 요시야는 성전 안에서 여러 가지 매우 더럽고 불결한 물건들을 발견했다. 거기에는 바알과 아세라와 하늘의 일월성신을 숭배하는데 사용된 종교 용품들이 포함되어 있었다. 그는 또 아세라 상, 성전 안에서 활동하는 남창이 머무는 방들, 태양에게 바친 말과 마차, 그리고 다른 신들에게 바친 제단 등을 발견했다(왕하 23장). 하나님께 충성을 바치는 마음으로 그는 이 불결한 물건들을 하나씩 다 제거해 버렸다.

마찬가지로, 귀신들은 우리가 그들에게 건네줄 만큼 많은 방을 차지할 것이다. 메릴 엉거는 이 점에 대해 다음과 같이 훌륭하게 말했다. "가증스러운 죄를 허락하거나 신비술에 빠지거나 어떤 다른 범죄를 저지름으로써, 신자는 그리스도 안에서 자신이 누릴 수 있는 보호를 제한시킨다.......우리는 그리스도인으로서 귀신적 세력이 그들의 요구를 극단적으로 밀어붙이지는 않을 것이라고 믿을 만큼 어리석지는 않다."[15] 모든 신자들에게 해당하는 문제는 이것이다. 우리는 이 거룩한 성전에 무엇을 가져오고 있는가? 우리는 성전에 무엇이 남아 있도록 허락하는가?

많은 그리스도인들은 자신들이 귀신의 침입을 받을 수 있다고 생각하면 극히 불안해진다. 성령이 귀신과 같은 몸에 거주한다고 생각하는 것은 일부 사람들에게 지나친 염려, 불안, 두려움의 감정을 느끼게 할 수 있다. 따라서 우리는 어떤 의미에서 신자는 "(귀신적인 것을 포함해서) 이전 것은 지나가고 새로운 피조물"이 되었는지 물어보아야 한다(고후 5:17).

성경은 그리스도께 돌아올 때 그 사람 안에서 근본적인 변화가 일어난다고 말한다. 이 변화는 "옛 사람"과 "새 사람"에 대한 바울의 언어가 분명히 보여준다(엡 4:22-24; 골 3:9-10).

그리스도인이 되기 전에, 한 사람의 정체성의 핵심은 부패해 있다. 즉 그것은 하나님을 향해 있지 않고 자아와 악을 향해 있다. 이것은 사람이 그의 모든 행동에서 전적으로 악하다는 말은 아니다. 각 개인은 하나님의 형상을 따라 창조되었으며, 선행을 할 수 있는 능력을 갖고 있다. 그럼에도 불구하고, 그 사람 안에 있는 하나님의 형상은 죄의 존재로 말미암아 손상되어 있다.[16] 개인이 생각하고 느끼고 선택하는 방식은 근본적으로 하나님이 바라시는 것과 조화를 이루지 못한다. 실제로 모든 사람들은 죄악에 물든 활동에 참여하며, 모든 사람들은 하나님의 자리에 "우상들"을 세워 놓는다.

그림 2.1에서 큰 원은 회심 전에 있던 "옛 사람"을 나타낸다. 죄가 그의 존재의 중심에까지 그 사람에게 들러붙어 있다. 죄의 능력은 바울이 "육신"이라고 부르는 것에 분명히 나타난다. 여기에서 육신은 우리의 지상적 존재의 일부를 이루고 있는 악을 행하려는 충동을 말한다. 귀신들은 이 악한 성향과 함께 역사하며 사람으로 하여금 죄를 짓도록 부추긴다. 이런 악한 행위자들은 또 개인을 유혹하거나 괴롭히는 일을 직접 할 수도 있다. 그들은 개인에게 들러붙고(큰 원), 또 그 사람의 핵심에 자리를 차지할 수 있다(작은 원).

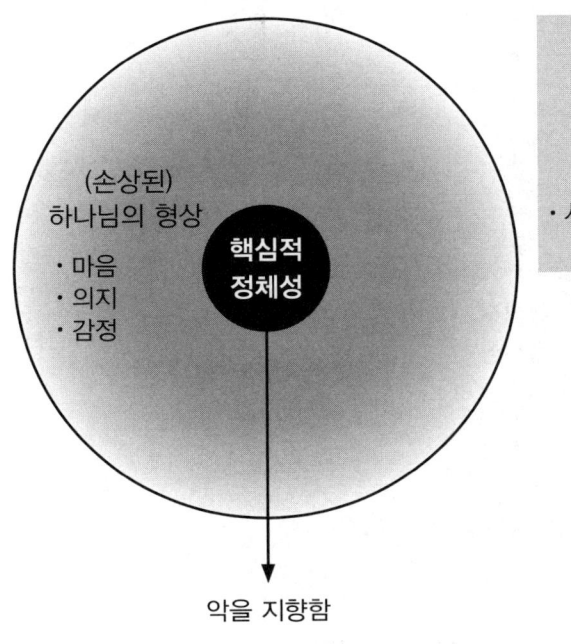

그림 2.1 옛 사람

하지만 그리스도인이 될 때, 바울은 그가 새로운 사람이 된다고 설명한다. 바울은 "그런즉 누구든지 그리스도 안에 있으면 새로운 피조물이라. 이전 것은 지나갔으니 보라 새 것이 되었도다"라고 외친다(고후 5:17). 사람이 단순히 그리스도를 따르기로 결정한다고 생각할지 모르지만, 영적 영역에서 초자연적 변화가 일어난다. 그림 2.2는 이 변화를 잘 나타내고 있다.

이 사람의 존재의 핵심에서 근본적인 변화가 일어났다. 그 사람의 정체성은 더 이상 부패하지 않고, 이제 순수하고 거룩하다. 그 그리스도인은 그리스도, 장차 올 시대, 하나님의 나라와 연결된다. 이제 이 사람의 존재의 중심에는 하나님에 대한 갈망과 모든 점에서 그분을 기쁘게 하려는 열정이 있다. 이것은 성령이 거주하시는 장소이다. 어떤 악령도 여기에 들어오거나 성령을 몰아낼 수 없다. 성전의 이미지를 확대해서, 우리는 이것을 침범할 수 없는 "지성소"라고 말할 수 있다.

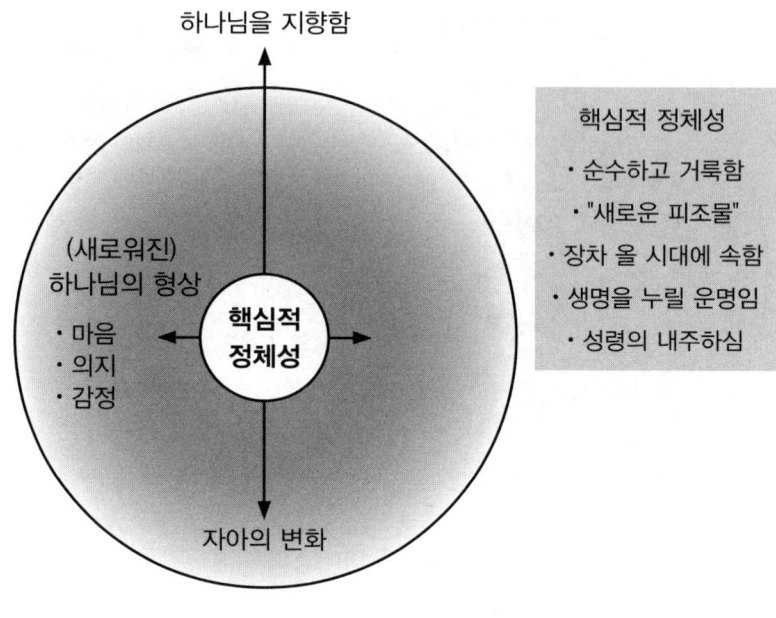

그림 2.2 새 사람

일부 신학자들과 구출 사역에 대해 대중적 수준의 책을 쓴 많은 저자들은 이것을 이제 하나님께 되살아난 인간적 영(human spirit)이라고 언급했다. 그러나 성경신학은 성경에서 혼[프쉬케]과 영[프뉴마]을 명백히 구분하는 견해를 지지하지 않는다.[17] 그냥 이것을 그 사람의 핵심, 그의 존재의 중심, 그의 궁극적 본질 및 정체성을 언급하는 것으로 보는 것이 가장 좋다.

이런 핵심적 변화가 일어난다는 사실에도 불구하고, 여전히 죄의 영향력이 계속 느껴진다. 그 사람은 쇠잔하고 죽어가는 몸, 이 현재의 악한 시대의 구조 안에 산다. 실제로 새 신자는 계속해서 안에서 나오는 듯한 부패한 생각과 욕구를 갖고 산다. 이것들은 극복해야만 하는 뿌리 깊은 습관 그 이상이다. 그것들은 악한 성향, 또는 "육신"의 존재가 여러 모로 나타나는 것이다.[18] 다시 말해서, "옛 사람"은 여전히 존재하며 계속해서 부패를 경험한다(엡 4:22). 하지만 그것은 하나님의 영에 의해 힘을 공급받는, 새 사람의 핵심에 의해 극복되고 제압되는 과정 가운데 있다.

신자는 진실로 하나님의 자녀, 하늘의 시민, 성도로서 새로운 정체성을 갖는다. 하지만 그리스도인은 여전히 현재의 악한 시대의 구조, 즉 악을 행하려는 내적 성향으로 모습을 나타내는 죄의 능력과 그의 몸을 지니고 있다.

귀신들은 악한 충동과 같은 방식으로 그리고 같은 장소들에서 영향력을 행사하려고 한다. 그들은 여러 가지 은밀한 방식으로 개인의 마음, 의지, 감정을 통제하려고 한다. 마음과 몸이 불가분하게 결합되어 있기 때문에, 그들의 영향은 육체적 증상과 행동으로 몸에 나타날 수도 있다.

신자와 비신자의 차이는 그들의 존재의 핵심에 있다. 신자는 예수 그리스도와 관계를 맺고 성령을 부여받기 때문에 전적으로 새로운 본성을 갖는다.[19] 귀신들은 이 사람의 존재의 핵심에 침입해서 하나님께 속한 것을 빼앗을 수 없다. 신자가 악한 충동이나 귀신에게 굴복해서, 그것이 마음, 의지, 감정, 그리고 심지어는 몸까지 지배하는 영향력을 행사하게 할 수는 있다. 그러나 하나님의 자녀로서 그 사람의 새로운 정체성은 없애거나 훔칠 수 없다. 또 귀신들은 하나님의 성령을 쫓아낼 능력을 갖고 있지 않다.

그와 반대로, 성령의 임재 때문에, 신자는 더 이상 죄와 권세의 강제적 지배 아래 있지 않는다. 그는 하나님의 역동적 임재에 의해 힘과 능력을 공급받아서 언제 어디에서나 이런 사악한 영향력들을 물리친다. 이 싸움은 동등한 존재들의 전투가 아니다. 하나님의 능력은 죄의 능력이나 사탄의 능력보다 비교할 수 없을 정도로 훨씬 더 크다.

성령은 어떤 사람이 그리스도인이 될 때 그 사람의 삶 가운데서 악한 영향력의 모든 흔적을 없애는 방식으로 그분의 강력한 신적 임재를 나타내시지 않는다. 신자는 감각적인 욕구를 받아들이고 육신에 굴복하기로 결정할 수 있다. 성령은 모든 그리스도인에게 순결을 추구하도록 호소하시고, 또 모든 신자가 유혹을 물리칠 수 있도록 초자연적으로 역사하시지만, 그분은 사람의 의지를 제압해서 이 악에 굴복하지 못하게 막지 않으신다. 어떤 사람이 악한 영향과 죄에 굴복할 때, 성령의 전은 더러워지고 성령은 근심하신다(엡 4:30). 따라서 습관적이고 오래 계속된 죄의 행위는 신자를 취약하게 만들어 더 강력한 귀신적 영향을 받게 한다. 사도 바울은 그 개념을 공간적인 거주 언어로 설명한다(엡 4:27).

그림 2.1과 2.2는 이 문제에 대한 성경적 가르침과 특히 바울의 신학을 묘사한다. 물론 어떤 도표도 그것 하나만으로 진리를 온전하게 다 제시할 수는 없다. 성경이 매우 다양한 은유와 이미지들을 사용해 영적 실재들을 설명하고 있기 때문이다. 하지만 약간 다른 각도에서 살펴보는 것은 진리를 이해하는데 도움이 된다.

여러 해 전에, 로버트 멍어(Robert Munger)가「내 마음 그리스도의 집」이라는 제목을 붙인 매우 유익한 소책자를 썼다.[20] 그 책에서 그는 바울이 소아시아 신자들을 위해 한 기도의 의미를 설명한다. "믿음으로 말미암아 그리스도께서 너희 마음에 계시게 하옵시고"(엡 3:17). 그는 그리스도인이 그리스도 안에서 성숙하게 성장하는 경험을 묘사하면서 그리스도가 집에 거주하시는 공간적 비유를 들어 창의적으로 설명한다. 그는 회심을 그리스도가 처음에 그 집에 들어오시는 때로 묘사한다. 회심 후 시간은 그리스도가 잇달아 들어오셔서 집에 있는 모든 방에 영향력을 행사하시도록 하는 것을 포함한다. 멍어는 그리스도가 서재("집의 통제실"), 주방("식욕과 욕구의 방"), 거실(손님을 맞는 "친밀하고 편한" 방), 작업실(집주인이 기술을 발휘해 생산적 노동을 하는 곳), 그리고 오락실(활동과 오락을 즐기는 장소)에 들어오시는 장면을 묘사한다. 예수님은 방마다 들어가셔서 이런 장소들을 꾸민 장식과 그곳에서 일어나고 있는 활동들을 장악하신다. 예수님은 각 방들을 바꾸시고 그 방에 순결, 행복, 웃음, 참된 우정 등을 들여오신다. 마지막으로 예수님은 작은 방에서 나는 악취를 맡으시고 벽장을 들여다 볼 수 있는지 집주인에게 물어보신다. 예수님은 열쇠를 받아 벽장문을 여시고 "누군가 아는 것을 원하지 않았던 한두 가지 작은 개인적 물건들을" 깨끗하게 치우신다.

이 작은 책은 우리의 삶을 예수님의 주권에 내어드린다는 것이 무엇을 의미하는지 생생하게 보여준다. 에베소서에서, 바울은 그리스도인들에게 그들의 삶을 더욱더 예수님의 통제에 내어맡기라고 분명하게 말한다. 바울은 회심이라는 의미에서 그리스도가 처음으로 그들의 마음 가운데 거주하시기를 기도하는 것이 아니다. 방에 대한 통제를 하나하나 내어드리는 것에 대한 공간적 은유는 그리스도께서 우리의 삶에 대해 행사하시고자 하는 영향력의 수준이 증가하는 것을 효과적으로 묘사한다.

멍어는 악령이라는 침입자들이 각 방에 대한 권리를 주장하면서 할 수 있는 역할에 대해서는 다루지 않는다. 하지만 이것은 악령들이 에베소서의 전체적인 맥락에서 차지하는 중요한 역할 때문에 그 은유에 대한 적절한 설명이 될 수 있다. 악령들은 벽장에 숨어 있으면서 집을 더럽히기를 원한다. 악령들은 분명히 그리스도가 주방이나 오락실에 들어오시는 것을 원하지 않는다. 악령들은 식욕이 억제되지 않고 쾌락이 만연하기를 원한다.

멍어의 묘사를 약간 바꾸어서, 우리는 어떤 영이 거실에는 거주하지 않을지 모르지만, 그것이 침실이나 욕실에 숨어 있을지 모른다고 말할 수 있다. 음란물이 욕실 선반에 감추어져 있는 한, 그 영은 남아 있는 것이 당연하다고 생각한다. 불륜 관계가 침실에서 계속되는 동안, 또 다른 악한 존재가 머물러 있게 될 것이다. 우리는 그 "집"을 그림 2.3과 같이 묘사할 수 있다.

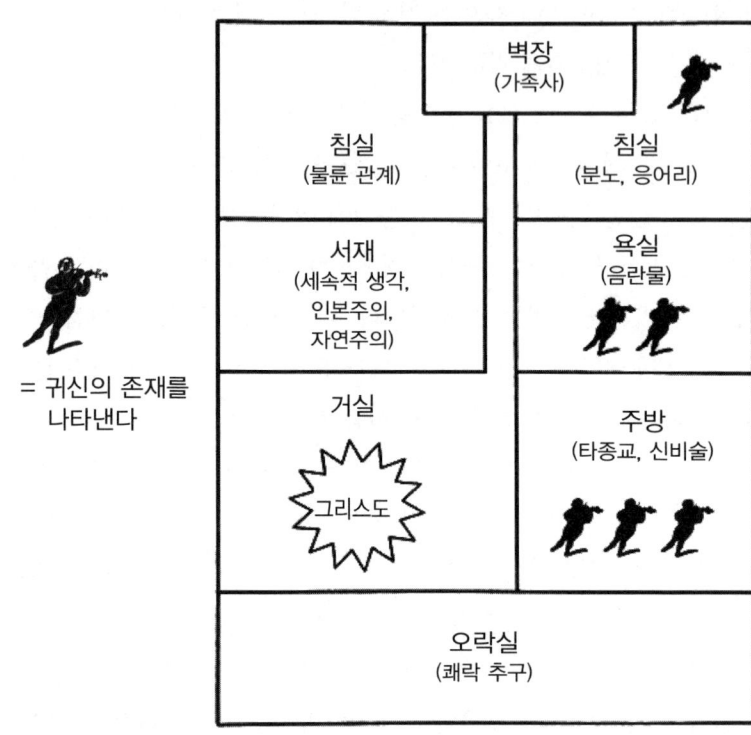

그림 2.3 마음의 집

어떤 사람이 그리스도인이 될 때, 그리스도가 그 마음에 들어와 거주하시지만, 죄가 여전히 존재한다. 요점은 그리스도가 그 집의 모든 방에 대한 주권을 행사하기를 원하신다는 것이다. 그리스도는 모든 방에 거주하시면서 각 방에서 가장 중요한 영향을 끼치는 존재가 되기를 원하신다. 신자들은 각 방의 문을 그분에게 열어 들이고 그분이 더러운 것들을 깨끗이 치우실 수 있도록 하고, 불법적인 거주자들을 쫓아내며, 방들을 개조하고 실내 장식을 새로 하는 것이 필요하다.

고대 이스라엘에서, 하나님의 성전은 여러 왕들이 더럽고 부정한 물건들을 갖다 놓았음에도 불구하고 여전히 하나님의 집이었다. 우리의 몸과 존재는 우리가 범하는 타협과 삶 가운데서 저지르는 더러운 일들에도 불구하고 하나님께 속해 있다. 이스라엘의 경건한 왕들처럼, 우리는 성전에서 쓰레기들을 치우고 사악한 충성들을 깨부수는 것이 필요하다. 사도 요한은 예수님이 신자를 안전하게 지키시매 "악한 자가 그를 만지지도 못하느니라"고 우리에게 장담한다(요일 5:18). 사탄이나 그의 부하를 포함해서 그 누구도 우리를 하나님의 사랑에서 떼어놓을 수 없으며, 우리에게서 우리의 소중한 구원을 빼앗아갈 수 없다. 하지만 우리는 귀신들이 많은 영역을 차지하도록 허락할 수 있으며, 그럴 경우 그들은 박수를 치면서 너무 좋아 한다. 그 결과 그들은 상당한 영향력과 통제력을 행사할 수 있다.

5. 귀신들은 그리스도인들에게 들어와 거주하면서 그들을 통제할 수 있다

성경적 신학적 역사적 증거는 그리스도인들이 악령들의 영향을 심하게 받을 수 있다고 말한다. 심지어는 귀신들이 그리스도인들 안에 들어와 거주하면서 통제할 수 있다고 말할 수 있다.

(1) 마귀에게 빌미를 줌

서신서에서 귀신화라는 언어에 가장 가까운 한 구절은 에베소서 4:26-27이다. "분을 내어도 죄를 짓지 말며 해가 지도록 분을 품지 말고 마귀에게 틈을 주지 말라."

"틈"(foothold)이라고 번역된 용어는 헬라어 "토포스"인데, 그것은 보통 거주하는 공간을 나타내는 표현이다. 성경은 마리아와 요셉이 여관에 있을 곳[토포스]이 없어서 예수님을 구유에 누였다고 말한다(눅 2:7). 저녁 식탁의 자리도 토포스라고 언급할 수 있었다(눅 14:9). 어떤 지역에 있는 도시나 마을도 토포스라고 말할 수 있었다(눅 4:37). 예수님은 우리를 위해 하늘에 토포스를 예비하러 가신다고 말씀하셨다(요 14:2-3).

더 중요한 것은 악령이 거주하는 공간을 언급하기 위해 토포스를 사용하는 예를 보여주는 구절들이다. 예수님은 속담 양식으로 "더러운 귀신이 사람에게서 나갔을 때에 물 없는 곳[토포스]으로 다니며 쉬기를 구하되 얻지 못하고 이에 이르되 내가 나온 내 집[오이코스]으로 돌아가리라"(눅 11:24)고 말씀하셨다. 요한계시록에서 사탄과 그의 사자들이 하늘의 전쟁에서 패한 후에 거기에는 더 이상 그들이 있을 곳[토포스]이 없었다(계 12:7-8).

에베소서 4:27에서 토포스의 용법을 해석하는 가장 자연스러운 방법은 거주할 수 있는 공간이라는 생각이다. 따라서 바울은 귀신들에게 활동 근거지를 내주지 않도록 신자들에게 경계와 도덕적 순결을 요청하는 것이다.

다른 한 편으로, 토포스를 "기회"로 해석하는 것도 가능하다. 토포스가 이런 의미로 사용된 구절이 두 개 있다(예를 들어, 롬 12:19; 히 12:17). 그러나 거주하는 공간이라는 생각이 에베소서의 문맥 및 영적 존재들의 활동에 대한 논의에 더 어울린다. 바울은 에베소서에서 영적 현실을 묘사하기 위해 공간적 언어를 광범위하게 사용한다. 바울은 신자를 하나님으로 "충만하게" 될 수 있는 그릇으로 말한다(엡 3:19). 마찬가지로, 바울은 교회를 "성령 안에서 하나님이 거하실 처소가 되기 위하여" 지어져 가는 성전으로 묘사한다(엡 2:22). 더 중요한 것으로 바울은 믿음으로 말미암아 신자들의 마음에 거주하시는[카토이케오] 그리스도에 대해 말한다(엡 3:17). 이 본문에서 놀라운 것은 그리스도가 신자들의 마음에 거주하셔서 그들을 위해 중보 기도를 하신다는 것이다. 그리스도는 이미 거기에 계신다. 하지만 신자들은 그리스도가 그들에게 온전히, 모든 방마다, 충만하실 수 있도록 하는 것이 필요하다. 신자들은 그들의 거처의 일부라도 귀신이 차지하지 못하게 해야 한다.

이런 공간적 용어 모두는 은유적 언어이다. 그것은 우리에게 실재를 문자적으로 설명하지 않으면서 그것이 무엇인지 일견할 수 있게 한다.

우리가 그 언어를 너무 문자적으로 받아들이면 은유의 의도를 놓치게 된다. 나는 그 당시 세 살이었던 내 아들과 이야기를 나누었던 일을 지금도 생생하게 기억한다. 그 아이는 의사가 자신의 몸을 절개해서 마음을 끄집어 낼 수 있는지, 오르간에 작은 예수 같은 인물이 들어가 있는지 궁금해 했다. 2년 후에 그 아이는 그 은유를 잘 이해하게 되었다. 그 아이는 어느 때인가 예수님이 자기 마음에 들어오셨기 때문에, 자기가 열쇠를 가져다 문을 잠그고 그 열쇠를 멀리 내던져버렸다고 나에게 소리쳤다. 이것은 그 아이가 예수님께 헌신한 것이 무엇인지 그 본질을 나름대로 생생하게 표현한 것이었다.

거주한다는 공간적 언어가 표현하는 주된 생각 중 하나는 권위와 통제의 개념이다. 그리스도가 더 충만하게 거주하시도록 기도할 때, 바울은 그리스도의 주권이 사랑하는 신자들의 삶 가운데서 더 크게 실현되기를 기도하는 것이다. 바울은 그리스도가 그들 가운데서 더 온전히 다스리실 수 있도록 신자들이 허락하기를 원한다. 그래서 그들이 그리스도를 닮은 모습을 더 온전히 드러낼 수 있도록 말이다. 정반대로 마귀에게 공간을 내주지 말라고 주의를 줄 때, 바울은 마귀가 그들의 삶의 어떤 영역에 영향력을 행사하도록 허락하지 말라고 신자들에게 경고하는 것이다. 예를 들어, 그리스도인이 분노를 키울 경우 귀신에게 거주할 장소를 내줄 수 있다.

(2) 악이 지배하도록 허락함

성경은 그리스도인이 악한 세력으로 하여금 그의 삶 가운데서 통제하고 지배하는 영향력을 행사하도록 허락할 수 있는 가능성에 대해 분명히 예상한다. 사도 바울은 로마 신자들에게 "그러므로 너희는 죄가 너희 죽을 몸을 지배하지 못하게 하여 몸의 사욕에 순종하지 말고"라고 권면했다(롬 6:12). 바울은 죄를 한때 신자들을 종으로 삼고 하나님과 분리시켰던 엄청나게 강력한 악한 세력으로 보았다. 이런 악한 권세는 그리스도인이 될 때 사라지지 않는다. 그것은 거듭해서 통제력을 되찾으려고 시도한다. 실제로, 바울이 "지배"[바실류오]라는 뜻으로 사용하는 용어는 강한 언어이다. 그것은 예수님이 하려고 착수하시는 것, 즉 그분의 나라(바실레이아는 "왕국"이다)를 세우시고 그분의 지배(바실류스는 "왕"이다)를 행사하려고 하시는 것을 묘사하는 일련의 용어들에서 유래한다.

바울은 단지 논쟁을 하기 위해 이런 호소를 하는 것이 아니다. 바울은 그리스도인들이 여전히 악을 행하려는 강한 충동을 갖고 있음을 안다. 바울은 그리스도인들이 때때로 이런 충동에 굴복해서 죄를 범하는 것을 잘 알고 있다. 바울은 가끔 그리스도인들이 큰 잘못을 저질러서 장기간에 걸쳐 죄악에 물든 생활을 할 수 있음을 통절히 인식한다. 바울이 신자들에게 피하라고 권면하는 것이 바로 이것이다. 그리고 이제 우리는 그리스도 안에서 우리가 어떤 정체성을 갖고 있는지 이해하고, 또 이 새로운 삶의 자원들을 적절히 활용함으로써 그 문제를 해결할 수 있다.

성경적 관점에서 악은 세 가지 다른 그러나 서로 관련된 방식으로 영향력을 행사한다. 1장에서 논의한 대로, "육신"(악을 행하려는 내적 성향)을 통해, "세상"(유해한 사회적 문화적 환경)을 통해, 그리고 사탄과 그의 귀신들을 통해 직접적으로 영향력을 행사한다. 이런 세 가지 악한 영향력들은 사람들을 하나님과 그분의 목적에서 벗어나도록 하기 위해 일반적으로 협력해서 일한다(그림 2.4를 보라)

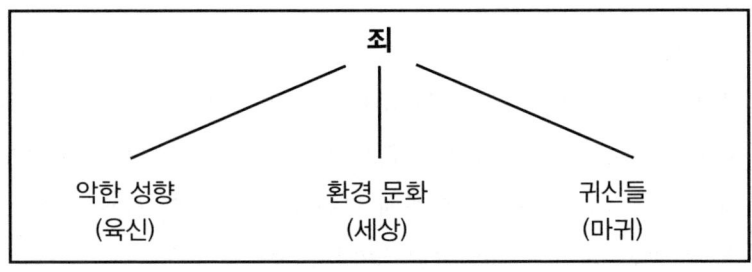

그림 2.4 죄의 능력 포인트

그러므로 바울이 신자들에게 죄가 지배하지 못하게 하라고 권고할 때, 그는 가능한 모든 형태의 악한 영향력에 대해 생각하고 있는 것이다. 바울은 "너희 안에서 솟아나오는 악한 욕구에 항복하지 말라; 지인들이나 사회가 무슨 문제가 있냐고 하면서 같이 하자고 부추기는 사악한 압력에 굴복하지 말라"고 말하고 있는 것이다. 그러나 바울은 또한 "무수히 많은 방식으로 너희를 넘어뜨리기 위해 뒤쫓아 올 악령들에게 저항하라"고 말하고 있는 것이다.

이 구절이 지닌 핵심적 의미는 죄의 능력을 전형적으로 보여주는 이런 세 가지 악한 영향력 모두가 신자들의 삶을 다스리고 지배하기 위해 음모를 꾸민다는 것이다. 여기에서 우리의 목적에 해당하는 요점은 귀신들이 그리스도인의 삶을 "지배할" 수 있는 이런 세 가지 악한 영향력 중 하나라는 것이다. 귀신들은 지배할 수 있다. 귀신들은 통제할 수 있다. 귀신들은 우리가 그들에게 허락하는 만큼 많은 지배력을 가지게 될 것이다.

하지만 귀신들의 권위와 통제는 절대적인 것이 아니다. 그리스도와 연합함으로써, 우리는 이제 우리의 삶의 모든 측면을 하나님께 드릴 수 있으며, 또 그분이 우리를 지배하실 수 있게 하는 능력을 갖고 있다. 피터슨이 표현한 대로, 그리스도인들은 "그들의 적법한 지배자가 되시는 하나님의 이름으로 저항해야 한다."[21]

(3) 그리스도인들을 대상으로 축사한 것으로 볼 수 있는 사례들

바울이 에베소에서 3년 동안 사역할 때, 하나님은 바울을 통해 놀라운 기적들을 행하셨다(행 19:11). 이같이 하나님의 능력이 나타나면서 치유와 축사가 많이 일어났다. 누가는 이에 대해 다음과 같이 명백하게 묘사한다. "심지어 사람들이 바울의 몸에서 손수건이나 앞치마를 가져다가 병든 사람에게 얹으면 그 병이 떠나고 악귀도 나가더라"(행 19:12).

우리는 자주 너무 빨리 이것이 "능력 전도"를 나타내는 것이라고 추정한다. 복음을 선포하면서 그것이 참됨을 증명하는 것 말이다. 물론 이것은 그 이야기의 일부이기는 하다. 하지만 그것이 그 이야기의 전부인가?

누가는 우리에게 "아시아에 사는 자는 유대인이나 헬라인이나 다 주의 말씀을 듣더라"고 설명한 직후에(행 19:10) 바울의 축사사역을 말한다. 이 도시에서 바울이 광범위한 사역을 하는 동안 수많은 사람들이 그리스도께 돌아왔다. 많은 가정교회가 세워졌고, 에베소는 초대 기독교의 가장 중요한 중심지 중 하나가 되었다.[22]

내가 다른 곳에서 자세하게 설명한 대로, 에베소는 고대에서 마술과 주술과 요술을 시행하는 중심지로 유명했다.[23] 바로 이같이 어두운 상황 가운데서 수많은 사람들이 그리스도께 돌아왔다. 유감스럽게도, 이런 새 신자들 가운데 많은 사람들이 신비술(초자연적 세력과 존재를 이용하는 믿음과 실천)에 관여한 삶을 바로 포기하지 않았다.[24] 하지만 하나님은 스게와라고 하는 유대인 마술사가 축사를 시도했다가 실패한 악명 높은 사건을 통해 극적인 방식으로 그들의 잘못을 깨닫게 하셨다(행 19:13-16). 그런 다음 누가는 우리에게 "믿은 사람들이 많이 와서 자복하여 행한 일을 알렸다"고 말한다(행 19:18). 그 결과 5만 명의 하루 임금에 해당하는 마술책을 불사르면서 포기를 선언하는 의식이 대대적으로 거행되었다. 이 사람들은 신비술책을 불사르는 그리스도인들이었다. 그들은 그리스도를 영접하고 매 주일 그분을 경배했지만 계속해서 신비술을 시행했다.

많은 새 신자들이 이 사건 전에 (그리고 또 이 사건 후에도) 바울의 축사사역을 경험했을 가능성이 높다. 그들이 관여한 마술은 그 당시 만연하던 종류의 마술로 남녀신들과 부하 신들에게 와서, 거주하고, 여러 가지 방식으로 그 모습을 나타내도록 특별히 초대하는 것이었다.

예를 들어, 한 마술책은 의식을 거행하는 방식을 이렇게 설명한다. "다이몬이 조수로 와서 당신에게 모든 것을 분명하게 알려주며 당신의 동료가 되고 당신과 함께 먹고 자게 될 것이다."[25] 그 다음에 이 존재는 "신"으로 묘사된다. 그는 "당신이 본 공중의 영이다." 일단 문이 열리면 다른 영들이 그 사람의 삶에 침입해 들어온다. "그는 곧 연회에 다이몬들을 데려올 것이다. 그리고 당신을 위해 그는 이 종들을 장식띠로 치장할 것이다. 그는 신속하게 이런 일들을 한다." 물론 이런 종류의 마술을 하는 사람은 자신을 돕고 보호해 줄 착한 영들을 얻게 되는 것이라고 추정한다. 따라서 마술책은 "당신이 그에게 봉사를 하라고 명령하면 그는 그렇게 할 것이며, 또 당신은 그가 다른 일들도 탁월하게 수행하는 것을 볼 것이다……그는 많은 악한 다이몬들의 활동을 멈추게 한다"고 장담한다.

회심 전후에 에베소서 신자들이 영들을 부르고 그 영들을 자신들의 삶에 초대하는 이런 종류의 마술에 관여했을 때, 사도 바울은 어떻게 반응했는가? 분명히 바울은 이런 현상에 대해 모르지 않았다. 이런 사람들에게 성경의 가르침을 베푸는 것으로 충분했는가, 아니면 때때로 더 직접적으로 개입해야만 했는가?

에베소에서 그리스도인이 되는 사람들의 배경 때문에, 나는 적어도 그 도시에서 바울이 시행한 축사 사역의 일부분은 새 신자들을 대상으로 이루어졌다고 확신한다. 나중에 살펴볼 것처럼, 새 신자들을 대상으로 한 축사는 지중해 세계에 걸쳐 있는 교회에서 흔히 시행하는 관례가 되었다.

적절한 가르침 또한 다른 무엇보다 중요했다. 이런 사람들은 예수님이 단순히 또 다른 돕는 영이 아니라는 것을 알아야만 했다. 예수님은 이보다 훨씬 큰 분이시며 그들의 전적인 충성을 요구하고 계셨다. 누군가가 그들에게 그들이 전에 받아들인 돕는 영들은 사실상 어둠의 군주와 연관된 사악한 영들이라는 것을 알려주어야 했다. 그들은 또 영적 능력의 본질에 대한 가르침이 필요했다. 하나님은 그들이 능력에 대해 잘못 생각하고 있는 것을 잠시 용인하셨다. 즉 그 능력은 손수건을 충전시킬 수 있는 전류와 같은 것이었다. 그러나 그들은 하나님의 능력이 그것과 전혀 다르다는 점을 알아야만 했다. 그 능력은 존귀하신 주 예수님과의 친밀한 관계를 통해 전달된다. 예수님은 그들이 눈에 보이지 않는 악한 영역을 다스리시는 그분의 권세에 동참할 수 있게 하신다.

결론

서신서는 "귀신화"(demonization) 또는 "귀신을 가지다"(have a demon)라는 용어를 사용해 그리스도인의 경험을 묘사하지 않지만, 그럼에도 불구하고 그런 개념은 존재한다. 귀신적 거주 및 통제라는 생각은 분명히 귀신들이 성도들에게 할 수 있는 일에 대한 성경적 가르침의 일부분이다. 귀신의 영향으로 나타나는 현상을 묘사하기 위해 복음서가 사용하는 똑같은 헬라어 단어만 고집할 경우 다른 용어들로 표현된 똑같은 개념을 놓칠 수 있다. 예를 들어, 아무도 제자삼기가 교회가 수행해야 할 선교의 일부분이라는 것을 의문시하지 않는다. 하지만 사도행전 이후 신약 어디에도 제자[*마테테스*]라는 용어가 나타나지 않는다. 그렇다고 해서 제자도의 개념이 교회사 초기에 자취를 감추었다고 결론을 내리는 것은 정말 큰 잘못이다. 다만 바울, 베드로, 요한, 그리고 다른 신약 저자들이 똑같은 실재를 묘사하기 위해 여러 가지 다른 용어들을 사용했을 뿐이다.

II. 귀신들이 그리스도인들에게 극심한 영향을 끼친 성경적 사례들

1. 미혹하는 영을 따름 (딤전 4:1)

바울은 디모데에게 다음과 같이 경고한다. "성령이 밝히 말씀하시기를 후일에 어떤 사람들이 믿음에서 떠나 미혹하는 영과 귀신의 가르침을 따르리라 하셨으니." 바울은 먼 미래를 내다보면서, 그리스도의 귀환 직전에 일어날 일련의 사건들을 생각하고 있는 것이 아니다. 바울은 성령에 의해 디모데가 사역하고 있던 에베소 신자들이 직면하고 있는 상황에 대해 말하고 있다.[26]

에베소 사람들은 그리스도인이라고 신분을 밝히는 한 파당의 유혹을 받고 있었다. 이 사람들은 교회 안에서 사역을 했지만, 복음과 일치하지 않는 생각을 가르쳤다. 그들이 주장하는 교리적 믿음의 정확한 본질이 무엇이든, 그것들은 중요한 생활방식 문제와 관련이 있었다. 그들은 독신주의와 엄격한 금욕생활을 주창했다. 거기에는 특정한 종류의 음식을 먹지 못하게 하는 금기도 포함되었다. 틀림없이 그들은 교회에서 영적 엘리트로 보이고 싶어 했으며, 다른 사람들이 자신들을 따르도록 호소했다.

바울은 이런 파당적 지도자들을 미혹하는 영[플라나 프뉴마타]과 귀신[다이모니아]의 대행자로 보았다(딤전 4:1-2). 이에 비추어, 이런 지도자들이 예를 들면, 몸 비틀기, 입에 거품 물기, 발작 등과 같은 극단적이

거나 극적인 귀신화의 증상을 나타냈다고 추정하는 것이 적절한가? 내 판단에 이런 일은 일어나지 않았을 것 같다. 귀신들의 통제를 받고 있는 모습을 노골적으로 드러냈다면 그들이 어떻게 그리스도인들을 유혹해 자신들을 따르도록 할 수 있겠는가?

다른 한 편으로, 그들은 자신들에게 영이 임한 것과 관련해서 그 당시 사람들이 일반적으로 생각하는 행위들을 경험했을 수 있다. 아마도 그들은 머리에서 나는 소리를 듣고 그것을 하나님의 영이 가르치고 조언하는 소리로 해석했을 것이다. 아마도 그들은 무아지경(변환된 의식 상태)에 빠져서 꿈과 환상을 경험하고, 그것들을 신적 계시로 잘못 받아들였을 것이다. 이런 유형의 종교적 경험은 이 당시에 아주 흔했다.

그래서 그들이 듣고 있는 소리를 분별하는 일이 당면한 문제가 되었을 것이다. 그들은 결단코 자신들이 귀신적 교리를 가르친다고 주장하지 않았다. 하지만 바울은 그들의 가르침이 전혀 다른 근원에서 나온 것을 분별해 냈다. 바울이 성령의 인도를 받고 또 그 상황을 냉철하게 분석함으로써 이런 판단을 내릴 수 있었다.

바울은 디모데에게 하는 경고를 "성령이 밝히 말씀하기를…"이라는 말로 시작한다(딤전 4:1). 이것은 성령이 직접 바울에게 이런 파당적 교사들과 갑자기 나타나 활동하는 다른 사람들에 대해 특별한 통찰을 주셨음을 가리킨다. 하지만 바울은 또한 그들의 가르침과 구약의 계시 사이에 중대한 불일치가 있음을 본다. 따라서 바울은 디모데에게 교리, 즉 그리스도와 하나님 나라에 대한 교회의 공동 신앙고백에 주의를 기울이라고 격려한다(딤전 4:16; 바울이 딤전 3:16에서 인용하는 신앙고백을 보라). 우리는 또 예를 들어, 바울이 구약의 창조에 근거하여 이런 사람들의 음식물 규정을 거부하는 것을 본다(딤전 4:4-5).

바울이 편지를 쓸 당시 에베소 신자들이 당면한 위험은 그들이 이미 미혹받은 그들의 교사들처럼 이런 새로운 가르침에 휩쓸려서 악령들의 강력한 영향을 받을 수 있다는 것이었다.

2. 그리스도인들을 사로잡아 마귀의 뜻을 따르게 함 (딤후 2:25-26)

또 한 구절에서, 바울은 사탄에게 "사로잡힌" 신자에 대해 효과적으로 사역하는 방법을 디모데에게 조언한다. "거역하는 자를 온유함으로 훈계할지니 혹 하나님이 그들에게 회개함을 주사 진리를 알게 하실까 하며 그들로 깨어 마귀의 올무에서 벗어나 하나님께 사로잡힌 바 되어 그 뜻을 따르게 하실까 함이라"(딤후 2:25-26).

바울은 계속해서 교회 가운데 들어와 있는 거짓 교사들에 대해 염려한다. 바울은 양떼 가운데 있는 이리들에 대해 말하는 것이 아니라, 먼저 미혹당하고 다른 양들을 잘못된 길로 이끄는 일을 하는 양들에 대해 말하는 것이다. 바울이 디모데에게 회복시키는 사역 방법에 대해 조언하기 때문에, 이런 반대자들은 이미 길을 벗어난 그리스도인들로 보아야 한다. 그들은 마귀가 놓은 덫[파기스]에 걸려들었으며 그 결과는 아주 심각하다. 그들은 이제 사탄의 포로들이다. 조지 나이트(George Knight)는 "올무에 걸리다"[에조그레메노이]는 구절은 "'붙잡혀서 포로가 되다'는 뜻을 전달하며, 또 마귀가 강력하게 장악하고 있음을 표현한다"고 적절히 언급한다.[27]

이런 거짓 교사들은 신비술을 하던 과거와 단호하게 관계를 끊지 않은 그리스도인들이었을 가능성이 매우 높다. 바울은 그들의 반대를 모세가 이집트 마술사인 얀네 및 얌브레와 대결할 때 경험했던 반대와 비교한다(딤후 3:7-8; 참고. 출 7:11-12, 22). 이 두 남자들은 구약에서 언급되지 않지만, 유대 문헌에서는 널리 알려져 있다. 바울은 여기에서 단순히 그들이 하나님의 종들을 대적하는 반대자이기 때문만이 아니라, 또한 그들이 대적하는 반대가 비슷한 종류의 반대이기 때문에 그들을 언급한다. 즉 그들은 마술과 요술에 관여하고 있는 자들이었다.

3. 삼킬 자를 찾아다님 (벧전 5:8)

사도 베드로는 소아시아 신자들에게 믿음을 굳건하게 하라고 주의를 준다. 마귀가 그들을 "삼킬"[카타피노] 가능성이 정말로 있기 때문이다. 베드로는 사탄을 앞뒤로 돌아다니고 엄청나게 으르렁거리면서 두렵게 만드는 사자에 비교한다.

이 구절은 분명히 신자들을 염두에 두고 있으며, 최소한 사탄이 그리스도인의 삶에 광범위한 강력한 통제력을 행사할 수 있는 가능성을 상상한다. 삼킨다는 용어[카타피노]는 일반적으로 먹잇감을 찢어서 먹을 수 있는 것은 모두 삼키는 야수를 가리키는데 사용되었다. 그것은 굶주린 사자를 나타내기에 아주 적절한 용어이다.[28] 그리스도인들이 심한 박해를 당하는 지역 상황 때문에, 램지 마이클스(J. Ramsey Michaels)는 그 구절의 이미지는 신자들의 마음에 역사해서 그리스도께 바치는 충성을 포기하게 하는 사탄을 가리킨다고 생각한다.[29] 사탄이 으르렁거려서 만들어내는 두려움은 그가 자신의 계획을 이행하기 위해 사용하는 주된 수단 중 하나였다. 아마도 그것은 핍박자들이 가족, 친구, 지인들을 위협하는 것을 나타냈다.

이 절에서, 삼키는 것은 귀신화를 극적으로 나타낸다는 의미에서 귀신의 통제를 말하는 것이 아니라, 귀신이 거의 전적으로 지배한다는 생각을 전달한다.

4. 초등학문을 따르도록 유혹함 (골 2:8)

바울은 골로새 신자들이 귀신의 영감을 받은 가르침에 사로잡히지 않도록 편지를 썼다.[30] 바울은 그들에게 이렇게 경고한다. "누가 철학과 헛된 속임수로 너희를 사로잡을까 주의하라 이것이 사람의 전통과 세상의 초등학문을 따름이요 그리스도를 따름이 아니니라"(골 2:8).

또 다시 바울은 신자들을 주 예수 그리스도에게서 멀어지게 하는 가르침을 퍼트리려고 강력하게 활동하는 사탄을 본다. 표면적으로 볼 때, 골로새 교회에서 활동하는 파당의 가르침은 엄격히 인간적 수준에서 설명될 수 있는 것처럼 보이지만(그것은 "인간 전통에 의존한다"), 궁극적으로 그것은 귀신적 권세로 그 기원을 추적할 수 있다. 바울은 여기에서 그것을 "스토이케이아 투 코스무"라고 부른다.[31]

교회가 처한 위험에 대한 바울의 염려는 "약탈당하다" 또는 "포로가 되다"라는 뜻을 가진 "쉴라고게오"라는 희귀한 용어로 표현된다. 바울은 이런 그리스도인들이 이 파당적 가르침을 통해 사탄에게 희생당할 수 있는 가능성을 본다. 또 다시 그들은 사탄의 억압을 당할 수 있다.

이런 다른 신학과 관례를 주창하는 이 교회 그룹은 분명히 그들 자신을 귀신화되거나 귀신의 영향을 받은 것으로 여기지 않았을 것이다. 그들은 자신들이 매우 높은 수준의 영적 경험을 하면서 살고 있다고 생각했다. 하지만 바울은 상황을 전혀 다르게 본다. 바울은 그들의 가르침을 거짓된 것으로 묘사하며(골 2:8), 그들은 그리스도와 친밀한 관계를 맺고 있지 않다고 주장한다(골 2:19).

미혹당해서 이런 가르침을 전달하는 그리스도인들은 귀신적 영향을 공공연하게 드러내는 여러 모습을 보였다. 그들은 영적 존재와 접촉을 추구했으며, 환상적 경험을 강조했으며, 그 지방의 신비 종교들을 모방해서 입회 의식을 거행했으며(골 2:18), 또 그들의 예배 방식은 "무아지경"에 아주 가까웠을 것이다(골 2:23).

바울은 정통신앙에서 벗어난 그들의 믿음과 관례는 귀신들의 영감을 받은 것이라고 폭로한다. 그들은 이미 포로가 되어 다른 사람들이 길을 벗어나도록 위협하고 있었다.

5. 초등학문에 종노릇하게 함 (갈 4:9)

바울은 가까운 곳에 있는 갈라디아 교회들의 건강에 대해서도 비슷한 염려를 했다. 바울이 이 지역에 여러 교회들을 세운 후에, (짐작컨대 유대 출신의) 한 신자 그룹이 귀신의 영감을 받은 위험한 가르침을 갖고 나타났다. 따라서 바울은 갈라디아인들에게 이렇게 경고한다. "이제는 너희가 하나님을 알 뿐 아니라 더욱이 하나님이 아신 바 되었거늘 어찌하여 다시 약하고 천박한 초등학문으로 돌아가서 다시 그들에게 종노릇하려 하느냐"(갈 4:9). [32]

여기에서 강한 언어가 사용되고 있다. 이런 이방인 신자들이 그리스도께 돌아오기 전 사탄에 속박되어 우상을 숭배했던 것처럼, 바울은 이제 그들이 다시 사탄의 종이 될 것을 염려한다. 하지만 이번에는 거짓 신들에게 돌아가는 것이 아니라, 율법 및 유대인 분파의 여러 관례들(여기에는 할례, 토라의 음식법, 절기와 성일 준수가 포함된다)을 받아들임으로써 사탄의 종이 될 수 있다. 바울이 보기에 기독교에 대한 이런 종류의 율법 중심적 접근은 주 예수 그리스도의 인격과 사역을 축소시키는 것이다. 귀신들은 이런 행위 중심적 접근을 고무하고 촉진시켜서 사람들이 그리스도를 믿지 못하게 만든다(고후 4:4).

종노릇이라는 언어는 또 다시 신자들이 그들의 삶 가운데서 귀신의 강력한 영향과 통제를 받을 수 있다는 성경적 이해를 가리킨다.

요약

1. 이런 구절들은 거주의 공간적 언어를 사용하지 않지만, 그것들은 귀신적 영향과 통제의 근본적 문제를 다룬다. 신자들은 악령들의 강력한 지배를 받을 수 있다. 그것은 "삼키다," "사로잡히다," "악령들을 따르다," "포로가 되다," "종노릇하다" 와 같은 여러 이미지들로 묘사된다.

2. 정통신앙에서 벗어난 일부 가르침들이 지니고 있는 신비술적 본질 때문에, 이렇게 미혹당한 그리스도인들 가운데 귀신의 영향력을 공공연하게 나타내는 사람들이 있을 수 있다. 예로서 변환된 의식상태, 무아지경, 환상 등을 들 수 있다.

3. 이 구절들 모두는 이런 그리스도인들이 구출될 수 있는 희망을 제시한다. 그들은 그리스도와 활기찬 관계를 회복되고 다시 수립할 가능성을 여전히 갖고 있다.

III. 귀신들이 그리스도인들에게 영향력을 행사하는 방법들

신약서신은 우리에게 여러 가지 방법으로 사탄이 종종 신자들의 삶을 다시 지배하려고 애쓴다는 점을 보여준다.³³⁾ 다음에서 논의하는 활동들은 그리스도인들을 공격할 때 악한 자가 사용하는 유일한 방법은 분명히 아니다. 하지만 그것들은 서신서에서 두드러지게 나타나기 때문에 매우 중요한 고려 사항이 된다.

1. 유혹

사탄이 활동하는 고전적 방법은 신자들이 죄를 짓도록 유혹하는 것이다. 그래서 사탄은 "시험하는 자"라는 호칭을 갖게 되었다(살전 3:5). 요한에 따르면, 이것은 처음부터 마귀의 주된 활동 방식의 하나였다(요일 3:8). 따라서 마귀는 가인의 마음에 아벨을 죽이려는 생각을 집어넣었다(요일 3:12; 참고. 요 8:44). 마귀는 또 아나니아와 삽비라를 유혹해서 죄를 짓게 만들었다. 누가는 "어찌하여 사탄이 네 마음에 가득하여 네가 성령을 속이고 땅 값 얼마를 감추었느냐"라고 말한다(행 5:3). 이 부부가 신자였다면, 그리고 우리가 반대로 생각할 증거를 갖고 있지 않다면, 이 구절은 사탄이 개인들에게 행사할 수 있는 영향력이 어느 정도인지에 대해 많은 것을 말해준다.

하지만 야고보는 유혹의 원천으로 각 개인 안에 있는 악한 성향의 역할을 강조한다. 야고보는 "오직 각 사람이 시험을 받는 것은 자기 욕심에 끌려 미혹됨이니 욕심이 잉태한즉 죄를 낳고 죄가 장성한즉 사망을 낳느니라"(약 1:14-15). 하지만 이것이 유혹의 유일한 근원은 아니다. 야고보는 악한 충동과 마귀의 역사를 긴밀하게 연결시킨다. 야고보는 혀가 지옥불을 일으킨다고 말한다(약 3:6; 이것은 사탄을 궁극적 근원으로 언급하는 것이다). 야고보는 마찬가지로 특정한 종류의 세속적 지혜는 "땅 위의 것이요 정욕의 것"일 뿐만 아니라 또한 "귀신의 것"(다이모니오데스, 약 3:15)이라고 지적한다. 그러므로 야고보는 악을 행할 수 있는 우리 자신의 능력을 통절히 인식할 뿐만 아니라, 또한 마귀가 악한 충동 뒤에 숨은 채로 세상 가운데서 활동하고 있다고 판단한다.

성경 저자들 중 유혹의 과정이 어떠한지, 그리고 귀신들이 각 단계의 유혹에 어떻게 관여하는지 명백하고 정확하게 묘사하는 사람은 없다. 성경 저자들은 유혹이 악한 내적 충동에서 일어나는 것인지, 아니면 문화적/사회적 영향에서 일어나는 것인지, 아니면 직접 귀신에게서 일어나는 것인지 구별해서 판단하는데 우리만큼 관심을 기울이는 것 같지 않다. 그들은 세 가지 모두가 그 과정에 연관되어 있는 것으로 보는 것 같다.

하지만 예수님이 당하신 유혹 사례를 보면 악령이 직접 우리 마음에 생각이나 이미지를 집어넣어서 우리가 하나님의 뜻에 어긋나는 행동을 하도록 유혹하는 때가 있음을 알 수 있다(마 4:1-11). 이것은 많은 교부들이 지녔던 확신이기도 했다. 예를 들어, 테르툴리아누스(Tertullian)는 이렇게 말한다. "모호한 방식으로, 귀신과 사악한 천사들은 영혼에 기생하면서, 걷잡을 수 없는 욕정과 몹시 나쁜 욕심으로 영혼을 타락시키는 일을 한다"(「호교서」 22).

하지만 유혹받는 것이 사탄의 지배나 통제를 받는 것은 아니다. 유혹은 모든 그리스도인들이 경험하는 것이다. 유혹에 굴복하고 내주하시는 하나님의 영의 능력을 적절히 사용하지 못하면 사람의 마음에 마귀가 들어와서 통제할 수 있도록 공간을 내주게 된다.

2. 거짓 가르침

1장과 방금 앞에서 논의한 구절들에서(딤전 4:1; 딤후 2:26; 벧전 5:8; 골 2:8; 갈 4:9) 살펴본 대로, 사탄이 신자들을 다시 종으로 삼아 지배하려고 할 때 사용하는 또 다른 현저한 방법은 거짓 가르침이다. 사탄은 교회 내에 주 예수 그리스도의 인격과 사역을 왜곡시키는 가르침을 불어넣으려고 한다.

그러므로 요한은 에베소와 소아시아 서부 지역의 교회 지도자들에게 "오직 영들이 하나님께 속하였나 분별하라"고 조언한다(요일 4:1). 이 경우에 한때 교회에 속해 있었으나, 이제는 예수님이 세상에 오셨을 때 육신을 입지 않으셨다고 가르치는 사람들이 있었다.

많은 현대 학자들은 거짓 가르침을 고무하는 악한 작은 영들이 있다는 생각을 거부한다. 그들은 "사탄적"이나 "귀신적"이라는 말은 사회학적으로 지배적인 종교 집단이 자신들과 의견이 다른 집단들의 가르침을 비난하기 위해 사용하는 형용사라고 주장한다. 이것은 본질적으로 일레인 페이젤(Elaine Pagels)이 최근에 쓴 책 「사탄의 탄생」에서 내린 결론이다.[34] 하지만 그녀의 연구는 사탄과 하나님은 객관적 실재가 아니며, 또 진리는 우리가 확실하게 이해할 수 없는 것이라고 주장하는 자연주의적 가정에 근거해 있다. 그와 대조적으로, 우리는 우주의 하나님이 실제로 역사를 통해 그리고 주로 예수 그리스도의 지상적 삶, 가르침, 사역을 통해 그분 자신을 객관적으로 계시하셨다고 믿는다. 그리스도의 계시의 엄청난 중요성 때문에, 대적은 이 중요한 진리를 왜곡하고, 축소시키고, 또 사람들의 주의를 딴 데로 돌리게 하는데 온힘을 다 쓴다.

3. 죄책감, 의심, 두려움

"참소하는 자"로서, 악한 자는 계속적으로 하나님께 신자들을 반대하는 고소를 한다(계 12:10). 악한 자는 마찬가지로 신자들에게 그들의 결점, 무가치함, 죄 등을 생각나게 한다. 악한 자는 그리스도인들의 죄책감을 자극해서 그리스도와의 관계를 확신하지 못하게 만들고, 또 그분의 은혜와 능력을 받아들이지 못하게 하려고 애쓴다. 속사도 교부가 쓴 한 책은 의심을 불러일으키는 일을 하는 사탄을 강조하면서, 그것을 "마귀의 딸"이라고 불렀다 (『헤르마스의 목자』, 명령 9.9).

"우는 사자"로서 사탄의 이미지(벧전 5:8)는 그가 신자들에게 두려움을 주입시키려고 시도하는 활동을 묘사한다. 불안, 두려움, 공포는 사탄이 그리스도인들을 무력하게 만들고, 또 삶 가운데 역사하시는 성령의 사역에 순종하지 못하게 만들기 위해 유발시키는 감정들이다. 하지만 사탄을 사자로 묘사하는 것은 단순히 문학적인 과장법이 아니다. 더 적절한 이미지는 엄니를 뽑고 발톱을 제거한 집고양이가 아니다. 악한 자는 삼킬 능력을 갖고 있다. 그는 여전히 엄니를 갖고 있으며, 조심스럽게 상대해야 할 만큼 여전히 강력한 존재이다. 그러나 베드로는 주 예수 그리스도가 훨씬 더 강력하시다는 점을 이미 분명히 밝힌 바 있다. 예수님은 "하늘에 오르사 하나님 우편에 계시니 천사들과 권세들과 능력들이 그에게 복종하느니라"(벧전 3:22). 그리스도인들은 이렇게 전능하신 하나님과 긴밀하게 연결되어 있으며, 따라서 사탄을 대적하고 믿음을 굳건하게 할 수 있다(벧전 5:9). 그리스도는 모든 두려움을 몰아내시고 강력한 적으로부터 보호해 주실 수 있다.

4. 육체적 공격

악한 자는 또 그리스도인들에게 육체적 병이 생기게 할 수 있다. 사도 바울 자신도 이런 경험을 한 바 있다. 바울은 "여러 계시를 받은 것이 지극히 크므로 너무 자만하지 않게 하시려고 내 육체에 가시 곧 사탄의 사자를 주셨으니 이는 나를 쳐서 너무 자만하지 않게 하려 하심이라"고 쓴다(고후 12:7).

우리는 이 육체의 가시가 정확히 무엇인지 모르지만, 그것은 아마도 육체적 병이었을 것이다. 그동안 나쁜 눈, 되풀이하여 발생하는 말라리아열, 신경질환, 어눌한 언변, 심지어는 간질 등 여러 가지 의견들이 제시되었지만, 우리는 확실하게 알 수가 없다. 우리가 알아야 할 중요한 사실은 바울이 사탄의 사자(문자적으로는 "천사")로 인해 괴롭힘을 당했다는 것이다.

바울은 그 문제가 귀신 때문에 생긴 것을 알았음에도 불구하고 다른 신자들의 도움을 받아서 어떤 형태든 구출 사역을 시도한 것 같지 않다. 오히려 바울은 병을 유발한 이 영이 자신에게서 사라지도록 하나님께 직접 간구했다. 하지만 하나님은 그 영이 바울을 괴롭히도록 해서 그가 사역을 하는 동안 오로지 하나님의 은혜와 능력만을 의지하도록 하겠다고 바울에게 분명히 말씀하셨다.

5. 박해

교회는 처음부터 폭력적인 반대와 박해에 직면했다. 베드로는 소아시아 신자들에게 편지를 쓸 때 그들이 경험하는 고난 이면에 마귀가 있음을 알아챘다(벧전 5:8-9). 서머나와 빌라델비아의 그리스도인들이 지역 유대인들에게 당했던 가혹한 반대로 인해 그들의 회당은 "사탄의 회당"으로 불리게 되었다(계 2:9; 3:9). 그 편지는 서머나 교회에 "마귀가 장차 너희 가운데에서 몇 사람을 옥에 던져 시험을 받게 하리니"라고 경고한다(계 2:10). 사탄은 심지어 버가모에서 그리스도인 지도자가 순교한 사건 이면에서 역사했다(계 2:13).

요한계시록 12-13장은 사탄이 하나님의 백성에게 심한 폭력을 휘두르는 장면을 상징적으로 묘사한다. 붉은 용이 여인을 핍박하며(계 12:13) 그녀의 자손과 전쟁을 치른다(계 12:17). 바다에서 나온 짐승이 사탄에게 권세를 받은 다음에 성도들과 싸우러 나간다(계 13:7).

가장 유명한 속사도 교부 중 한 사람인 안디옥의 이그나티우스는 자신의 고난과 순교를 사탄이 조장한 것으로 보았다. 그는 "불과 십자가와 야수와의 싸움, 신체 절단, 난도질, 뼈 비틀기, 팔다리 자르기, 온몸 짓뭉개기 등을 마귀의 잔인한 고문으로" 묘사한다(「로마인들에게 보내는 서신」 5.3). 하지만 동시에 그는 의기양양하게 "해볼 테면 해보라구 해. 나는 오직 예수 그리스도께 더 가까이 갈 뿐이야!"라고 외칠 수 있었다.

결론

귀신들이 신자들을 반대하는 대부분의 방법들은 "귀신화"나 거주의 증상으로 묘사되지 않을 것이다. 그럼에도 불구하고, 그것들은 우리의 적이 신자들에게 영향을 끼쳐 그들의 삶 가운데서 하나님의 목적을 좌절시키기 위해 일하는 다양한 방법들을 보여준다.

귀신들이 그리스도인들을 괴롭히고 그들의 영향력을 다시 되찾기 위해 사용하는 수많은 방법들 때문에, 우리는 "귀신들림" 또는 그것 아니면 아무 것도 아니라는 양극단적 생각에서 벗어나는 것이 바람직하다. 귀신적 영향력을 묘사하는 가장 유익하고 정확한 방법은 연속체로 보는 것이다(그림 2.5를 보라).

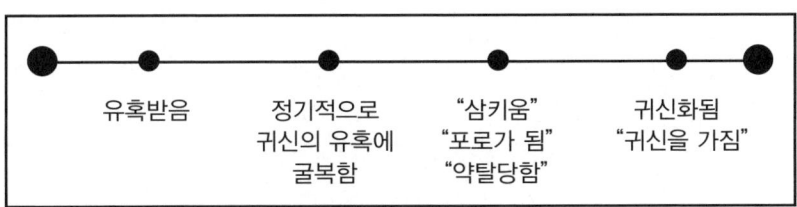

그림 2.5 귀신적 영향력의 연속체

모든 그리스도인들이 귀신적 유혹과 제안을 경험하지만, 모든 그리스도인들이 그들 안에 들어와 거주하면서 돕는 영이 되도록 귀신을 초대하는 것은 아니다. (장난삼아 신비술을 하는 그리스도인들에게 그런 일이 일어날 수 있다.) 일부 그리스도인들은 격렬한 분노를 나타내도록 유혹당할 수 있지만, 모든 그리스도인들이 배우자나 가족과 분쟁을 할 때마다 격렬한 분노에 휩쓸리지는 않는다.

IV. 관련된 몇 가지 중요한 문제들

1. 그리스도인이 변환된 의식 상태를 나타낼 수 있는가?

그리스도인이 "귀신들릴" 수 있는가 하는 문제에 대한 논의에서 중심이 되는 것은 신자가 변환된 의식 상태를 경험할 수 있는가 하는 것이다. 그것은 영적 존재의 영향으로 볼 수 있기 때문이다. 이것은 일부 의사, 심리학자, 정신병학자, 인류학자들이 어떤 사람이 "빙의"(spirit possession)를 경험하고 있는 것인지 알아내는 방법이다.

변환된 의식 상태는 정상적으로 깨어 있는 의식에서 상당히 벗어나 있는 상태를 언급한다. 물론 우리 모두는 잠을 자고 꿈을 꾸거나 우리가 하고 있는 일에 매우 열정적으로 집중할 때 변환된 의식 상태를 경험한다. 그러나 우리가 우리 자신을 다른 누군가와 동일시하고, 또 우리가 보통 행동하는 방식에 어울리지 않는 엉뚱한 행위를 하는 식으로 우리 모두가 특이한 의식 상태를 경험하지는 않는다.

복잡한 인간성을 지닌 사람들은 다른 정체성을 나타낼 수 있는 능력을 갖고 있다. 심리학자들은 이런 현상을 해리(dissociation)라고 언급한다. 어린아이들은 상상 속의 놀이 친구와 이야기할 때 해리 현상을 나타낸다. 양 손에 자동차를 갖고 있는 작은 소년은 일 분 동안 "조"(Joe)가 될 수 있고 또 다른 일 분 동안에는 "버드"(Bud)가 될 수 있다. 이것은 상상력을 선용하는 아주 자연스러운 일이다. 하지만 성인이 일상생활을 하면서 여러 "사람"의 모습을 나타내는 것은 부자연스럽고 건강하지 못하다. 메리(Mary)는 직장에서 동료들에게 전문인 "자넬"(Janelle)이 되었다가 나이트클럽에서는 춤을 잘 추는 "리사"(Lisa)로 변신할 수도 있다. 그녀는 또 상담자와 이야기할 때에는 깜짝 놀란 일곱 살짜리 "주디"(Judy)가 될 수도 있다. 지난 수십 년 동안 정신건강 전문가들은 "해리성정체장애(Dissociative Identity Disorder; 전에는 "다중인격장애"[Multiple Personality Disorder]라고 불렀다)에 대해 논의를 했으며, 또 여러 텔레비전 드라마가 그런 장애에 대해 묘사하기도 했다.

하지만 심리학자들은 해리성장애의 원인을 거주하는 영들의 탓으로 보지 않는다. 해리성장애는 인격이 여러 가지로 복합적으로 나타나는 것이다. 많은 정신건강 전문가들은 해리성장애는 종종 심각한 만성적 아동학대의 결과라고 상정해서 그 장애의 시작을 설명한다. 치료방식의 하나로, 피해자는 트라우마를 해결하는데 도움이 되는 일련의 상상적 정체성을 만들어낸다. 다른 누군가에게 학대가 일어나고 있다고 상상함으로써, 젊은 피해자는 트라우마를 극복해낼 수도 있다.[35]

오늘날 많은 기독교 심리학자들은 참된 신자이면서 해리성장애로 어려움을 겪고 있는 환자들과 일을 하고 있다. 그리스도인들도 이런 종류의 질병에 걸린다는 사실은 임상 증거로 충분히 입증된다. 하지만 그리스도인들은 내주하시는 성령과 사랑으로 돌보아주는 신앙 공동체의 도움을 받아서 온전함과 건강을 회복해 나갈 수 있다.

하지만 어떤 사람이 목회 상담자나 정신건강 전문가를 찾아와 귀신 때문에 그런 것 같다고 주장하면서 변환된 의식 상태를 나타낼 때 무슨 일이 일어나는가? 여기에다가 상당한 행동의 변화가 함께 나타난다면 어떨까? 예를 들어 환자가 다른 목소리로 말하고, 몹시 더러운 언어로 하나님을 저주하며, 얼굴을 찡그리고 찌푸리며, 눈모양이 밉살스럽고 악해진다면 어떨까? 분명히 이런 종류의 일들이 우리나라 전역과 전 세계 병원에서 나타나고 있다. 이런 증상을 보이는 사람 중 일부는 정말로 진실한 그리스도인들이다.

이런 상황을 평가하고 진단을 내리려고 할 때 상담자가 취할 수 있는 조치는 무엇인가? 물론 그 사람은 환각제에 취한 나머지 망상을 하게 되었을 수도 있다. 또 그 사람은 이런저런 이유로 꾀병을 부리는 것인지도 모른다. 대체로 정신건강 전문가들은 그런 행동을 해리성장애로 해석할 것이다. 아마도 그 사람은 자신의 존재의 추하고 어두운 측면을 표현하는 한 방법으로 귀신적으로 변환된 인격을 만들어냈을 것이다. 아니면 변환된 인격은 그 사람이 어린 시절 경험한 학대에 대해 격렬한 분노를 터뜨리는 수단일 수도 있다.

보통 의사나 심리학자들은 진짜 영적 존재가 그 사람의 몸에 나타났을 수 있는 가능성을 고려조차 하지 않을 것이다.[36] 하지만 국제 정신건강 전문인 공동체는 공식적으로 이것을 하나의 가능성으로 고려하고, 그것을 "몽환상태와 빙의장애"(Trance and Possession Disorder)라고 부른다.[37] 실제로, 그것은 "비서구 문화에서 보고된 가장 흔한 해리성장애"로 묘사되었다.[38]

임상의, 목회상담자, 평신도 상담자 그리고 여러 다양한 그리스도인 지도자들은 이런 종류의 증상을 나타내는 진실한 그리스도인들을 만난다. 우리가 여기에서 물어보아야 하는 질문은 이것이다. 즉 이런 증상을 나타내는 진실한 그리스도인이 실제로 악령의 영향을 받거나 통제를 당하는 일이 가능한가?

이것은 엄격히 임상적 증거에 근거해서 대답할 수 없는 세계관 문제이다. 하지만 우리가 이제까지 평가한 성경적 신학적 역사적 증거에 근거해 볼 때, 귀신이 이런 식으로 그리스도인에게 영향을 끼칠 수 있는 가능성이 있다. 분명히 이런 결론과 성경적 자료 간에 모순되는 것은 전혀 없다. 교회의 역사적 증거는 명백히 이런 결론을 지지한다. 앞에서 살펴본 대로, 성경은 유혹에 굴복한 그리스도인에게 영이 들어와 거주하면서 그것을 기반삼아 신자의 삶에 상당한 통제력을 발휘할 수 있다고 단언한다. 하지만 다시 한 번 분명히 말하지만 침입한 영은 들어와서 소유권을 취할 수 없다. 신자는 속수무책으로 악한 권세의 영향력에 휘둘리는 종이 아니다. 하나님의 자녀는 성령께 순종하고 하나님의 능력을 적절하게 사용해서 이런 악한 침입자들을 제거하는 것이 필요하다. 그리고 종종 기도 후원자들의 도움이 필요하다. 이와 함께 사랑이 넘치고 서로 돌보는 신앙 공동체에 속해서 오랜 시간에 걸쳐 인간의 심리학적 측면들을 다루는 제자훈련 과정이 필요하다.

2. 복음서에 기록된 축사 이야기들은 우리가 따라야할 모범인가?

이제 복음서에 기록된 축사 이야기들이 교육적 가치가 있는지 고려할 차례이다. 이런 이야기들은 오로지 지상 사역 기간에 주 예수 그리스도가 행하신 놀라운 능력에 대한 증언 역할을 하도록 기록되고 보존되었는가? 아니면 그것들은 또한 귀신들의 괴롭힘을 당하는 사람들에게 사역할 때 우리가 따라야 할 모범이 되기도 하는가?

먼저, 우리가 복음서를 엄격히 역사적 기록으로만 생각하지 말고, 또한 우리 주 예수 그리스도의 모범을 따라 무엇을 믿고 어떻게 살며 사역할지에 대해 알려주는 설명서로 생각하는 것이 중요하다. 초대교회와 그 후세대는 복음서를 이런 식으로 사용했다. 성령은 마태, 마가, 누가가 복음을 전하고 또 사람들이 그리스도 안에서 성숙해지게 도울 수 있도록 그들에게 영감을 불어넣어 예수님이 죽으신 지 25-30년 후에 예수님의 삶, 죽음, 부활에 대해 기록하게 했다. 예를 들어, 60년대에 로마에서 그리스도인이 된 이방인들은 보통 미트라스, 어머니 신 키벨레, 이시스 또는 로마 판테온의 여러 신들을 숭배하던 배경에서 그리스도께 돌아왔다. 따라서 그들이 숭배하던 귀신들과 관련된 문제들을 다루는 것은 새 신자 훈련의 핵심적인 부분을 차지했다.

그렇다면 예수님의 축사 이야기들은 교회 지도자들이 악령들의 괴롭힘을 당하고 있는 사람들에게 사역할 때 많은 교육적 가치를 지녔을 것이다. 그들은 예수님이 귀신들에게 절대적 권세를 행사하신 것과 또 그분이 귀신들을 다루시는 방법이 그 당시의 다른 "퇴마사들"과 확연하게 다른 점을 알았을 것이다. 그들은 이런 유형의 사역을 하면서 믿음, 기도, 성령에 대한 신뢰가 중요함을 배웠을 것이다. 그들은 또 예수님이 귀신들에게 단호하게 권위 있는 명령을 내리셨을 때 그들이 순종하는 것을 보고 큰 감명을 받았을 것이다. 내가 곧 제시할 초대교회의 관례는 복음서에 기록된 축사 이야기들이 이런 강력한 운동의 지도자들에게 교육적이면서 영감을 불러일으키는 중요한 모범이 되었음을 보여준다.

예수님이 "육신을 입은 하나님"이셨다는 사실 때문에 우리는 그분이 사역하셨던 대로 사역할 수 없을 것이라고 생각할 수 있다. 우리는 "그래. 물론 예수님은 귀신들을 쫓아내실 수 있었지. 하나님이셨으니까! 그런데 나는 사람이잖아?"라고 생각할지 모른다. 하지만 복음서는 예수님의 사역의 대부분은 성령의 능력에 의지해서 이루어졌다고 증언한다. 예수님이 우리의 마음에 부어넣으신 바로 그 성령 말이다! 예를 들어, 누가는 예수님이 광야에서 마귀의 유혹을 훌륭하게 물리치셨을 때 "성령이 충만"하셨다고 지적한다(눅 4:1-13). 예수님이 사탄을 물리치신 것처럼, 이제 우리는 성령의 능력으로 사탄의 유혹을 물리쳐야 한다. 그러나 성령 안에서 우리가 가지는 권세는 이것보다 훨씬 더 크고 강력하다.

마태복음은 예수님이 "하나님의 성령을 힘입어" 축사 사역을 하셨다고 기록한다(마 12:28). 우리는 우리 안에 예수님이 악령들을 쫓아내실 때 의지하셨던 바로 그 성령을 모시고 있다. 그러므로 우리는 예수님이 귀신의 영역을 다스리시는 신적 권세를 예수님과 공유한다. 병행 구절에서, 누가는 귀신들을 내쫓는 예수님의 능력은 또한 하나님의 나라가 임한 사실을 나타내는 것이라는 점을 강조한다(눅 11:20). 예수님은 하나님의 나라를 정말로 개시하셨다(부분적으로, 영적 의미에서). 우리는 하나님

나라의 시민이며 이제 그리스도와의 연합, 의, 성령의 임재 등 그 나라의 많은 유익을 경험한다. 이것이 우리가 사탄과 그의 귀신들에게 희생당한 자들을 찾아가 사역함으로써 예수님의 구속 사역을 계속하는 근거이다.

우리는 또 12명의 선교가 현재 교회의 사역에 적절하다고 말할 수 있다. 예수님은 12명을 파송하실 때 그들에게 귀신을 내쫓는 권세를 주셨다(막 6:6-13 = 마 10:1-9 = 눅 9:1-6). 물론 그리스도가 우리에게 주신 사명을 완수해 나가면서 12명이 수행한 선교의 모든 측면을 우리가 그대로 모방해야 하는 것은 아니다. 우리의 선교는 분명히 이스라엘의 경계를 넘어 나아간다. 그것은 일정 기간만 유효한 것도 아니다. 우리는 적절한 준비를 하고 식량을 가지고 가도 괜찮다.[39] 또 우리의 메시지는 사람들에게 회개를 요구하는 것 이상을 포함한다. 그럼에도 불구하고, 이 선교는 기초가 되는 경험으로, 오순절 후에 12명이 수행할 과제를 준비시키는 것이었다. 이런 점에서 볼 때, 그것은 후에 이루어질 교회의 선교를 준비시키는 것이었으며, 따라서 우리의 선교에도 교훈을 제공한다.[40] 우리는 예수님의 파송을 받는다. 우리는 선포할 메시지를 갖고 있다. 일부는 그 메시지를 받아들일 것이고, 일부는 그것을 거부할 것이다. 우리는 예수님에게서 능력과 권세를 받았다. 이 권세는 우리가 귀신들과 싸울 때 사용할 것이다. 사도 바울은 이 마지막 요점을 아주 분명하게 한다. 바울은 우리가 그리스도의 몸을 이끌고 능력을 부여하는 머리가 되시는 그리스도와 연합되어 있다고 가르친다. 그것 때문에 우리는 귀신의 영역을 다스리시는 그리스도의 권세를 공유한다(특히 골 2:9-10을 보라).

70인의 선교 역시 교회의 선교를 예상한다(눅 10:1-11, 17-20).[41] 예수님이 12 제자에게 주신 것처럼, 예수님은 70인에게도 귀신을 내쫓을 수 있는 권세를 주셨다. "내가 너희에게 뱀과 전갈을 밟으며 원수의 모든 능력을 제어할 권능을 주었으니"(눅 10:19). 그들은 선교를 마치고 흥분해서 돌아왔다. "주의 이름이면 귀신들도 우리에게 항복"했기 때문이다(눅 10:17). 70인의 선교는 귀신들을 내쫓는 권세는 예수님이나 12명의 사도들이 행사하신 권세일 뿐만 아니라, 또한 예수님이 선교를 수행하도록 불러내신 다른 사람들에게도 전달된 권세라는 점을 알 수 있게 도와준다. 예수님이 우리를 불러 참여시키신 선교를 수행할 수 있도록 우리에게도 그 권세가 주어졌다. 예수님은 그분의 "대위임령" 앞에 "하늘과 땅의 모든 권세를 내게 주셨다"는 말을 덧붙이시며, 그 다음에 그분의 백성에게 세상 끝날까지 그들과 함께 하시겠다고 장담하신다(마 28:18-20). 그러므로 예수님은 잃어버린 자들을 찾는 일 뿐만 아니라, 또한 귀신적 능력에 붙잡힌 자들을 구출하는 일에도 우리를 그분의 대행자로 사용하신다.

예수님은 강한 자를 묶는 비유에서 교회의 이 구속적 사역에 대해 기본적인 가르침을 주신다(막 3:22-27 = 마 12:22-30 = 눅 11:14-23; 참고. 골 2:15). 예수님은 그 집을 강탈하려면 먼저 "강한 자"(사탄)를 물리쳐야 한다고 가르치셨다. 이 비유는 사탄에게 희생당한 자들을 구조하는 교회 사역을 예상한다. 예수님이 십자가에서 죽으시고 부활하시고 승귀하심으로 "강한 자"를 물리치셨기 때문에 교회는 그 사역을 수행할 수 있다(골 2:15을 보라). 따라서 우리는 강한 자를 우리 스스로 묶을 필요가 없다. 그리스도가 이미 그 일을 하셨다. 우리는 사람들에게 구속과 구출의 메시지를 전하고, 또 사탄과 그의 세력의 속박으로부터 그들을 자유롭게 하는 일을 함으로써 강한 자의 소유물을 강탈해야 한다. 사탄은 더 이상 모든 사람에게 치명적인 죽음의 권세를 행사하지 못한다. 사람들은 복음의 메시지를 통해 자유롭게 해방될 수 있다. 사람들은 그들의 삶에 침입해서 괴롭히는 귀신들로부터 구출되어 자유로워질 수 있다.

그리스도의 승천 이후 교회의 첫 번째 세대에서, 사도 바울은 그의 사역의 일부로 귀신들을 내쫓는다(행 16:16-18; 19:11-12). 바울은 예수님의 모범을 따라 교회의 선교를 수행하면서 하나님의 능력을 적절하게 사용한다. 바울은 모든 신자들에게 자신이 그리스도의 모범을 따르는 것처럼 자신의 모범을 따르라고 주장한다(고전 11:1). 곧 살펴볼 것처럼, 2-4세기 그리스도인들은 정말로 바울의 모범과 예수님이 남겨주신 모범을 따라 그들의 사역의 일부로 복음의 메시지를 선포하고 귀신들을 내쫓았다.

복음서의 축사 이야기에 오늘날의 그리스도인들이 따라야 하는 규범적 가치가 있다하더라도, 일부 사람들은 여전히 귀신을 내쫓는 이 권세는 비그리스도인들에게만 적용되어야 한다고 이의를 제기할 것이다. 그들은 복음서에서 예수님이 귀신들린 사람들에게 사역하셨을 때 그들 가운데 그리스도인이 없었다고 주장한다. 하지만 우리는 (올바로 말해서) 그 당시 그리스도인은 한 사람도 없었다는 점을 기억해야 한다. 아울러 나는 앞에서 사도 바울이 새로운 그리스도인들 가운데서도 축사 사역을 했다는 사실을 보여주려고 시도한 바 있다. 게다가 이후의 초대교회 역사는 이 문제를 정리하는데 우리에게 매우 가치 있는 통찰을 제공한다.

3. 초대교회에서 실시된 새로운 그리스도인들에 대한 축사

축사 사역은 사도 시대 후에 사라졌다고 사람들에게 잘못 알려진 전통과는 반대로, 축사 사역이 초대교회에서 계속되었을 뿐만 아니라 널리 시행되었다는 사실을 보여주는 역사적 증거가 많이 있다. 초대교회 변증가들은 예수 그리스도의 이름으로 악령들을 내쫓을 수 있는 그리스도인들의 능력에 대해 웅변적으로 증언한다. 순교자 유스티노스 (Justin Martyr; 약 110-165년), 타티아누스(Tatian; 약 160년), 테르툴리아누스(약 160-225년), 오리게네스(약 185-254년), 그리고 미누키우스 펠릭스 (Minucius Felix; 2세기 또는 3세기)의 저술에서 그런 이야기들을 찾아볼 수 있다.[42] 교회가 복음을 전하면서 종종 귀신들이 사람들에게서 쫓겨났다. 그러나 악령들이 쫓겨나는 주된 상황은 새로운 그리스도인들을 위한 수업 시간이었던 것 같다.

우리에게 초대교회의 관례를 알려주는 한 가지 중요한 자료는 「사도전승」이라는 문서이다.[43] 이 전통들은 "그 당시 가장 박식하고 탁월한 학자 및 신학자들 가운데 한 사람"이었던 로마의 히폴리투스(주후 170-235년)에 의해 보존되었다.[44] 히폴리투스는 로마교회의 주교 및 「이단반박」의 저자로 유명하다. 「사도전승」의 영어판 편집자는 "현재 일반적으로 성 히폴리투스의 「사도전승」은 초대 교회의 내적 생활과 종교적 경건에 대해 알려주는 가장 훌륭한 증거 자료로 인정받고 있다"고 언급한다.[45] 이 문서의 가치는 중요한 교회 지도자가 썼다는데 있는 것이 아니라, 그 문서가 그 당시 교회의 전통적 사역 관례에 대해 많은 것을 보존하고 있다는데 있다. 편집자는 다음과 같이 논평한다. "「사도전승」이 증언하는 의식과 관습이 개요와 요점 면에서 그 당시와 그의 젊은 시절에(주후 약 180년) 로마 교회에서 시행된 것이었다고 안전하게 믿을 수 있다. 그리고 또 이 로마 전통은 필요한 부분만 약간 수정해서 2세기 도처에 있는 교회에 그대로 시행되었다고 말해도 괜찮다."[46]

새로운 회심자들은 세례를 받기 전에 오랜 시간에 걸쳐 성경 교육을 받아야 했다. 이런 새 신자들은 "학생"을 뜻하는 헬라어이며, "카테케오"("가르치다")라는 동사와 관련이 있는 말인 "캐터큐먼"(catechumens; 교리문답 수강자)으로 불렸다.[47]

이런 새 신자들은 말씀뿐만 아니라 기독교 윤리에 대해서도 가르침을 받았다. 그들은 그리스도인이 되기 전에 하던 여러 가지 나쁜 생활습관들을 버려야만 했다. 예를 들어, 우상 만드는 일을 했던 예술가들은 이직하라는 명령을 받았으며 검투사들은 경기장을 떠나라는 충고를 받았다. 부도덕한 관례와 직업에서 돌아서야만 하는 것에는 타협의 여지가 없었다. 과거 신비술에 참여했던 새로운 그리스도인들도 유사한 권고를 받았다. "마법사, 점성술사, 꿈 해몽자 또는……부적 만드는 사람들은 그 일들을 그만두라. 그렇지 않으면 버림을 당할 것이다."(16.22).

세례를 받기 전에, 이런 새 신자들 가운데 많은 사람들이 "구출 사역" 시간을 가졌다. 이 때 교회 지도자가 그들의 삶 가운데 있는 악령들을 쫓아냈다. 이것은 「사도전승」에 기록된 두 발췌문에 잘 설명되어 있다.

게다가, 그들이 선택받은 그 날부터, 한 손을 그들 위에 얹고 매일 축사를 하도록 하라[엑소르키제인]. 그리고 세례를 받을 날이 가까이 오면, 주교가 직접 각 사람에게 축사를 하도록 하라. 그래서 그들이 깨끗해졌음을 확신할 수 있도록 말이다(20.3).

그러나 깨끗해지지 않은 자가 있다면, 그 사람의 세례를 연기하도록 하라. 그는 교훈의 말씀을 믿음으로 듣지 않았기 때문이다. 악하고 이상한 영이 여전히 그와 함께 있다(20.4).

세례를 받을 때, 새로운 그리스도인들은 또 입으로 사탄을 포기하는 선언을 해야만 했다. "장로가 세례를 받을 각 사람을 손으로 붙잡을 때, 그에게 포기를 선언하면서 이렇게 말하도록 하라. '나는 너 사탄과 너의 모든 도움과 너의 모든 일을 포기하노라'"(21.9). 세례를 거행하는 교회 지도자 역시 축사를 거행했다. 지도자는 그 사람에게 기름을 바르고 "모든 악령들은 떠날지어다"라고 말했다"(21.10).

최근에 그리스도를 고백한 사람들이 세례를 받기 위해 훈련하는 이런 모습은 이태리, 이집트, 북아프리카, 팔레스타인, 시리아, 그리스, 소아시아 등 지중해 세계 전역에 걸쳐 찾아볼 수 있다. 그것은 또 아우구스티누스(Augustine)를 포함해서 많은 초대 교회 저자들의 글에서도 찾아볼 수 있다. 세례 교육을 시행하는 방법은 약간씩 차이가 있지만, 기본적인 개요는 우리가 「사도전승」에서 요약한 것과 비슷하다.

- 집중적인 성경 교육
- 기독교적 생활방식에 대한 훈련. 여기에는 죄악에 물든 관례들을 포기하고 부인하라는 충고가 포함된다.
- 구출 사역
- 세례. 여기에는 사탄을 포기하고 그리스도께 충성을 고백하는 선언이

포함된다.

우리가 세례의 시기에 대해, 회심 후에 바로 시행되었는지 아니면 상당한 준비를 한 후에 시행되었는지에 대해 옥신각신할 수 있지만, 우리는 초대교회가 새 신자 훈련을 매우 진지하게 실시했다는 사실을 망각할 수 없다. 이때 또 이런 새 신자들은 자신들이 전에 갖고 있던 믿음 체계를 통해 속이는 일을 귀신들이 매우 많이 했다는 점을 배웠다. 따라서 어머니 신, 디오니소스, 미트라스, 사라피스, 이시스 및 다른 모든 신들을 숭배하다가 회심한 사람들과 마술, 점성술, 점술 등에 관여한 경험이 있는 새 신자들은 전에 지녔던 믿음과 관례들을 포기하라는 가르침을 받았다. 우상숭배가 도처에 만연해 있었기 때문에, 테르툴리아누스는 수사학적으로 이렇게 물었다. "악령이 붙어있지 않은 사람이 어디에 있는가? 심지어 악령은 그 사람의 영혼을 함정에 빠트리기 위해 그가 태어나는 바로 그 문에서 기다리고 있다."[48] 또 다른 초대 그리스도인 저자는 이런 확신을 다음과 같이 훌륭하게 설명한다.

> 무시로 우상을 숭배하고 이방인들이 신이라 부르는 것들을 예배하거나, 그들에게 바친 제물을 먹은 자들은 모두 더러운 영을 지니고 있다. 왜냐하면 그 사람은 귀신들의 손님이었으며, 두려움이나 사랑을 통해 그의 마음에 이미지를 형성한 그 귀신과 함께 해왔기 때문이다.[49]

이런 사악한 영들을 다루기에 적합한 시간은 회심이 일어난 다음 기간이었다. 하지만 이 일은 총체적인 제자도 훈련방식으로 이루어졌다. 거기에는 심층적인 성경 공부와 독특한 기독교적 생활방식의 함양이 동시에 수반되었다.

초대교회가 새 신자들을 훈련시켰던 방식은 현대 기독교에 커다란 도전이 된다. 오늘날 많은 교회들은 전도에 강하고 구도자들을 찾는데 민감하지만, 소중한 새 신자들의 믿음을 자라게 하는 양육과 훈련에는 약하다.

오늘날도 많은 새 신자들은 성경의 기본적인 가르침에 대해 더 잘 알고, 기독교적 생활방식을 개발하도록 도움 받고, 사악한 관계를 끊도록 격려 받는 것이 절실히 필요하다. 또 이 장에 더 중요한 것으로, 많은 새 신자들은 그들을 계속 통제하려고 시도하는 귀신들을 다룰 수 있는 조언과 도움이 필요하다.

초대교회는 그리스도인들이 귀신화될 수 있다고 분명히 믿었다. 초대교회는 처음부터 그럴 가능성을 염두에 두었으며, 또 교회 지도자들은 어떤 사람이 주님과 동행을 시작할 때부터 그 문제를 다루었다.

4. 초대교회에 나타난 그리스도인들의 귀신화에 대한 믿음

새로운 그리스도인들에게 집중적으로 제자훈련을 시키면서 귀신들에 대한 포기 선언을 하고 내쫓는 이야기들 외에, 교회사를 통틀어 악령 때문에 괴롭힘을 당하는 그리스도인들에 대한 다른 사역 이야기들이 많이 있다. 이런 이야기들을 다 말하려면 여러 권의 책을 써야 할 것이다. 나는 몇 가지 실례를 통해 귀신들이 그리스도인들에게 들어와 거주하면서 통제할 수 있다는 점을 교회가 널리 믿었다는 사실을 강조하고자 한다.

가장 이른 시기의 증언은 헤르마스(Hermas; 주후 약 100-150년)가 한 것이다. 그가 쓴 저술은 2세기 초 로마 기독교를 다루고 있다. 한 구절에서 헤르마스는 신자들이 아무리 열심히 노력해도 "마귀는 강력하게 그들을 억압한다[카타뒤나스튜오]"고 말하는 패배한 그리스도인의 우려에 대응하여 귀신의 "억압"에 대한 관점을 제시한다. 헤르마스는 그리스도인들이 하나님께 믿음과 소망을 두고 성령으로 충만하면 억압을 당하지 않는다고 이의를 제기한다.

마귀는 마음을 다해 하나님께 소망을 두는 하나님의 종들을 억압할 수 없다. 마귀가 그들과 싸움을 할 수 있지만, 그들을 내던지거나 꼼짝 못하게 할 수는 없다. 그러므로 당신이 마귀를 대적하면 그는 패배하고 수치스럽게 도망칠 것이다. 그러나 믿음이 없는 자들은 마치 마귀가 무슨 능력을 가지고 있는 것처럼 그를 두려워한다.……또 마귀는 모든 하나님의 종들을 유혹하기 위해 접근한다. 믿음이 충만한 자들은 마귀를 힘차게 물리치며, 마귀는 자신이 들어갈 수 있는 곳[토포스]을 찾을 수 없기 때문에, 그들을 그냥 내버려둔다. 그러니까 마귀는 믿음이 별로 없는 자들에게 와서, 그가 들어갈 수 있는 곳을 찾는다. 그런 다음 마귀는 자신이 그들에게 원하는 일을 하며, 그들은 그의 종이 된다 (「헤르마스의 목자」, 명령 12.5).

헤르마스는 귀신이 그리스도인에게 들어가 거주하면서 통제할 수 있는 가능성을 분명히 예상했다. 헤르마스는 그리스도인이 주님의 은혜로 충만해서 유혹이 올 때 귀신을 힘차게 물리치는 것이 승리의 비결이라고 주장했다. 헤르마스의 진술에는 에베소서 4-6장을 연상시키는 것이 많이 있다. 헤르마스의 증언을 특히 의미 있게 만드는 것은 많은 그리스도인들이 그가 쓴 책을 성경으로 간주할 만큼 초대교회에서 매우 높이 평가했다는 점이다.

알렉산드리아(이집트)와 그 이후에 카이사레아(팔레스타인)의 중요한 교회 지도자였던 오리게네스(주후 약 185-254년)는 자기축사를 할 수 있는 신자들의 권세를 실제로 언급한다. 그는 "자기 안에 있는 귀신, 예를 들어 음란 귀신을 쳐부수는 자는 그 귀신이 더 이상 활동하지 못하게 만든다. 그 귀신은 깊은 구렁에 던져지며 누구에게도 아무런 해를 끼칠 수 없다"고 언급한다.[50]

북아프리카 카르타고 교회의 주교였던 키프리아누스(주후 200-258년)는 그가 쓴 글에서 귀신의 역할에 대해 많이 말한다. 교회 지도자인 마그누스에게 보낸 편지에서, 키프리아누스는 퇴마사들이 새 신자들을 위한 구출 사역을 하면서 때때로 겪는 싸움에 대해 성찰한다. "귀신은 하나님의 사람들을 떠나 다른 곳으로 갈 것이라고 종종 말하지만, 그렇게 말하면서 귀신은 속이며, 강퍅하고 교활하게 전에 바로가 했던 대로 한다"(「서신」75.15). 키프리아누스는 구출 사역을 하는데 세례가 많은 효과가 있다고 믿는다. 그는 내가 적절하다고 생각하는 것보다 더 많이 세례를 신뢰한다. 그럼에도 불구하고, 그는 세례를 받은 후에도 그리스도인들이 죄에 굴복하면 귀신화될 수 있다고 가르친다. "제대로 세례를 받고 난 다음에 다시 죄를 범하는 사람들에게 더러운 영이 되돌아와서 괴롭히는 일이 생길 수 있다. 그러니까 마귀는 세례 시에 신자의 믿음으로 추방되지만, 나중에 그 믿음이 약해지면 되돌아오는 것이 분명하다"(「서신」75.16).

종종 로마의 클레멘스와 관련시키는, 또 한 고대 저자는 건강한 신자들에게 "악령들의 괴롭힘을 당하고 있는 자들을 방문해서, 그들을 위해 기도하고 축사를 하라"고 권면한다. 문맥을 살펴보면 이 사역을 받는 사람들은 다른 신자들이 분명하다. "이런 식으로 아픈 형제자매를 돌보자." 이 저자는 한 번 더 다음과 같이 호소한다. "이 남자가 귀신들을 쫓아내는 일을 하게 하라. 그러면 하나님이 그를 도와주실 것이다."[51]

클레멘스 문헌은 악령들의 활동에 대해 할 말이 많다. 한 본문은 귀신이 믿음으로 살지 않는 그리스도인에게 들어가 거주할 수 있다는 생각을 명백히 드러낸다.

> 그러므로 귀신들은 자신들이 붙잡고 있는 사람들의 믿음이 얼마 정도인지를 알고 그에 맞추어 머물 시간도 정한다. 그런 까닭에 그들은 믿지 않는 자들에게는 영구적으로 머무르고, 믿음이 약한 자들에게는 잠시 동안 있지만, 온전히 믿고 선을 행하는 자들에게는 한 순간도 남아 있을 수 없다……그러므로 모든 사람은 자신의 귀신을 달아나게 만드는 일에 힘써야 한다(「클레멘스설교집」9.11; 또 「인식」4.17을보라).

이 저자의 관점에서 볼 때 좋은 소식은 하나님의 능력에 대한 믿음이 자라고 또 의를 적절히 활용함으로써 확실한 구출을 받을 수 있다는 것이다.

시리아 교회들의 관례와 규정들을 모아놓은 책인 「사도헌장」(약 300년대)은 새로운 그리스도인들을 훈련하는 시간에 수행된 구출 사역을 나타낸다. 따라서 우리가 앞에서 논의한 「사도전승」을 추가로 분명히 보여준다. "마귀에 홀린 사람들, 더러운 영들의 괴롭힘을 당하고 있는 사람들은 기도하라. 그리고 우리 모두는 그들을 위해 열심히 기도하자. 그러면 인류를 사랑하시는 하나님이 그리스도로 말미암아 더럽고 악한 영을 꾸짖으시고 그분의 간구자들을 대적의 지배에서 구출해내실 것이다"(「사도헌장」 8.6). 교회는 세례를 받으려고 하는 이 사람들에게 과거와 깨끗하게 단절하고 모든 신비술적 관례들을 포기할 것을 주장했다. 이것은 특히 "마술사, 마법사, 점성술사, 점쟁이, 주술사, 요술사(협잡꾼), 사기꾼(심령술사), 부적 만드는 자, 사주쟁이, 손금쟁이" 등에게 중요했다(「사도헌장」 8.32). 이런 종류의 관례에 참여하는 사람은 귀신의 영향을 받을 수 있다고 추정했다. "귀신에 홀린 사람이 있다면, 그를 정말로 불쌍히 여겨라. 그러나 깨끗해지기 전에는 성찬식에 참여시키지 말라"(「사도헌장」 8.32). 이 문서는 또 귀신의 영향을 받는 그리스도인이 교회 지도자가 되는 것을 금한다. "귀신에 홀린 사람이 있다면, 그를 목회자로 세우지 말라. 그 사람이 신실한 자들과 함께 기도하게 하지 말라. 그러나 깨끗해지면 그를 받아들여라. 그리고 자격을 갖출 경우 안수하여 사역자로 세워라"(「사도법전」 79).[52]

구출 사역은 초대교회에서 매우 중요했다. 에우세비오스(Eusebius)는 코르넬리우스(Cornelius; 주후 약 250년)라는 이름을 가진 한 로마 주교를 인용하는데, 그는 그 당시 교회에 52명의 퇴마사들이 활동하고 있었다고 말했다 (에우세비오스, 「교회사」 6.43). 코르넬리우스는 이 퇴마사들이 훗날 로마교회의 장로가 된 노바투스(Novatus)라는 이름을 가진 회심자에게 사역을 했다고 말한다. 한 영이 "그에게 들어와 오랜 시간 거주하다가" 중병에 걸리게 만들었기 때문이다. 에우세비오스는 디오클레티아누스 황제 시대(주후 약 284-305년)에 소아시아 동쪽과 시리아에 있는 교회들에도 퇴마사들이 있었다고 비슷한 증언을 한다 (에우세비오스, 「교회사」 8.6).

분명히 기독교 운동의 처음 3백년에 활동하던 교회 지도자들에게서 훨씬 더 많은 사례들을 인용할 수 있다. 하지만 이런 실례들만 갖고도 귀신들이 그리스도인들을 심하게 괴롭힐 수 있다는 추정이 연대순으로 그리고 지리적으로 정말 널리 퍼져 있었다는 사실을 보여주기에 충분하다.

또 니케아 공의회 이후 시대, 비잔틴 제국[53] 도처에 있던 기독교 지도자들에게서, 그리고 토마스 아퀴나스(Thomas Aquinas), 장 칼뱅(John Calvin),[54] 마르틴 루터(Martin Luther), 청교도 같은 권위자들에게서 수많은 다른 이야기와 발췌문들을 찾아볼 수 있다. 교회사적 관점에서 이 주제를 철저하게 다루면 매우 유익하고 이해에 큰 도움이 될 것이다. 그들은 모두 귀신의 영역을 진지하게 다루었으며, 악령들이 그리스도인들에게 극심한 영향을 끼칠 수 있다고 믿었다. 하지만 그들은 또한 신자들이 주 예수 그리스도 안에서 이런 영들을 쫓아낼 수 있는 권세를 갖고 있다고 전적으로 확신했다. 마르틴 루터가 유명한 찬송가 「내 주는 강한 성이요」에서 마귀에 대해 말한 대로, "내 힘만 의지할 때는 패할 수밖에 없도다. 힘 있는 장수 나와서 날 대신하여 싸우네. 이 장수 누군가 주 예수 그리스도 만군의 주로다. 당할 자 누구랴 반드시 이기리로다."

5. 누구의 책임인가?

코미디언 플립 윌슨(Flip Wilson)이 우리에게 죄책을 면제해 주는 말, 즉 "마귀가 그렇게 하게 만들었어"라고 말해준 이후로, 그리스도인들이 정말로 자신들이 한 행동의 책임을 귀신에게 돌리고 스스로 책임을 지지 않게 되었다고 염려하는 소리가 증가해 왔다. 이런 일이 실제로 몇몇 장소에서 일어나고 있다. 사람들이 범죄 행동을 하고 그 책임을 변환된 인격 탓으로 돌리고 있는 것이다. 악령이 실제로 어떤 사람에게 들어와 거주하면서 통제할 수 있다면, 범죄 행동에 대해 정확히 그 행동을 고무하고 촉발시킨 행위자 즉 악령에게 책임을 묻는 것이 뭐가 문제인가? 하나님이나 법원이 이상한 영의 영향을 받아서 저지른 행동에 대해 우리에게 책임을 묻는 것이 어찌 공정한가?

이 질문에 대한 답은 성경에 아주 분명하게 나와 있다. 처음부터 끝까지, 성경은 개인들에게 그들이 한 행동의 결과에 대해 개인적으로 책임을 묻는다. 악령의 영향을 받아서 저지른 악한 행동에 대한 책임을 면제시키는 어떤 특별 규정도 제시되지 않는다. 사탄은 아나니아와 삽비라의 마음을 장악해서 거짓말하게 만들었다. 그리고 그들은 치명적인 결과를 맞이했다(행 5:1-11). 사탄은 유다에게 들어가서 예수님을 배반하게 했다(눅 22:3). 하지만 예수님은 본디오 빌라도에게 "나를 네게 넘겨준 자의 죄는 더 크다"고 말씀하셨다(요 19:11).

이것은 특별히 사탄에게 괴롭힘을 당하고 있는 어린아이와 관련해서 특히 부당한 것 같다고 반대할 수 있다. 복음서에 기록된 네 축사 이야기 중 두 개는 어린아이가 귀신의 영향을 받은 사건에 대해 말한다. 한 경우에, 예수님이 한 소년의 아버지에게 "언제부터 이렇게 되었느냐"고 물으시니까 그 아버지는 "어릴 때부터니이다"라고 대답했다(막 9:21). 어린 사람들이 어떻게 자신들이 선택하지 않은 상태에 대해 책임을 질 수 있는가?

이 문제는 여러 면에서 "원죄"의 공정성 문제와 아주 유사하다. 즉 모든 사람은 아담의 죄 때문에 하나님 앞에서 유죄이며, 또 죄를 짓는 경향을 갖고 태어난다는 성경적 가르침 말이다(롬 5:12-21을 보라). 하지만 하나님은 각 사람을 죄인으로 간주하시며, 우리 모두는 그 죄의 영원한 결과인 사망과 하나님의 진노에 직면한다.[55]

죄책에서 벗어나는 문제는 피해의 정도를 제대로 결정한다고 해서 해결되지 않는다. 하나님은 모든 사람을 위해 탈출구를 제공해 주셨다. 죄의 지배하는 영향력으로부터 또는 귀신의 통제하는 영향력으로부터 벗어나는 수단이 있다. 사람들은 그들의 삶을 죄의 능력이나 사탄의 능력보다 훨씬 더 큰 능력의 영역에 항복할 수 있는 기회를 제공받는다. 그리스도께 옴으로써, 개인들은 악의 강제적인 영향으로부터 구출된다. 그들은 이제 저항할 수 있는 기회와 능력을 갖고 있다. 선택은 그리스도인들의 몫이다. 그들은 악한 영역의 능력에 굴복할 수도 있고, 아니면 하나님의 능력에 항복할 수도 있다(롬 6:12-14을 보라).

귀신의 영향을 받은 가장 심한 경우들에서도, 하나님은 피할 길을 제공하신다. 거라사인 지방에 도착하셨을 때, 예수님은 "군대" 귀신에게 매우 심하게 괴롭힘을 당하던 한 남자와 마주치셨다. 그 남자는 무덤에서 살았으며, 자해 행동을 하고, 쇠사슬을 끊을 수 있는 힘을 갖고 있었다(막 5:1-20). 하지만 이 사람은 예수님께 달려와 그분 앞에 무릎을 꿇을 수 있었다. 그것은 도움을 간구하는 극적인 행동으로 볼 수 있다. 그 즉시 그 남자 안에 있던 귀신들이 나타나 그 사람이 예수님께 한 마디도 하지 못하게 방해했다. 그럼에도 불구하고, 예수님은 도움을 간구하는 그 마음을 이해하시고 어둠의 영역을 다스리는 그분의 권세를 행사해서 귀신들이 돼지 떼에 들어가도록 명령하셨다.

6. 현대 "구출 사역"이 답인가?

존 윔버, 찰스 크래프트, 닐 앤더슨, 에드 머피, 프레드 디카슨, 톰 화이트, 팀 워너, 짐 로간, 마크 부벡 같은 사람들의 사역과 책을 통해 주창된 현대 구출 사역은 상당한 논란을 불러일으켰다. 주로 귀신들이 그리스도인들에게 들어와 거주할 수 있다고 추정하는 것과 귀신의 괴롭힘을 당하고 있는 사람들에게 공격적으로 사역하는 방식(즉 악령을 "추방"하거나 떠나라고 명령해야 한다)과 관련해 의견충돌이 일어난다.

우리는 앞에서 귀신이 그리스도인에게 들어가 거주하면서 통제할 수 있다고 주장할 수 있는 성경적, 신학적, 역사적 증거가 충분히 있다는 점을 입증했다. 그 증거는 또한 괴롭힘을 당하는 신자가 예수님의 이름으로 권세를 행사하고 귀신에게 떠나라고 단호하게 명령하는 것이 적절함을 지지한다.

최근에 나온 「능력 대결」이라는 책에서, 데이비드 포울리슨(David Powlison)은 그런 행동이 적절하지 않다고 주장했다.[56] 포울리슨은 귀신들의 실재 및 그들이 그리스도인들에게 편만하게 영향력을 행사할 수 있다는 점을 믿지만, 그는 성경은 우리에게 악령을 추방하지 말라고 가르친다고 주장한다. 오히려 포울리슨은 곤란에 처한 그리스도인들이 그저 회개하고, 믿음을 발휘하고, 진리를 받아들이고, 하나님의 말씀에 순종하고, 기도하는 것이 필요하다고 제안한다. 이런 "고전적 방식"의 영적 전쟁은 마귀가 신자에게 저지를 수 있는 무슨 일을 다루는데도 적절하다.

나는 포울리슨이 단언하는 사역 접근법에 "아멘!"이라고 말하겠다. 하지만 나는 신자들이 그리스도의 이름으로 권세를 행사해 귀신을 다루는 것의 적절성을 포울리슨이 부정하는 이유에 대해서는 의문을 갖는다. 아이러니하게도, 초대교회 역사에서 "고전적 방식"의 영적 전쟁은 실제로 능력 대결 방식을 포함했다. 나는 앞에서 속사도시대의 새신자 교육에 논의하면서 이 점에 대해 간략하게 설명한 바 있다. 포울리슨이 "신비술을 행하는 자들은 귀신에게 떠나라는 명령이 아니라 회개가 필요하다"고 말하는데,[57] 그것은 초대교회 역사 전체와 상반된다. 새 신자들은 정말로 잡신들에 대한 충성을 포기하라는 요구를 받았다. 그리고 그들과 함께 일하는 기독교 지도자들도 그들에게 안수하고 더러운 영들에게 떠나라고 명령했다.

나는 현대 구출 사역에 여러 가지 심각한 결점과 문제들이 있다는 점에 대해서 포울리슨과 의견을 같이 한다. 나는 이 장의 마지막 부분에서 이런 문제들을 다룰 것이다. 하지만 나는 포울리슨이 신자들은 그리스도의 권세를 행사해 귀신을 추방하지 않아야 한다고 주장하는 것에 의문을 갖는다. 나는 예수님이 귀신들과 마주치셨을 때 우리에게 모범을 보여주신 것, 12 제자들의 사역, 70인의 사역, 사도행전에 기록된 바울의 사역이 지닌 규범적 측면들을 포울리슨이 경시한다고 생각한다. 또 나는 포울리슨이 교회사의 매우 중요한 흐름에서 배울 수 있는 것을 사실상 무시한다고 생각한다.

V. 귀신들을 다루는 방법에 대한 성경의 교훈들

귀신들이 그리스도인들에게 들어와 거주하면서 통제할 수 있다면, 그들은 이 반갑지 않은 침입자들을 피하고 제거하기 위해 무슨 일을 할 수 있는가? 우리는 심한 어려움을 겪고 있는 다른 신자들을 돕기 위해 무슨 일을 할 수 있는가? 중대한 성경적 개념에 근거해 작성한 다음 요약은 그리스도인들이 자신들의 삶 가운데 미치는 여러 형태의 악한 영향들, 특히 귀신의 악한 영향을 다룰 수 있는 방법들을 제안한다.

먼저 무엇보다도 하나님을 가까이 하라. 야고보서는 이 문제를 다룰 수 있는 가장 중요한 방법을 제시한다. "그런즉 너희는 하나님께 복종할지어다 마귀를 대적하라 그리하면 너희를 피하리라"(약 4:7). 어려움을 겪고 있는 신자들이 취해야 하는 가장 중요한 첫 번째 조치는 하나님을 가까이 하는 것이다. 30번의 상담 시간, 5번의 구출 사역 시간, 그리고 일주일에 2번 성경 공부 모임은 참으로 하나님을 의지하면서 그분을 찾지 않는 사람에게는 별 소용이 없다. 우리의 존재 가장 깊은 곳에서 하나님과 그분의 방법을 찾고자 하는 진실한 소망이 있어야 한다. 또 정반대로 악에서 돌아서려는 진정한 소망이 있어야만 한다.

온갖 종류의 악한 초자연적 영향력의 존재를 인정한 후에, 시편기자는 하나님의 백성에게 지존자를 그들의 거처와 피난처로 삼으라고 요청한다(시 91:1, 9). 그러면 하나님은 초자연적인 보호와 도우심을 베푸신다. 하나님은 심지어 "너를 위하여 그의 천사들을 명령하사 네 모든 길에서 너를 지키게 하심이라"(시 91:11). 하나님의 능력을 힘입어 그분의 백성은 "사자와 독사를 밟으며 젊은 사자와 뱀을 발로 누르리로다"(시 91:13). 이것들은 구약과 유대 상황에서 귀신을 나타내는 이미지들이다(참고. 눅 10:19).

하나님께 돌아서는 것은 사람의 영혼 깊은 곳에서 일어나는 일이다. 야고보는 그 다음 절에서 이것의 중요성을 되풀이해 강조한다. "하나님을 가까이 하라 그리하면 너희를 가까이 하시리라"(약 4:8). 이것은 의지의 결정적인 행위로, 하나님의 영의 인도하심에 대해 마음을 부드럽게 만든다. 하나님을 가까이 하는 행위에는 기도, 예배, 성경을 통해 자신을 하나님의 뜻에 노출시키는 것 등이 포함된다.

그 다음에 마귀와 그의 더러운 영들을 대적하라. 야고보가 주는 교훈의 두 번째 부분은 "마귀를 대적하라"는 것이다. 이 명령은 매우 중요해서, 바울과 베드로 둘 다 되풀이하여 강조한다(엡 6:11-13; 벧전 5:9). 이 구절은 그리스도인들 사이에 대단히 널리 알려져 있지만, 그것은 무슨 뜻인가? 어떤 사람이 마귀를 대적한다는 것은 무엇을 말하는가? 성공적으로 마귀를 대적하려면 다음과 같은 아홉 가지 확신과 행동이 필요하다.

1. 귀신의 공격을 받기 쉬운 영역에 주의하라

어떤 사람이 죄에서 돌아서거나 불순한 관계와 절연하려면, 그는 먼저 처리해야만 하는 악이 있다는 점을 인식하고 인정해야만 한다. 다양한 형태와 정도의 귀신적 영향력에 대해 생각하면서, 악령들이 그들의 지배력을 행사하려고 시도하는 방법들에 대해 고찰하는 것이 유익하다.

귀신적 영향력이 침입해 오는 길들

의도적으로 귀신을 불러들임	거짓 종교들, 주술, 요술
	영매술
과거의 영향이 남아있음	거짓 종교들, 주술, 요술,
	영매술
	가계의 영들 ("친숙한 영들")
무심결에 귀신을 불러들임	습관적으로 저지르는 죄(엡 4:27)
그리스도인들에 대한 특별한 공격	미혹, 유혹, 육체적 공격
	특별한 공격 기간(엡 6:13)
	교회의 선교 수행에 대한 반대,
	특히 복음 전파에 대한 반대

(1) 의도적으로 귀신을 불러들임

앞에서 논의한 것처럼, 신약 세계에는 영들을 노골적으로 초대해 그들과 함께 거주하도록 했다가 그리스도인이 된 사람들이 많이 있었다. 나는 바울이 에베소에서 사역하는 동안 영들을 추방시켜준 사람들 중에 이런 사람들이 있었을 것이라고 제안했다. 우리는 또 다음 몇 세기동안 교회가 계속해서 이방 종교에서 회심하고 또 마술, 주술, 요술에 관여한 경험이 있는 새로운 그리스도인들에게 이런 식으로 사역했다는 점을 언급했다.

지난 몇 년 동안 우리는 서구에서 여러 가지 영성에 대한 관심이 극적으로 증가하는 현상을 목도했다. 미국인들은 초자연적인 것을 경험하고자 하는 왕성한 욕구를 개발시켜왔다. 몇 년 전에, 바이올라대학교 이 사회의 한 이사가 나에게 최신 유행 잡지에 실린 글을 보여주었다. "타로 점 치료"를 옹호하는 그 글은 전통 심리학의 한계를 강조하면서 타로 카드를 사용해 유익한 영적 안내자와 멘토를 만나라고 격려한다. 그 저자는 "이런 영원한 초개인적 권세와 어려움에 처한 개인 간의 유대를 목격하는 것은 아름다운 일이다. 이 과정동안 많은 사람들이 이 새로운 영적 안내자가 그들의 일상생활에 들어오게 하는 방법을 배운다"고 언급한다.[58] 우리가 물어야 할 분명한 질문은 이런 사람들이 어떤 영적 권세를 얻는가 하는 것이다.

캐나다 남침례신학대학원 교수인 두안 개럿(Duane Garrett)은 「천사와 새로운 영성」이라는 책에서 최근에 일어난 천사 열풍을 탁월하게 분석했다.[59] 그는 지역서점의 뉴에이지 섹션에서 일반적으로 팔리고 있는 여러 책들을 주의 깊게 조사했다. 그 가운데는 「우리 안에 있는 천사들」, 「당신의 천사에게 물어 보아라」, 「천사들의 책」, 「희망의 수호자들」, 「자비의 천사들」 등이 포함되어 있다. 개럿은 이른바 새로운 영성은 새로운 것이 전혀 아니라고 결론을 내린다. 그것은 다신교와 가정의 수호신을 믿는 고대 전통이 복귀한 것이다. 사람들이 부르는 천사들은 성경적 기독교적 전통에서 말하는 천사들이 아니라, 전혀 다른 근원에서 나온 영들이다. 개럿은 "부드러운, 인격적 형태의 기독교 모습을 하고 있음에도 불구하고, 이런 책들은 전혀 다른 복음을 제공한다. 당신이 듣는 파닥이는 소리는 천사들이 아니라 박쥐들의 날개에서 나는 것"이라고 경고한다.[60]

많은 형태의 새 천사 영성이 지닌 특징 중 하나는 천사를 불러내는 것이다. 이 영적 존재는 보호, 위로, 인도, 그리고 심지어는 능력을 제공할 수 있다. 분석하는 과정에서, 개럿은 이런 형태의 영성을 지닌 자들이 천사들을 경험하고 이야기를 나눈다고 말할 때 단순히 상상을 하는 것인지, 아니면 정말로 영계와 어떤 종류의 교류와 소통을 하는 것인지 문제를 제기한다. 개럿은 적어도 일어나는 것의 일부는 믿기 힘든 상상력의 결과로 본다. 그럼에도 불구하고, 개럿은 천사를 사랑하는 많은 사람들이 실제로 사탄의 수행원들에게서 온 영들과 친교를 맺는다고 확신한다.

사이버공간이 만들어지고 범세계통신망에서 무수히 많은 사이트들을 검색할 수 있게 되면서, 천사들에게 요청하고 또 초자연적 존재들을 접촉하는 방법에 대한 정보를 얻을 수 있는 새로운 매체가 생겨났다. 인터넷에는 천사들이 사람들에게 말한 내용을 기록한 자료들뿐만 아니라 천사들과 소통하는 방법을 알려주는 자료들이 엄청나게 많이 있다. 간단한 한 인터넷 세션에서, 나는 추정컨대 천사장 라파엘이 사람들에게 천사들과 접촉하는 방법을 가르치는 교훈을 발견했다.

> 당신의 더 높은 자아와 인도자들인 사난다, 천사장 또는 승천대사와 함께 일을 시작하기 위해, 당신이 해야 할 일은 그들을 안으로 초대하는 것이다. 당신은 이 일을 하기 위해 공식적으로 묵상하거나 접촉하는 방법을 알 필요가 없다. 그냥 앉거나 누운 자세로 느긋하게 쉬면서 당신이 그들과 함께 일하려고 하는 의도를 말하라. 당신의 더 높은 자아의 에너지에 민감해지면서, 당신은 그들과 소통하는 시스템을 만들 수 있다……당신이 그들의 에너지를 강하게 느낄 수 있을 때, 당신은 그들에게 질문을 하고 에너지를 통해 반응을 얻어낼 수 있다.

소문에 의하면 성 저메인(St. Germain)에게서 나오는 정보를 제공하는 또 다른 인터넷 웹페이지는 "성경은 영계와 관련된 자료와 영계와 접촉하는 경험으로 가득하다"고 확언함으로써 이런 경험에 관여하는 것에 대해 그리스도인들이 가질 수 있는 염려를 없애버리려고 시도한다. 이런 일을 하는 전문가 중 많은 사람이 실제로 예수님을 천사들과 같은 수준에 놓고 생각하며, 또 그분을 영매술의 대상으로 삼는다. 물론 이런 천사들을 찾는 표면적 이유는 그들의 친절과 강력한 도움으로 유익을 얻고자 함이다. "그들은 당신이 영적으로 진보하도록 돕는 일과 당신의 삶의 문제들을 해결하는 일에 언제나 최선을 다할 것이다."

이 모든 것들은 사람들이 그들의 삶을 영적 존재의 거주 및 통제까지 개방하고자 하는 경향이 증가하고 있음을 보여준다. 그리스도인들이 그런 관례에 참여할 때, 그들은 자발적으로 자신들의 마음과 몸의 부분들을 악령의 지배하는 영향력에 굴복시킨다. 그들은 이것이 귀신의 영향력이 들어오는 길임을 인식하고 그것을 다루기 시작하는 것이 중요하다.

(2) 과거의 영향이 남아 있음

영매술, 주술, 요술 또는 다른 종교적 관례들에 관여하다 그리스도인이 되었으나, 그런 믿음과 관례를 아직 포기하지 못한 사람들은 직접적인 귀신의 영향력에 계속 자신들을 방치해 놓는 셈이다. 벽장문을 열어서 그 안에 있는 것들을 끄집어내 청소하고, 그리스도에 대한 충성을 새롭게 고백하는 것이 필요하다.

현대 구출 사역을 시행하는 거의 모든 전문 사역자들은 가계의 영(또는 "친숙한 영")이 있다고 말한다. 이 개념은 아버지의 죄가 3-4세대에 이르는 후손까지 미친다고 말하는 구약 본문들에 대한 호소(출 20:5; 신 5:9)에도 불구하고 직접적인 성경적 증거가 부족하다. 이 구절은 죄책과 그 결과로 생기는 처벌에 대해 말하는 것이지, 3-4대까지 전해지는 가계의 영에 대해 말하는 것이 아니다. 그럼에도 불구하고, 가계의 영이라는 개념은 두 가지 다른 방식으로 간접적인 성경적 지지를 받는다. 첫째, 귀신의 영향을 심하게 받는 소년에게 사역하시면서, 예수님은 그 아버지로부터 아들이 "어릴 때부터" 그런 끔찍한 상태에 처하게 되었다는 말을 들으신다(막 9:21). 그러므로 그 아이가 귀신의 영향을 받게 된 것은 그 아이가 저지른 죄나 거짓 신들에게 충성을 바치기로 선택한 결과가 아니었다. 그 영들은 어떤 다른 근원으로부터 그에게 전해졌는데, 아마도 가장 유력한 근원은 그의 가족일 것이다. 둘째, 어린아이들은 그들의 부모가 관여했던 나쁜 행동 양식들을 그대로 실행하는 경향이 있다. 따라서 열왕기상하와 역대기상하 같은 구약의 역사서를 읽을 때, 우리는 이스라엘의 왕들이 전형적으로 그들의 조상들의 악한 발걸음을 따르고 있는 모습을 발견한다. 성경 저자들은 종종 해당 설화에서 "그는 그의 아버지가 이미 행한 모든 죄를 행하고"라고 단언한다(왕상 15:3). 이런 경향들은 유전적이고 환경적일 뿐만 아니라 또한 영적 근원을 갖고 있을 수 있다. 이것은 우리가 이스라엘의 왕들이 되풀이해서 다른 신들에게 충성을 바친 내막을 조사할 때 특히 분명히 드러난다.

(3) 무심결에 귀신을 불러들임

에베소서 4:27에서 마귀에게 틈을 주는 것에 대해 말할 때, 바울은 습관적으로 죄를 지으면 사탄이 신자의 삶에 끼어들 가능성이 증가한다고 가르친다. 앞에서 논의한 대로, 바울은 이것을 악령이 거주할 공간을 내주는 것으로 말한다. 그것은 자신의 삶의 한 영역을 다스리는 통제권을 넘겨주는 것과 마찬가지이다. 에베소서 4장의 문맥에서 바울은 지나친 분노, 거짓되게 살고 거짓말을 함, 도적질을 명백히 언급하지만, 그것은 어떤 나쁜 행위를 계속하면 마귀에게 통제권을 넘겨주게 된다는 점을 나타내는 것 같다. 사탄은 그리스도가 통치하셔야 하는 영역에서 그의 통치를 다시 주장한다.

최근의 몇몇 해석자들은 구출 사역자들이 개인의 삶에 귀신을 끌어들인 죄의 문제가 있을 수 있다고 추정하는 것을 비판하면서 이 본문을 충분히 고려하지 못하고 있다.[61] 귀신의 괴롭힘은 죄의 결과로 생길 수 있다. 이 중요한 본문(엡 4:27)은 짐 로간(Jim Logan)이 영적 전쟁에 대해 최근에 쓴 유익한 책 「잃어버린 땅을 다시 되찾아라」의 배경을 이루고 있다. 로간은 "내가 삶 가운데 죄를 품으면, 사탄은 그것을 이용하려고 할 것이다"라고 올바르게 말한다.[62] 내 동료 덕 헤이워드(Doug Hayward) 박사가 개인 상담을 할 때 종종 관찰하는 것처럼, 귀신들은 이미 타고 있는 불에 기름을 끼얹기를 좋아한다. 육신의 악한 영향력에 굴복하는 것으로 시작되는 도덕적 문제는 더 큰 영적 문제로 확대될 수 있다. 파리와 쥐가 쓰레기에 몰려드는 것처럼, 불순한 생각과 행위는 더러운 영들을 끌어온다. 이것은 일정 기간 나쁜 행위를 저지르는 모든 사람이 결국 귀신의 영향을 받게 되리라는 뜻은 아니다. 하지만 그것은 죄의 심각성과 쓰레기를 치우고 불을 끌 필요성을 강조한다.

(4) 그리스도인들에 대한 특별한 공격

과거에 나쁜 영적 존재에 충성을 바친 일이나 죄를 저지른 적이 없는데도 사탄이 신자들에 대해 서서히 은밀하게 영향력을 행사하려고 시도하는 때가 있을 것이다. 영적 전쟁에 대한 고전적 구절에서, 바울은 어둠의 권세가 대단한 힘으로 맹렬하게 공격해 올 때를 상상했다. 바울은 바로 이때를 대비해서 그리스도인들에게 하나님의 전신갑주를 입으라고 권고한다. 바울은 그들에게 "하나님의 전신갑주를 취하라 이는 악한 날에 너희가 능히 대적하고 모든 일을 행한 후에 서기 위함이라"고 격려한다(엡 6:13). 이것은 베드로가 세 번 유혹에 굴복해서 그리스도를 부인했을 때 경험했던 것이다. 베드로가 넘어지기 직전에, 예수님은 그에게 "시몬아 시몬아 보라 사탄이 너희를 밀 까부르듯 하려고 요구하였으나"라고 경고하셨다(눅 22:31).

유혹, 그리스도인들을 속이려는 시도, 그리고 육체적 고통(고후 12:7)은 사탄이 그의 통제를 다시 주장하려고 시도하는 방법들 중 일부에 불과하다. 우리는 또 교회가 선교를 수행하는 것을 막기 위해 사탄이 할 수 있는 모든 일을 다할 것을 예상할 수 있다.

2. 단호하게 대적하라

악령이 지배력을 장악하기 위해 시도하는 방법을 명확히 분별한 후에, 그 악령을 반대하기로 결단하는 것이 중요하다. 이것은 하나님을 구하고 그분을 가까이 하는 조치를 취하는 것을 자연스럽게 보완하는 것이다.

이런 믿음의 행위에는 하나님이 겉보기에 불가능한 상황을 극복할 수 있도록 우리에게 능력을 주실 수 있음을 믿는 것이 포함된다. 끊임없이 자신들을 피해자로 보는 사람들 가운데에는 절망의 분위기가 있는 것 같다. 대적하기로 결정하는 것은 우리가 미리 결정된 틀에 갇혀 있지 않음을 믿기 시작하는 것이다. 즉 더 나은 장소로 빠져나갈 출구가 있음을 믿기 시작하는 것이다.

하나님 자신이 이런 종류의 믿음을 고무하실 수 있다. 하나님을 가까이 하기 위해 우리는 먼저 하나님이 "우리 가운데서 역사하시는 능력대로 우리가 구하거나 생각하는 모든 것에 더 넘치도록 능히 하실"(엡 3:20) 수 있음을 믿을 수 있는 능력을 간구해야 한다. 선지자 이사야는 하나님이 찾으시는 결의가 어떤 것인지 웅변적으로 표현한다. "주 여호와께서 나를 도우시므로 내가 부끄러워하지 아니하고 내 얼굴을 부싯돌 같이 굳게 하였으므로 내가 수치를 당하지 아니할 줄 아노라"(사 50:7).

3. 그리스도 안에 있는 당신의 정체성을 알라

대적하는 행위에는 진리를 제대로 알아서 마귀가 거짓말로 우리를 속이지 못하게 하는 것이 포함된다. 그리스도 안에 있는 우리의 새로운 정체성에 대한 진리를 알고 믿는 것이 특히 중요하다. 우리는 더 이상 우리 존재의 핵심이 부패한 것으로 보지 않고, 하나님 앞에 순결하고 거룩한 존재로 보아야 한다.

이것은 닐 앤더슨이 두 권의 영향력 있는 책 『이제 자유입니다』와 『내가 누구인지 이제 알았습니다』에서 표현한 구출 사역법이 강조하는 요점이다.[63] 닐은 사람들이 모든 죄를 참으로 용서받았으며, 하나님의 선물로 의롭게 되었으며, 영원히 하나님의 소유로 인치심을 받았다는 사실을 알게 하는 것의 중요성을 강조한다. 닐은 "너희가 진리를 알지니 진리가 너희를 자유롭게 하리라"(요 8:32)는 예수님의 약속이 지닌 효력을 가리킨다. 닐은 우리 교회 안에 있는 많은 사람들이 그들을 대신해 그리스도가 하신 일을 제대로 이해하지 못하기 때문에 패배한 삶을 살고 있다고 올바르게 관찰한다. "참소자"는 이런 소중한 신자들에게 그들이 여전히 벌레요, 더러운 죄인이며, 하나님의 은혜를 받아 누릴 자격이 없는 자들이라고 납득시켰다. 사도 바울이 되풀이해서 강조한 대로, 신자들은 자신들을 의로운 자이면서 하나님의 가족의 일원으로 간주해야 한다. 우리는 그리스도로 옷을 입었기 때문에, 하나님은 이제 우리를 그분의 소중한 기업으로 높이 평가하신다(엡 1:18).

4. 그리스도 안에서 당신이 갖고 있는 자원을 알라

이런 새로운 정체성을 이해하는 것과 밀접한 관련이 있는 것은 사탄과 그의 악한 세력을 대적할 수 있는 자신의 권세의 근거를 제대로 아는 것이다. 이 권세는 그리스도가 십자가에서 하신 사역 및 우리가 그 사역 안에서 그분과 동일시되는 것에 근거한다. 성경은 그리스도가 그분의 피로 죄에 대해 만족시키셨을 뿐만 아니라, 또한 이 희생과 그분의 부활 및 승천을 통해 그리스도가 정사와 권세를 물리치셨다고 말한다(골 2:15).

그리스도인이 될 때 사람들은 예수 그리스도와 새로운 관계를 맺는다. 많은 사람들은 그리스도와 이런 새로운 관계에서 흘러나오는 사귐을 갖고 교제하는 것만을 생각한다. 하지만 이 관계에는 종종 간과되는 또 다른 실제적인 측면이 있다. "그리스도 안에" 있다는 것은 우리가 그분의 죽음, 부활, 승귀 그리고 새 생명 가운데 그분과 연합되었음을 의미한다(특히 롬 6장; 엡 2:1-10; 골 2:9-15을 보라). 사도 바울은 그리스도의 부활과 승귀를 자신이 현재 귀신의 영역을 다스리는 권세와 명백히 결부시킨다. 에베소서 1장에서 바울은 신자들이 하나님의 능력을 충만하고 완전하게 누리게 되기를 기도한다. "그의 힘의 위력으로 역사하심을 따라 믿는 우리에게 베푸신 능력의 지극히 크심이 어떠한 것을 너희로 알게 하시기를 구하노라 그의 능력이 그리스도 안에서 역사하사 죽은 자들 가운데서 다시 살리시고 하늘에서 자기의 오른편에 앉히사 모든 통치와 권세와 능력과 주권과 이 세상뿐 아니라 오는 세상에 일컫는 모든 이름 위에 뛰어나게 하시고"(엡 1:19-21). 바로 다음 장에서, 바울은 신자들이 그리스도 안에 있으며 또 그들은 그리스도의 부활과 승귀에 그분과 함께 참여한다고 강조한다. "또 함께 일으키사 그리스도 예수 안에서 함께 하늘에 앉히시니"(엡 2:6). 이 모든 것이 의미하는 바는 그리스도가 지금 귀신의 영역을 다스리는 권세를 행사하시는 것처럼, 그분의 백성도 그런 권세를 행사한다는 것이다. 바울은 골로새서 2:9-10에서 이 점을 더욱 명백하게 밝힌다. "그 안에는 신성의 모든 충만이 육체로 거하시고 너희도 그 안에서 충만하여졌으니 그는 모든 통치자와 권세의 머리시라." 또 다시 바울은 신자들이 그리스도와 맺은 관계에 힘입어 귀신의 영역을 다스리는 그분의 주권을 공유한다는 점을 알기 원한다. 이것은 하나님이 우리 앞에 펼쳐 놓으신 길에서 벗어나도록 악령들이 우리를 어떤 식으로 유혹하든지 간에 우리가 악령들과 싸워서 이길 수 있는 권세를 갖고 있음을 의미한다.

우리가 그리스도와 맺은 관계에는 또한 그분 자신의 영을 받아들이는 것이 포함된다. 성령의 임재는 능력을 부여하는 자원이 될 뿐만 아니라, 신자로서 우리의 새로운 정체성의 근거가 되기도 한다. 성령은 우리를 그리스도의 몸에 통합시키는 일을 하시며, 또 장차 올 시대와 하나님 나라의 축복을 현재 경험하는 것이다. 성령은 우리가 악한 성향(롬 8:13) 및 적대적인 어둠의 세력의 영향력(엡 5:18; 6:18)과 싸움을 해나갈 때 우리에게 능력을 부여하신다.[64]

그리스도 안에 있는 우리의 정체성과 새로운 자원은 신자들이 곧 바로 파악할 수 있는 실재가 아니다. 그래서 바울은 에베소와 소아시아의 새 신자들에게 교리적 진리를 설명할 뿐만 아니라 또한 그들이 이런 중요한 개념들을 제대로 인식할 수 있도록 중보기도를 한다. 바울은 이런 진리들이 성령에 의해 그들에게 계시될 필요가 있으며, 또 그 진리들이 지적으로는 물론이요 정서적으로도 파악될 필요가 있음을 안다. 그래서 바울은 하나님 아버지께 "지혜와 계시의 영을 너희에게 주사 하나님을 알게 하시고 너희 마음의 눈을 밝히사……너희로 알게 하시기를" 기도했다고 이야기한다(엡 1:17-19).

5. 귀신들이 공격하는 근거를 다루라

사탄을 대적하는 일에는 악과 연관된 관계를 포기하고 단절하는 것이 포함된다. 거룩하고 순결한 하나님을 가까이 하기 위해, 우리는 우리 주님이 혐오하시는 것과 반드시 결별해야 한다. 정반대로 사탄을 물리치기 위해, 우리는 그를 끌어들이는 모든 것을 배척해야 한다. 다음에 진술된 내용은 우리가 앞에서 논의한 귀신의 영향력이 들어오는 길에 대응하는 방법들을 제시한다.

(1) 사악한 일들을 그만두고 단호하게 돌아서라

사도 바울은 새로운 그리스도인들이 "우상을 버리고 하나님께로 돌아와서 살아 계시고 참되신 하나님을 섬기기" 때문에 그들을 칭찬했다(살전 1:9). 데살로니가에서 최근에 회심한 이 신자들은 디오니소스, 이시스, 사라피스, 카비루스 및 다른 많은 종교 집단들과 연관된 관계를 단절했다. 이전에 다른 종교들과 맺은 유대 관계를 포기하는 것은 초대교회에서 새로운 그리스도인들이 제자훈련을 받을 때 필수적인 대단히 중요한 부분을 차지했다. 새 신자들은 토착 종교, 마술, 점술, 점성술과 연관된 관례를 부인하고 또 이런 관례들을 완전히 그만두라는 가르침을 받았다.

풀러신학대학원 인류학 교수인 찰스 크래프트는 이것을 "충성 대결"(allegiance encounter)이라고 부른다. 이것은 "어떤 사람의 궁극적인 충성이 세상과 그 가치로부터 하나님과 그분의 나라로 변화되는 것"을 말한다.[65] 나이지리아 선교사로 자신이 경험한 것을 말하면서, 크래프트는 그곳의 일부 그리스도인들이 어떻게 불건전한 이중 충성을 유지하고 있는지 묘사한다. 즉 그들은 그리스도를 받아들이는 기도를 했지만 동시에 그들의 전통적인 종교적 믿음과 관례들을 계속 고수했다.[66] 아프거나 영으로 인해 문제가 생겼을 때, 그들은 그리스도를 의지하기보다는 지역 무당을 찾아갔다. 이런 소중한 신자들은 그들의 필요를 채우기에 충분한 능력을 갖고 계신 그리스도께 온전히 헌신하는 것이 필요했다.

이 원리는 정령숭배 문화에 살고 있는 사람들뿐만 아니라 서구인들에게도 해당된다. 그리스도는 우리에게 모든 우상(거기에는 돈이나 섹스도 포함된다; 엡 5:5; 골 3:5을 보라), 모든 사악한 관계, 그리고 그분에 대한 우리의 헌신을 다른 데로 돌리는 모든 헌신의 대상으로부터 돌아설 것을 요구하신다. 이런 포기에는 하나님께 그것을 죄로 고백하고, 또 그 죄를 용서해 주시는 그분의 신실하심을 신뢰하는 것이 포함된다(요일 1:9).

(2) 당신의 가족 가운데서 이루어지고 있는 사악한 생활방식, 행위 및 관계에 참여하지 말라

열왕기상하는 솔로몬 이후에 등장한 이스라엘과 유다의 여러 왕들을 그들의 아버지와 조부의 죄에서 돌아섰는지의 여부에 따라 평가했다. 다음 왕들에 대해 무어라 말하는지 주목해 보라.

> 아비얌: "아비얌이 그의 아버지가 이미 행한 모든 죄를 행하고"
> (왕상 15:3)
> 나답: "그가 여호와 보시기에 악을 행하되 그의 아버지의 길로 행하며 그가 이스라엘에게 범하게 한 그 죄 중에 행한지라"(왕상 15:26)
> 바아사: "바아사가 여호와 보시기에 악을 행하되 여로보암의 길로 행하며 그가 이스라엘에게 범하게 한 그 죄 중에 행하였더라"
> (왕상 15:34)
> 아하시야: "그가 여호와 앞에서 악을 행하여 그의 아버지의 길과 그의 어머니의 길과 이스라엘에게 범죄하게 한 느밧의 아들 여로보암의 길로 행하며"(왕상 22:52)

한 가족 내에서 죄악에 물든 행동 양식이 다음 세대들에 늘 그대로 반복된다는 점을 인식하는 것이 중요하다. 이스라엘의 왕들은 종종 대를 이어가면서 계속 다른 잡신들에게 헌신하다가(실제로 그것들은 귀신이었다; 신 32:17을 보라), 누군가가 나타나 하나님을 찾고 이런 거짓 신들을 포기하고 그들의 모든 우상들을 허물어버리거나 제거했다. 이스라엘의 왕들이 이런 속이는 영들에게 맹세를 했기 때문에, 귀신들은 그 왕들의 자녀들에 대한 권리를 주장했으며, 그 결과 속박의 악순환이 계속되었다.

이 원리는 오늘날에도 여전히 타당하다. 우리 부모와 조상이 한 영적 봉헌과 헌신은 우리에게 직접적인 영향을 끼친다. 이런 과거 맹세와 연관된 귀신들은 다음 세대에 그들의 권리를 주장할 것이다. 마찬가지로 악령들은 다음 세대들 가운데서도 악에 물든 가족의 행동 양식을 이용하고자 할 것이다. 예를 들어, 새로운 그리스도인의 가족에 성적 죄나 외도를 저지르는 행동 양식이 형성되어 있다면 이것은 그가 앞으로 겪을 문제가 될 공산이 크다. 이것은 부분적으로 여러 가지 좋지 못한 본보기와 유전적 성향의 탓으로 설명할 수도 있지만, 거기에 영적, 초자연적 측면이 있는 것도 사실이다. 이것은 이미 거기에 있는 죄악에 물든 성향을 따라 움직이는 개인을 강력하게 유혹함으로써 사탄이 공격하려고 나설 영역이다.

해결책은 죄악에 물든 경향과 자신의 가족이 과거에 행한 사악한 헌신과 충성을 인식하고 그것들을 부인하는 것이다. 이것은 결코 자신의 가족을 부인하는 것이 아니고, 다만 죄악에 물든 생활양식과 관계들을 부인하는 것일 뿐이다 처음 3세기동안 초대교회는 새로운 그리스도인들이 회심할 때에 이런 포기를 선언하는 일을 몹시 강조했다.

이런 부인을 한 다음에는 새로운 가족, 즉 하나님의 가족에 대한 충성을 선언해야만 했다. 그러고 나서 우리는 이 새로운 가족의 성격적 특성을 함양할 수 있도록 도와달라고 하나님께 요청할 수 있다.

(3) 죄에서 돌아서라

신자들은 죄가 되는 행위를 함으로써 무심결에 자신들의 삶 가운데 귀신을 불러들일 수 있다. 그러므로 죄에서 돌아서고, 죄를 고백하고(요일

1:9), 귀신에 대적할 수 있는 힘을 달라고 성령께 요청하는 것이 극히 중요하다. 죄에서 돌아서고 의를 적절하게 사용하는 것은 성공적인 영적 전쟁을 할 때 입는 하나님의 전신갑주 중 호심경에 해당한다(엡 6:14을 보라).

(4) 하나님께 인내할 수 있는 힘을 달라고 간구하라

귀신으로 인해 생기는 모든 고통이 죄악에 물든 행위나 과거에 행한 사악한 충성의 결과는 아니다. 하나님은 그분의 목적을 이루시기 위해 또는 그냥 우리가 여전히 현재의 악한 시대에 살고 있기 때문에 사탄이 공격하는 것을 허락하실 수도 있다. 사탄의 천사가 안긴 "육체의 가시"로 고통을 겪을 때, 바울은 우리에게 중요한 모범을 보여주었다(고후 12:7-10). 귀신이 개입한 것을 분별했을 때, 바울은 처음에 그에 맞춰 문제를 다루었다. "이것이 내게서 떠나가게 하기 위하여 내가 세 번 주께 간구하였더니"(고후 12:8). 그러나 이런 육체적 고통을 허락하신 하나님의 목적을 인식한 후에, 바울은 하나님의 능력을 의지해서 자신이 처한 어려운 상황을 견디기 시작했다. 하나님은 바울에게 그리고 우리에게 또 이렇게 확언하셨다. "내 은혜가 네게 족하도다 이는 내 능력이 약한 데서 온전하여짐이라." 바울은 고난 가운데서 하나님의 능력을 경험했다.

중보기도는 이런 종류의 사악한 장애물을 극복하는 또 한 가지 방법이다. 예수님이 시몬에게 사탄이 밀 까부르듯 하려고 그를 요구한다고 경고하신 후에, 예수님은 이렇게 위로의 말씀을 주셨다. "그러나 내가 너를 위하여 네 믿음이 떨어지지 않기를 기도하였노니"(눅 22:32). 예수님은 이미 베드로를 위해 기도하셨다. 하나님께 베드로를 강하게 만드셔서 다시 일어설 수 있게 해달라고 요청하셨다. 바울도 자신이 사역한 기독교 공동체들에 이런 종류의 중보기도의 모범을 보여주었다. 바울은 골로새인들에게 이렇게 기도하고 있다고 말했다. "너희로 하여금……그의 영광의 힘을 따라 모든 능력으로 능하게 하시며 기쁨으로 모든 견딤과 오래 참음에 이르게 하시기를 원하노라"(골 1:11).

6. 필요하다면 직접 단호하게 귀신을 처리하라

이제까지 개략적으로 설명한 귀신 다루기 전략은 귀신 "추방"에 대해 아무 것도 말하지 않았다. 귀신 추방은 항상 반드시 해야 하는 일은 아니다. 사람이 그리스도를 가까이 하면서 죄를 포기하고 그리스도 안에 있는 자원을 적절히 사용하면, 종종 귀신들이 떠나갈 것이다. 야고보는 "마귀를 대적하라 그리하면 너희를 피하리라"고 말한다(약 4:7). 앞에서 살펴본 것처럼, 대적하는 일에는 일련의 행동이 수반되는데, 거기에는 귀신은 떠나라고 단호하게 명령하는 것이 포함될 수도 있고 포함되지 않을 수도 있다.

하지만 그리스도 안에 있는 자신의 권세를 사용해서 귀신은 떠나라고 명령하는 것이 전적으로 적절하고 필요할 때가 있다. 그리고 이때 무엇보다도 그런 명령을 하는 권세가 그리스도와의 연합에서 유래한다는 점을 아는 것이 중요하다. 그런 경우들에, 우리는 우리 자신의 권세가 아니라, 그리스도의 권세 안에서 행동한다. 우리는 그리스도와 연합하고 그분으로 충만해지고, 따라서 귀신의 영역을 다스리는 그분의 권세를 공유한다(골 2:9-10을 보라). 그와 같은 상황에서는 귀신에게 떠나라고 단호하게 명령하는 것이 필요하다. 하지만 이것은 하나님께 기도하는 것이 아니다(물론 귀신을 대적하는 전 과정은 기도로 준비하고 또 중보기도의 후원을 받아야 한다).

구출 사역에 대해 글을 쓴 사람들 사이에 그리스도 안에 있는 권세를 가지고 다른 사람 안에 있는 귀신에게 떠나라고 명령하는 것이 적절한 일인지 논란이 있었다. 다시 말해서, 분명히 귀신의 괴롭힘을 당하고 있는 개인에게 사역하면서, 우리는 오로지 당사자가 그리스도 안에 있는 권세를 행사해서 거주하고 있는 귀신에게 떠나라고 명령할 수 있게 만드는 것을 목표로 삼아야 하는가? 아니면 귀신들이 거주하고 있는 것을 분별해 낸 후에, 우리가 직접 개입해서 그 귀신들이 떠나도록 명령해야 하는가?

이 문제는 때때로 "진리 대결"(truth encounter) 또는 "능력 대결"(power encounter) 접근법의 차이로 설명된다. 하지만 그와 같은 호칭은 문제를 지나치게 단순화한다. 두 접근법 다 하나님의 능력에 의지하고, 사람들에게 기독교 신앙의 진리를 알고 사용할 것을 격려하기 때문이다. 그보다는 "자기축사"(self-deliverance) 또는 개입식 접근법(intervention-based approach)으로 구분하는 것이 더 좋다. 하지만 이런 구분조차도 다소 인위적이다. "진리 대결" 접근법을 실시하는 자들도 어느 정도 개입해서 영들의 존재를 분별해 내고, 심지어는 직접 그들에게 침묵하고 어떤 식으로든 그들의 존재를 나타내지 말라고 명령하기 때문이다.

나는 사람들이 신앙의 기본 진리들(예를 들어, 죄사함, 죄책으로부터의 자유, 그리스도와의 연합)을 이해하고 적용하는 것을 돕고자 하는 진리 대결 접근법에 박수를 치며 동의한다. 그럼에도 불구하고 나는 그 접근법이 부인하고 있는 것이 타당하다는 증거를 찾아볼 수 없다. 즉 그 접근법은 성숙한 신자가 다른 사람을 대신해 귀신에게 떠나라고 명령할 수 있음을 부인한다. 하지만 예수님, 12 제자, 70인, 바울의 모범과 초대교회의 수많은 예들은 개입식 접근법이 적절함을 가리킨다.

간단한 유추를 해보면 이 문제를 분명히 하는데 도움이 될 것이다. 내가 심각한 자동차 사고 현장을 목격하고 피해자가 중상을 입은 채 길 한복판에 누워 있는 모습을 본다면, 흐르는 피가 멈추도록 압박을 가하는 것이 필수적이다. 이때 그 사람에게 스스로 붕대를 감는 방법을 가르치는 것은 부적절하다. 물론 그 사람의 몸이 어느 정도 회복되어 스스로 붕대를 갈아야 할 때가 올 것이다. 그러나 지금 이 순간에 그 사람은 사랑이 넘치고 숙련된 누군가의 도움이 필요하다.

초대교회는 사람들이 최근에 그리스도에 대한 믿음을 고백하고 막 신앙생활을 시작한 경우에 기독교 지도자들이 개입할 필요성을 인정했다. 반면에 그리스도인이 된 후 상당한 시간이 지난 사람들에게 개입식 접근을 한 사례는 별로 많지 않다. 하지만 초대교회와 오늘날의 교회를 비교해 볼 때, 우리는 현대 교회의 경우 새로운 그리스도인들의 등록 과정에서 귀신 문제들이 거의 다루어지지 않는다는 점을 명심할 필요가 있다. 사실상, 새 신자들의 훈련의 질은 우리가 그것을 니케아 공의회 시대 이전의 교회들에서 시행된 3년 과정의 교리문답과 비교해 볼 때 종종 매우 부족해 보인다. 따라서 초대교회의 그리스도인들보다 그리스도를 믿은 지 5년 이상이 된 오늘날의 그리스도인들 가운데 해결되지 않은 죄와 귀신 문제들이 더 많이 있을 수 있다.

물론, 가장 중요한 문제 중 하나는 언제 그리스도의 이름으로 권세를 취해서 귀신에게 떠나라고 명령하는 것이 적절한가 하는 것이다. 그리고 이것과 밀접하게 관련된 문제는 귀신의 존재를 어떻게 분별하며, 또 그것을, 예를 들어, "육신의 정욕"과 어떻게 구별하는가 하는 것이다. 나도 우리가, 예를 들어, 세균성감염증을 확실하게 진단할 수 있는 것처럼 귀신의 존재를 확실하게 분별할 수 있게 도와주는 확고부동한 기준을 알고 있는 것은 아니다. 많은 사람들이 직접적인 대결을 해야만 하는 귀신의 활동을 가리키는 증상 목록을 만들려고 시도해 왔다.[67] 그 사람이 공중부양이나 괴력 같은 초자연적 힘이나 능력을 나타내지 않는다면, 단순히 일련의 증상만 갖고 귀신의 존재를 진단하기는 어렵다. 전에는 귀신의 명백한 징후로 여겨졌던 많은 증상들이 종종 심리학적으로 타당하게 설명되는 경우가 있다. 머리에 들리는 음성, 다른 인격들의 존재, 기이한 행위, 환각 경험, 발작 등 이 모든 것들을 의학적으로나 심리학적으로 설명할 수 있다. 하지만 다른 한 편으로, 그것들은 귀신이 야기한 고통으로 볼 수도 있다. 여러 종류의 영매 경험과 활동 역시 귀신의 영향일 가능성이 있다.

영적 문제들은 영적 분별력을 요구한다. 우리는 사람들에게 사역하면서 성령의 인도하심과 감동하심을 받아들이는 민감성을 개발할 필요가 있다. 우리가 실제로 일어나는 일이 무엇인지 분별하려고 하면서 실증적 증명을 하는 것이 종종 어려울 수 있다. 예를 들어, 우리는 우리의 삶 가운데서 성령의 임재를 나타내거나 증명하는 실증적 증거를 제시하라는 상당한 압박을 받을 것이다. 우리는 우리의 변화된 행위 또는 우리의 삶 가운데 나타나는 기쁨, 목적의식, 만족 등을 가리킬 수 있지만, 이것들은 과학적 증거로 간주되지는 않을 것이다. 그러나 성령은 우리가 가장 적절한 방법으로 사람들에게 사역할 수 있도록 우리의 삶을 인도하시고 능력을 부여하시는 하나님의 임재이다.

귀신의 존재를 가리키는 증거가 있고 성령이 우리에게 이런 결론을 확증하실 때, 우리는 그리스도 안에 있는 우리의 권세를 행사해 귀신(들)은 떠나라고 명령할 수 있다. 그저 이렇게 말하는 것이 적절할 때가 있다. "이 문제를 야기한 귀신이 있다면, 나는 이제 주 예수 그리스도의 이름으로 너에게 떠날 것을 명령하노라!"

분별하는 과정 및 귀신들과 직접 대결하는 것에 대해 훨씬 더 많은 말을 할 수 있고 또 그럴 필요가 있지만, 이 장의 목적상 우리가 그리스도 안에서 권세를 갖고 그와 같은 직접적 행동을 취할 수 있으며 또 그것이 적절할 때가 있다는 점을 주장하는 정도로 마무리하고자 한다.

7. 그리스도의 몸에 제대로 붙어 있어라

많은 영적 취약성은 그리스도의 몸에서 떨어져 지내면서 생긴다. 사도행전은 복음이 전파되는 이야기일 뿐만 아니라, 기독교 공동체가 발전되는 이야기이기도 하다. 사도 바울이 복음을 새로운 지역에 선포하는 것만으로는 충분하지 않았다. 바울은 새로운 신자들을 함께 모아 정기적으로 예배, 가르침, 교제 및 기도를 하는 공동체를 세우기 위해 열심히 일했다. 바울은 자신이 쓴 편지마다 이런 공동체들이 서로 사랑을 표현하는 방법에 근거하여 그들이 하고 있는 일을 평가한다.

메시지와 공동체는 함께 간다. 어떤 사람이 그리스도인이 될 때, 성령은 그 사람을 그리스도뿐만 아니라 다른 그리스도인들과도 연합시킨다.

신자들은 신앙이 성숙해지면서 서로가 필요하다.

　신약에는 공동체보다 더 많이 언급되는 주제가 별로 없다. 하지만 교회 역사상 어느 때보다도 오늘날 교회 안에는 공동체가 부족해 보인다.

　그리스도의 몸에 제대로 붙어 있는 것에는 매주 일요일이나 토요일 저녁에 열리는 큰 행사에 참석하는 것보다 훨씬 더 많은 것이 포함된다. 그것은 신자들이 주 1회 (또는 더 자주) 소그룹 모임을 갖거나 영적 멘토를 만나고, 성경을 공부하며, 매일 부딪치는 문제들에 말씀을 관련시키고, 서로 친밀하게 삶을 나누며, 서로를 위해 열심히 기도하는 것을 의미한다. 그것은 당신을 돌보아 주고 당신을 위해 언제나 거기에 있는 "가족"을 갖는 것을 의미한다.

　귀신의 역할을 충분히 이해하고 또 귀신들의 존재를 분별해 냈을 때 그들을 추방하는 일을 주저하지 않을 기독교 상담 센터 역시 구출/치유 과정에서 그리스도인 공동체가 결정적인 역할을 담당한다는 점을 잘 안다. 그들은 모든 피상담자에게 지역교회에 정기적으로 출석할 뿐만 아니라, 또한 한 명의 영적 멘토와 기도 파트너로 도와줄 4-5명의 소그룹을 만들 것을 요구한다. 그러니까 전문 상담자는 어떤 사람이 그리스도 안에서 온전해지도록 돕는 일을 하는 큰 팀의 한 구성원에 지나지 않는다.

8. 기도하고 또 기도 후원을 요청하라

　기도는 영적 전쟁의 핵심이고 정수이다. 하나님의 전신갑주를 묘사하면서, 바울은 기도를 가장 현저하게 언급한다. 하지만 우리는 어떻게 기도하는가?

　우리는 먼저 우리자신을 위해 기도한다. 기도는 하나님과 친밀한 소통을 나타내며, 기도로 우리는 전능하신 하나님 아버지께 우리를 위해 싸워달라고 간청한다. 그러나 기도는 거기에서 끝나지 않는다. 우리는 다른 신자들의 기도가 필요하다. 사도 바울은 기도의 필요성을 인식하고 에베소인들에게 자신을 위해 기도해 달라고 촉구했다. 다른 한 편으로, 바울은 그들이 얼마나 많이 기도가 필요한지 인식했으며, 또 자신이 그들을 위해 어떻게 중보기도를 했는지 보고한다. 1장에서 논의한 대로, 나는 소그룹 기도 시간을 영적 전쟁을 위해 서로 무장하는 기회로 보아야 한다고 확신한다.

9. 그리스도가 승리를 주실 것을 기대하라

귀신의 영향력 및 공격으로 어려움을 겪고 있는 사람들은 낙관적으로 생각할 필요가 있다. 그들은 탈출구가 없는 상황에 갇혀 있는 것이 아니다. 그리스도 안에 소망이 있다. 예수님의 권고를 따라, 야고보는 이렇게 약속한다. "마귀를 대적하라 그리하면 너희를 피하리라"(약 4:7).

VI. 피해야 할 지나친 일들

영적 전쟁이라는 주제와 관련해 논란이 되는 문제들이 많이 있다. 이 중 일부는 우리 문화와 관련이 있다. 많은 사람들이 악령의 실재를 믿지 않는다. 그러나 그 중 일부는 엉뚱하고, 균형을 잃고, 부적절한 많은 생각 및 관례와 관련이 있다. 현대 구출 사역에 대한 비판 중 많은 것들이 타당하다. 여기에 우리가 그리스도를 높이고, 효과적인 사역을 하고, 균형잡힌 성경적 관점을 유지하려고 시도하면서 피해야 할 지나친 일들이 있다.

1. "의심나면 축사하라"

일부 사람들은 귀신을 사람에게 생길 수 있는 거의 모든 문제 뒤에 숨어서 부추기는 주된 세력으로 본다. 그들은 어떤 사람의 심리학적 의학적 배경에 거의 또는 전혀 관심을 기울이지 않고, 곧 바로 여러 영들을 공격적으로 비난하면서 그 사람에게서 떠나라고 명령한다. 이런 접근법은 무섭고 위험하다. 그것은 그 사람을 대결 전보다 더 두렵게 만들고, 또 일반적으로 더 나쁜 상태에 처하게 할 수 있다.[68]

2. 귀신들의 말을 무비판적으로 받아들이는 태도

귀신에게 정체를 나타내고 질문에 대답하라고 명령하는 것이 타당한지 상당한 논란이 있다. 이 문제에 대해 어떤 입장을 취하든지 간에, 귀신이 말한 내용을 평가할 때 상당한 분별력이 필요하다. 귀신들이 상습적인 거짓말쟁이며, 초대 기독교에서 흔히 "속이는 영"으로 언급된 것은 다 아는 사실이다.

나는 구출 사역을 하면서 귀신이 어떤 사람에게 말하거나 어떤 사람을 통해 말한 모든 것을 기록하던 사람과 이야기를 나눈 적이 있다. 그러고 나서 이 사람은 그 정보를 사용해서 자신의 전략을 세우고, 귀신의 계급과 방법을 알아내고, 귀신들이 해당 지역에서 활동하는 계획 등을 찾아냈다. 그 사람이 지혜가 자라고 귀신이 말한 내용이 현실과 부합하지 않는다는 것을 발견하면서, 그는 곧 이런 관례를 포기했다.

3. 상담에 대한 독단적인 접근 자세

현대 구출 사역이 출현하면서 독립적인 구출 사역 전문가를 자처하는 개인들이 등장하게 되었다. 교회들이 전통적으로 목회 상담을 통해 제공해 오던 도움을 종종 비난하고 또 정신 치료적 지원을 자주 비방하면서, 이런 사람들은 자신들이 영적 문제를 신속하게 처리하는 방법과 효과적인 구출 사역 기술을 안다고 자처한다.

하지만 교회는 영적 주술사를 받아들일 수 없다. 은사가 있는 사람들을 인정하고 그런 은사를 행사할 수 있는 기회가 주어져야 하지만, 개인의 은사는 몸 안에서 활용되어야 한다. 즉 구출 사역은 사람들이 그리스도 안에서 성장하도록 돕는 일련의 사역 안에 있는 한 고리에 지나지 않다.

4. 곧 바로 너무 많은 것을 기대하는 심리

사람들은 기술, 프로그램, 공식에 지나치게 의지하는 자연적인 경향을 갖고 있을 뿐만 아니라, 그들은 또한 즉각적인 결과를 원한다. 이것은 특히 미국 문화에 맞는 말이다. 구출 사역을 하면서 예수님이 친히 신자의 성장과 발전을 위해 시작하신 제자훈련을 간단히 실시하는 것에는 상당한 위험이 따른다. 이것은 특정한 전문 사역자들이 실행하는 방법에 나타나는 문제일 뿐만 아니라, 피상담자가 지닌 인식의 문제이기도 하다.

탈봇신학대학원의 동료였던 닐 앤더슨은 귀신 문제로 고통을 당하는 신자들을 돕기 위해 "그리스도 안에서 자유를 누리게 하는 7단계"라는 프로그램을 만들었다.[69] 많은 사람들이 이 프로그램을 통해 상당한 도움을 받고, 그리스도 안에서 자신들의 정체성을 더 잘 이해하게 되었으며, 또 이런 지식을 갖고 죄와 귀신의 영향력에 맞서 이기는 방법을 배웠다. 유감스럽게도, 일부 사람들은 이런 7단계를 성공을 보장해 주는 마술 공식으로 바라보았다. 그들은 단계를 하나씩 완료하고 나서 실제로 아무런 변화도 일어나지 않았다고 불평하고, 자신들에게 매우 심각한 문제가 있는 것은 아닌지 궁금해 하기 시작했다.

이것이 바로 인식의 문제이다. "그리스도 안에서 자유를 누리게 하는 7단계"는 의미 있는 제자훈련, 예배, 기도 후원, 교제, 가르침, 성장 등 큰 맥락에서 사용되어야 한다. 그것들은 신자들의 삶의 전쟁 가운데서 유혹을 없애거나 계속되는 싸움을 들어내는 기술이 아니다.

1장에서 설명한 대로, 영적 전쟁은 삶을 총체적으로 바라보는 방법이다. 치유와 성장은 시간이 걸리며 인내가 필요하다. 나는 하나님이 그분의 백성을 여러 형태의 속박에서 구출하실 수 있으며 또 실제로 구출하신다는 사실을 믿지만, 나는 또한 하나님이 그리스도의 몸을 만드셔서 상처 입은 자들이 계속 회복되고 성장할 수 있도록 돌보아 주는 환경을 제공하신다는 사실을 안다.

5. 전투에서 이기고 전쟁에서 지는 실수

우리는 또 특정한 귀신 문제에 집중하다가 전인을 돌보는 일을 소홀히 하는 함정에 빠지지 않도록 주의해야 한다. 우리가 귀신의 영향으로 생긴 밤공포증을 다룰 수 있도록 돕긴 하지만 부부 사이에 의사소통을 제대로 하도록 조언해주지 않아서 그 부부가 이혼하게 된다면 그것이 무슨 소용이 있겠는가?

6. "기독교적 마술"

학자로 활동하면서 나는 성경에 대한 글뿐만 아니라 또한 그리스 로마 시대 마술, 주술, 점성술, 신비종교 등에 대한 글도 썼다. 그렇게 연구하고 글을 쓴 결과, 나는 사도 바울이 그리스도와 맺은 관계의 중요성을 계속해서 강조하고, 또 어린 신자들이 하나님에 대한 마술적 세계관과 접근법에서 벗어나도록 애쓰는 놀라운 방법을 알게 되었다. 또 이 조사 결과 나는 "기독교적 마술"을 개발시키는 유형들을 예리하게 식별할 수 있게 되었다. 그런 유형들은 오늘날 특히 영적 전쟁에 대한 현대적 논의에서 많이 찾아볼 수 있다.

이것은 또 초대교회 역사에서 그리스도인들이 겪은 싸움이었다. 교회의 처음 몇 세기 동안 귀신의 영향력에 대해 다루면서, 신자들은 종종 승귀하신 그리스도와 맺은 관계보다는 그들이 전에 하던 관례와 기술에 더 의존했다. 사도행전 19장에서 마술을 포기하고 마술책을 불사른 에베소 신자들의 모범을 따르지 않고, 그들은 계속해서 기독교와 마술적 관례 및 믿음을 혼합시켰다. 그들은 그리스도와 맺은 관계보다 기술을 강조했다. 그들은 내주하시는 그리스도와 그분의 영의 능력을 의지하는 것보다 천사 활용을 더 강조했다. 그들의 혼합주의적 접근법에 대해 몇 가지 예를 들자면, 그들은 기독교적 상징, 이름, 구절에 마술적 능력을 부여했다. 그들의 관례는 여러 자료들을 통해 우리에게 알려졌다. 그리스어나 콥트어로 쓴 기독교적 마술 파피루스, 기독교적 마술 부적, 그리고 그리스도인들이 편집하고 보존한 유대 마술 문서 등이 있다. 실제로, 샌프란시스코 하퍼 출판사는 최근에 기독교적 마술 문서들을 편집한 책을 출판했다. 대부분 3세기부터 10세기에 해당하는 연대에 기록된 문서들이다. 그 책의 제목은 「고대 기독교적 마술」이다.[70] 내가 보기에 고대 마술 관례와 현대 구출 사역은 네 영역에서 유사성을 나타내고 있다.

(1) 정형화된 기도를 강조함

영적 전쟁에 대한 일부 현대 서적들은 때때로 거의 정형화되다시피 한 모델 또는 패턴 기도를 제시한다. 성 유다에게 일곱 번 무슨 기도를 하면 우리가 구하는 것을 얻게 될 것이라고 제안하는 신문 광고를 보면 다양성을 찾아보기가 어렵다. 그러나 일부는 "이것은 효과적인 기도입니다"라는 언급을 해서 그 사람이 기도하는 분에 능력이 있는 것보다 그 기도에 능력이 있는 것 같은 인상을 준다. 그러나 다시 문제는 사람들이 패턴 기도에 반응하는 방식에 있다. 일부 사람들은 이런 기도들을 참고할 모델로 보기보다 강력한 공식으로 잘못 받아들인다. 똑같은 원리가 주기도문에도 해당된다. 주기도문은 암송 공식보다 참고 모델로 제공된 것이다.

(2) "효과 있는 것"을 지나치게 강조함

그리스 마술사들이 성공을 보장하는 기술과 의식을 추구한 것처럼, 구출 사역을 하는 일부 사람들도 구출 과정에서 효과가 있는 것처럼 보이는 모든 전략을 분류해 목록을 작성함으로써 영적 전쟁이 아니라 사이비 과학을 한다. 그렇게 함으로써, 종종 그리스도의 인격을 평가절하하고 기술을 높이는 경우가 있다.

(3) 즉각적인 치유를 강조함

앞에서 논의한 대로, 때때로 한 두 번의 세션으로 어떤 사람의 삶에서 발생한 특정한 문제나 어려움이 완전히 사라질 것이라는 잘못된 기대를 불러일으킬 수 있다. 귀신들을 추방한다 하더라도, 사악한 영향력, 나쁜 습관, 죄 등이 남아 있어서 장기간에 걸쳐 그것들을 다루어야 한다.

(4) 천사 및 천사 호출을 강조함

초기 기독교적 마술은 천사들에 현혹되었다. 그들은 귀신들로부터 구출받기 위해 천사들을 자주 불러냈다. 심지어 초대 그리스도인들이 보존하고 사용한 한 문서(「솔로몬의 언약」 18)는 어떤 증상을 야기한 책임이 있는 귀신을 반대하기 위해 어느 천사를 호출해야 하는지 제시해 놓았다. 구출 사역에 종사하는 일부 사람들은 구출 사역 시 그들과 함께 일할 천사들에 대해 더 배우고, 또 천사들과 소통하는 라인(선)을 개발하려고 시도하고 있다. 바울의 골로새서는 이런 관례에 대해 명백한 입장을 밝힌다. 이것은 분명히 당시 골로새 교회 내에 있는 한 그룹이 옹호하던 관례였다. 바울은 그들에게 천사를 호출하지 말고(골 2:18) 그리스도만을 의지하라고 권고한다. 그리스도는 그분의 백성을 인도하시고 능력을 부여하시며(골 2:19), 십자가에서 권세를 물리치셨고(골 2:15), 창조주이시며(골 1:16) 모든 권세를 다스리는 머리가 되시고(골 2:10), 우리를 그분께 연합시키시며 또 우리에게 어둠의 영역을 다스리는 그분의 권세를 공유할 수 있는 자격을 부여하신다.

7. 국제적 사탄교의 음모에 대한 믿음

지난 20년 동안, 특히 지난 10년에, 극악한 아동학대를 저지르는 다세대 사탄교의 존재에 대해 추측과 논의가 난무했다. 처음에 기독교 진영에 열풍이 닥친 것은 마이클 완키(Michael Warnke)가 쓴 인기 서적인 「사탄 판매자」의 영향 때문이었다.[71] 총 300만권이 팔린 것으로 알려진 이 책은 완키가 회심 전에 사탄교의 대제사장으로 경험한 것이라고 주장한 이야기를 말한다. 완키는 사탄의 이름으로 온갖 끔직한 범죄를 저지른 국제적 사탄교에 대해 자세히 설명한다. 사탄교는 갱 강간, 동물 제사, 피 마시기를 포함해서 여러 형태의 사탄 숭배 의식을 거행했다. 완키는 캘리포니아주 샌버너디노에 있는 마녀 집단을 이끄는 지도자였다고 주장했다. 그 집단은 1,500명의 회원을 거느린 조직으로 성장했다. 두 번째 베스트셀러인 「사탄의 책략」[72]이 출간되고 완키가 대중의 주목을 받는 행사에 많이 등장하고 ("오프라 윈프리쇼," "래리 킹 라이브," ABC의 "20/20" 등), 또 그리스도인 코미디언으로 그가 야심차게 전국을 순회하면서 연설한 결과, 많은 미국인들이 세계적인 비밀과 공포에 대해 알게 되었다. 즉 온갖 종류의 범죄를 저지르는 사탄교가 지하에서 활동하고 있다는 것이다.

　20년 후에 그리고 2년에 걸친 진지한 조사 후에, 언론인 존 트로트(John Trott)와 마이크 헤르텐스타인(Mike Hertenstein)은 「코너스톤」 매거진에 완키의 이야기가 믿기 어렵고, 심하게 과장되었으며, 틀림없이 거짓이라고 폭로하는 글을 썼다.[73] 그들은 그 후에 거의 500 페이지에 달하는 책을 써서 자신들이 마이클 완키의 배경과 주장에 대해 조사한 이야기 전부를 말했다.[74] 완키는 처음에 자신을 반대해 쓴 그 글이 거짓이라고 부인했을 뿐만 아니라, 또한 그 언론인들이 극히 강력한 사탄교의 회원으로 자신의 사역을 파괴하기 위해 활동하는 것이라고 비난했다.[75] 완키는 나중에 자신이 "꾸미고 과장한 잘못이 있다"고 인정했다. 하지만 그것은 "속이려는 의도가 아니라 즐겁게 하려는 시도였다"고 변명했다. 완키는 또 자신의 개인적 생활에 부도덕한 면이 있음을 고백하고 남편과 아빠로서 실패한 점에 대해 용서를 구했다 (그는 네 번이나 결혼했다).[76] 그 다음에 「크리스처니티 투데이」 사설에서 팀 스태포드(Tim Stafford)는 복음주의 신자들이 완키의 있을 법 하지 않은 으스스한 이야기를 분별없이 받아들인 것을 꾸짖었다.⁷⁷⁾ 트로트와 헤르텐스타인이 폭로한 글에서 촉구한 것처럼, 스태포드는 독자들에게 자신들이 읽거나 듣는 것을 분별하고 진리를 찾는 일에 최우선순위를 둘 것을 촉구했다.

국제적 다세대 사탄교라는 생각은 최근에 사탄교의 생존 피해자라고 주장하는 여러 사람들에게서 훨씬 더 많은 주목을 받았다. 정신건강 전문가들은 이런 개인들 대부분의 주장을 사탄교 신자들이 그들의 뜻에 반해서 저질러진 아동학대에 대한 "억압된 기억"이 드러난 것으로 취급했다. 이런 기억의 회복은 종종 다중인격장애(지금은 공식적으로 해리성정체장애라고 부른다)의 진단을 받는다.⁷⁸⁾ 치료 전문가들은 1차 인격(호스트)에 더하여, 피해자가 상담 과정에서 모습을 드러내는 여러 다른 2차 인격들을 가지고 있다는 것을 발견한다. 치료 전문가가 이런 2차 인격들과 접촉을 하고 대화를 나누면서, "사탄의식학대" 장면에 대한 이야기가 나올 수도 있다.⁷⁹⁾ 피상담자들은 의식 활동에 대한 기억을 언급하는데, 여기에는 사탄 제단 위에서 이루어지는 어린이와 동물 제사, 그룹 섹스, 오각형별, 피가 든 잔 마시기, 어린이 제사를 드리기 위한 정교한 어린이 사육 계획 등이 포함된다. 이런 생생한 사건들을 전해 들으면서, 목회 상담자들과 정신건강 전문가들은 그 정보에 어떻게 반응할 것인지 딜레마에 봉착한다. 많은 사람들은 그 이야기들의 역사적 신뢰성을 추정하고 전해 들은 학대에 대해 구체적인 조치를 취한다. 예를 들어 경찰에 연락하거나 안전하게 환자가 살 수 있는 장소를 찾고, 그 환자와 가족을 분리시키며, 사탄의식학대 현상에 대해 글을 쓰거나 발언한다. 다른 치료 전문가들은 계속해서 환자들과 일을 하면서 "회복된 기억"에 대한 판단을 보류했다. 아직도 다른 사람들은 기억 작업을 통해 되찾아낸 이런 의식학대 이야기들의 진실성을 의심하고 있다.⁸⁰⁾

이런 환자들의 믿기 힘든 증언을 받아들일 때 우리가 직면하는 어려움은 그들이 하는 이야기들을 물리적 증거로 거의 입증할 수 없다는 것이다. 신체 부분들을 찾을 수 없고, 주장하는 범죄 현장에서 피 자국을 발견할 수 없으며, 증인들도 나타나지 않고, 사탄의식 도구도 드러나지 않으며, 다른 물리적 범죄 증거도 찾을 수 없다. 따라서 우리는 "회복된 기억"을 정말 신뢰할 수 있는지 묻지 않을 수 없다. 나는 회복된 기억에 대해서 다음에 더 말할 것이다. 또 우리는 매년 무수한 인신제사를 드리고 있다는 국제적 사탄교의 존재를 입증하는 어떤 증거가 있는지 묻지 않을 수 없다.

현 시점에서 그런 사탄교의 존재를 입증하는 명백한 증거는 거의 없다. 지난 15년 동안 사탄의식학대 범죄를 조사하는 책임을 맡은 FBI 요원인 케네스 래닝(Kenneth Lanning)은 다음과 같은 결론을 내렸다. "경찰은 의식학대 피해자들의 주장에 대해 적극적으로 조사를 했다. 하지만 대규모 어린이 사육, 인신제사, 조직적인 사탄 음모와 관련된 그들의 주장을 지지하는 증거는 거의 또는 전혀 없다."[81] 지난 몇 년 동안 래닝의 결론을 확인해주고, 또 다세대 사탄교의 존재에 대해 의문을 제기하는 훌륭한 연구서들이 많이 출판되었다. 그 중에는 여러 글을 편집한 「사탄교 소동」(1991), 로버트 힉스(Robert Hicks)의 「사탄을 쫓아서」(1991), 제프리 빅터(Jeffrey Victor)의 「사탄에 대한 공포」(1993), 그리고 가장 최근에 데비 나탄(Debbie Nathan)이 쓴 탁월한 작품인 「사탄의 침묵」(1995) 등이 있다.[82]

사탄의식학대 현상에 대해 최근에 쓴 탁월한 책에서, 정신과 의사 콜린 로스(Colin Ross)는 증거를 적절하게 요약해서 다음과 같이 주장했다. (로스는 전에 사탄의식학대 피해자들이 한 증언의 신뢰성에 대해 많이 공감하는 사람이었다.) "그런 사탄교의 존재를 입증하는 객관적인 공개적 증거는 없다." 또 "어떤 권위 있는 조직이나 단체, 또는 전문가 협회가 정통 다세대 사탄교의 존재를 지지한 일도 없다."[83] 이것은 다중인격장애/해리성정체장애 증상을 보이는 약 300명의 환자를 접촉한 경험이 있는 치료 전문가에게서 나온 의미 있는 진술이다. 이 환자들은 파괴적인 사탄교에 참여한 기억을 갖고 있는 개인들이었다. 상당히 깊숙이 개입한 80건의 사례에 대해, 로스는 이렇게 쓴다. "이런 사례들 중 기억의 사실성이 객관적으로 확인된 경우는 전혀 없었으며, 또 여러 경우에 부수적 역사를 살펴본 결과 환자들이 주장한 사탄의식학대가 거짓임을 알 수 있었다."[84]

다른 한 편으로, 사탄의 이름으로 수행된 범죄들(심지어는 살인까지 저질렀다)과 여러 가지 다른 형태의 의식학대에 대한 증거는 충분히 많다. 로스는 네 가지 다른 수준의 사탄적 범죄를 언급한다. 로스는 이런 범죄에 대한 기록을 정말 훌륭하게 해놓았다.[85]

(1) 혼자만의 범죄 행위

"나이트 스토커"(Night Stalker)라는 별명이 붙은 연쇄살인범 리차드 라미레즈(Richard Ramirez)는 사탄에 대한 헌신을 주장했지만, 공공 문서는 그가 결코 조직적인 사탄교에 참여한 적이 없으며, 또 그가 저지른 범죄는 혼자 한 행동이라고 말한다.

(2) 십대 청소년들의 불장난

많은 도시에서, 십대 청소년들이 사탄 예배에 관심을 갖고 중죄를 저지른다. 호기심, 영적 능력 획득, 섹스, 마약 등 여러 가지 이유로 십대 청소년들은 함께 그룹을 결성해서 다양한 의식과 일탈행위를 시도한다. 거기에는 동물제사와 살인까지 포함된다.

(3) 범죄 행위를 하지 않는 공개적 사탄교회들

안톤 라베이(Anton LaVey)의 "사탄 교회"는 그리스도와 그분의 교회를 모독하고 모욕하는 혐오스러운 짓을 하지만, 그가 거행하는 사탄의식에 범죄 행위는 없다.

(4) 마약밀수 사탄숭배자들

로스는 가장 조직이 탄탄한 사탄 그룹으로 마약밀수 집단인 멕시코의 마타모로스(Matamoros)를 가리킨다. 이 마약밀수 사탄숭배자들은 1989년 의식을 거행하던 중 텍사스주 의과대학의 한 예과 학생을 살해하면서 세계적인 주목을 받았다. 그들은 이 학생의 몸을 의식에 따라 절단해서, 솥에 넣어 끓이고, 동물의 피와 섞은 다음에 먹었다. 그들은 이런 의식을 하면 자신들을 경찰로부터 보호해 주는 마력을 갖게 된다고 믿었다.

현재 이용 가능한 증거를 살펴보면 사탄의 이름으로 여러 종류의 범죄가 이루어지고 있음을 확실히 알 수 있다. 심지어 살인도 그 중 하나이다. 하지만 경찰과 사조직과 개인들이 다각도로 열심히 조사했음에도 불구하고, 아직까지 국제적 사탄교 조직이 진실로 존재한다는 주장을 입증할 만한 증거는 찾아내지 못했다.

8. "회복된 기억"을 무비판적으로 받아들이는 것

유감스럽게도 목사와 그리스도인 상담자들 중에 명백히 사실이 아니거나 보강 증거로 지지를 받지 못하는 "회복된 기억"을 무비판적으로 받아들이는 사람들이 있다. 회복된 기억으로 말미암아 민사소송, 대중의 관심과 수치, 가족과의 분리 등 좋지 않은 일들이 생기기 때문에 이것은 비극적인 현상이다.

그리스도인 사역자는 상담을 진행하면서 회복된 기억에 대해 최소한 네 가지 설명이 가능하다는 점을 알아야 한다.

(1) 진정한 기억
그것들은 실제 일어난 역사적 사건들에 대한 진실한 기억이다.

(2) 작화(마음속으로 지어낸 이야기)
그것들은 환자의 마음에 있는 실제 이미지들이지만, 역사적 사건들과 일치하지 않는다. 우리는 이미지들을 만들어 내고 또 다른 상황에서 (예를 들면, 공포 영화) 생긴 이미지들을 자신이 전에 한 경험과 연관시킬 수 있는 마음의 힘을 과소평가하지 말아야 한다. 또 우리는 사람의 마음에 기억으로 잘못 받아들일 수 있는 일련의 이미지들을 나타낼 수 있는 악한 자의 능력을 과소평가하지 말아야 한다.

(3) 꾀병

환자는 책임을 회피하거나 어떤 개인적 이득을 얻기 위해 (예를 들면, 민사소송에서 이겨 거액의 돈을 만지기 위해) 의도적으로 사건들을 만들어 내고 병이 든 것처럼 꾸며댄다.

(4) 의원성(醫原性)

치료 전문가나 상담자는 자신도 모르게 또는 부주의로 환자가 자기 것이라고 착각하는 이미지들을 제시할 수 있다.

(5) 조합

"기억"은 부분적으로나 대체적으로 맞을 수 있지만, 세부 사항 중 많은 것은 다른 근원들에서 올 수 있다.

로스는 "내 생각에는 내가 치료하는 환자들이 이야기한 사탄의식학대 기억 중 많은 것은 만들어낸 이야기들이고 또 실제로 일어나지 않은 일들로 구성되어 있다"고 논평한다.[86] 그럼에도 불구하고 로스는 다른 쪽 극단으로 치우쳐서 결코 일어난 일이 없다고 의심하지 말라고 적절한 주의를 당부한다. 로스는 이렇게 언급한다. "나는 이 의견이 옳다고 확실히 알 수 없기 때문에 조심스럽게 말한다. 나는, 논의를 위해, 그런 기억 내용의 10%가 역사적으로 정확하고, 또 어린 시절 소규모 기독교 사이비 종파, 작고 고립된 사탄숭배자 집단, 백인비밀단체 KKK의 변종, 음란물, 또는 어린이가 잘못 이해했을 수 있는 다른 형태의 학대 등에 참여한 것에 대한 왜곡된 회상에 근거할 수 있다고 추정한다."[87]

또 다시 나는 사탄의 이름으로 저질러진 수많은 끔찍한 범죄들을 가리키는 증거가 충분하다는 점을 되풀이해서 강조한다. 따라서 당신 교회에 속한 누군가가 와서 자신은 어린 시절 사탄교에서 의식학대를 당했다고 말할 때, 그 일이 실제로 일어났을 가능성이 있다. 그 자리에서 바로 믿을 수 없다는 반응을 보이는 것은 부적절하며, 또 그 사람에게 사역하는데 도움이 되지 않는다. 그럼에도 불구하고, (앞에서 언급한 대로) 상담 과정에서 회복된 이미지들을 다른 식으로 설명할 수 있다. 요점은 의식학대를 당했다고 주장하는 사람들에게 사역할 때 비판적인 영적 분별력을 행사해야 한다는 것이다. 특히 그들이 가족 구성원이나 교회/도시에 있는 다른 사람들을 가해자로 지적할 경우에 그렇다.[88]

9. 폭력

내가 알고 있는 한, 귀신들리거나 주술에 연관된 사람들에 대해 거칠게 다루거나 폭력을 행사하는 것을 지지하는 복음주의 그리스도인들은 없다. 구출 사역은 보통 차분하게 상담하는 시간, 기도, 그리고 피상담자의 동의와 참여로 이루어지는 악령들에 대한 포기 선언 등으로 이해된다. 마녀들을 제거하기 위한 폭력 행사를 정당화하려고 성경(출 22:18; "너는 무당을 살려두지 말라")을 왜곡하고 잘못 적용했던 교황 이노센트 8세 치하의 종교재판이나 세일럼 마녀 재판을 둘러싼 것과 같은 잔학한 행위로 돌아가려는 징후는 전혀 없다.

하지만 자신들이 영적 실체를 공격하고 있다고 추정하면서, 사람들에 대해 폭력을 행사하는 극단주의자들이 주변부에 있다. 내가 1장에서 언급한 상황 중 두 개가 바로 그런 경우였다. 캘리포니아주 에머리빌에서 다섯 여성들이 축사 의식을 거행하면서 한 여인을 구타해 죽인 사건과 뉴멕시코주에서 한 아버지가 귀신들을 쫓아낸다고 아들의 목을 베어버린 비극적 사건. 그리고 바로 얼마 전에, 로스앤젤레스에서 한 한국인 여성이 여섯 시간에 걸친 축사 의식을 한 후에 죽은 일이 있었다. 그 당시 그 여자의 몸에서 악령들을 추방하려고 상당한 완력이 사용되었다.[89] 한 한국인 목사는 그 사건을 "한인 기독교 공동체의 비주류 집단이 연루된 극단적 사례"라고 맹렬히 비난했다.

이런 종류의 사건들은 비난 받아야 마땅하다. 사람들에게 물리적 폭력을 행사하는 것은 상담 과정이나 귀신과 관련된 문제들을 다룰 때나 결코 정당화될 수 없다. 우리는 그리스도 안에서 귀신들에게 잠잠하라고 명령할 권세를 갖고 있다. 따라서 우리는 상담 상황을 통제하고 그 사람을 유일한 구출자가 되시는 주 예수 그리스도께 인도할 수 있다.

요약

1. 귀신들린다는 것이 사탄이나 귀신들이 신자를 소유한다는 의미라면 그리스도인은 귀신들릴 수가 없다. 신자들은 하나님의 소유이며 오직 그분께만 속한다.
2. 귀신들이 그리스도인들에게 들어와 거주할 수 있다. 하지만 그런 일은 그리스도인들이 장기간에 걸쳐 죄를 범하거나 귀신들을 초청해서 그들이 차지할 공간을 제공할 때만 가능하다. 이런 종류의 공간적 언어는 영적 존재와 통제를 은유적으로 말하는 방식이라는 점을 알아야 한다.
3. 귀신들이 그리스도인들의 행위를 통제할 수 있다. 하지만 그런 일은 그리스도인들이 귀신들에게 그 통제권을 넘겨줄 때만 가능하다. 죄가 사람의 몸을 "지배"할 수있는 것처럼, 귀신이 상당한 통제력을 행사할 수 있다.
4. 그리스도인들은 귀신에게 상당히 많은 통제권을 내줄 수 있다. 그 결과 그들은 변환된 의식 상태를 보이고 침입해 들어온 귀신의 존재를 나타낼 수도 있다. 예를 들면, 귀신이 그 사람을 통해 말한다.
5. 그리스도인들은 악령들로부터 구출될 수 있으며, 또 그것은 하나님이 그들에게 원하시는 일이다. 하나님은 그분의 백성이 죄와 부도덕에 종노릇하거나 더러운 영들에 속박된, 무기력한 삶을 사는 것을 원하지 않으신다. 하나님의 권세는 적의 권세와 영역보다 무한히 더 크다. 신자들은 사탄과 그의 세력의 강제적인 영향에서 벗어나 자유와 승리를 경험할 수 있다.
6. 사탄에 대적하고 악령들의 영향에서 벗어나는 방법은 기독교 공동체 안에서 온전히 살아가는 것이다. 거기에는 믿음과 기도로 하나님을 가까이 하는 것, 성경에 깊이 몰두하는 것, 다른 신자들과 의미 있는 관계를 맺는 것, 그리스도의 사역을 제대로 이해하고 사용하는 것 등

이 포함된다.
7. 어떤 경우에 귀신을 대적하는 것은 그리스도의 제자로서 그분과의 관계에 근거해 권세를 행사해서 악령에게 떠나라고 단호하게 명령하는 일을 포함한다.
8. 교회에 해로운 영향력을 행사하기 위해 귀신들이 사용하는 매우 다양한 방법들을 아는 것이 중요하다. 관행에 따라 "빙의 행위"라고 불리는 것의 극적인 증상들에 지나치게 집착할 경우, 관계를 해치고, 교회의 전도 사역을 훼방하고, 그리스도와 그분의 사역에 대한 생각을 왜곡시키기 위해 귀신이 사용하는 여러 방법들을 제대로 보지 못할 수 있다.

추천 도서

그리스도인들이 귀신의 영향을 받을 수 있다는 점을 긍정하는 책

Anderson, Neil T. *The Bondage Breaker: Overcoming Darkness and Resolving Spiritual Conflicts*. Eugene, Ore.: Harvest House, 1990. 「이제 자유입니다」(죠이선교회); *Victory over the Darkness: Realizing the Power of Your Identity in Christ*. Ventura, Calif.: Regal, 1990. 「내가 누구인지 이제 알았습니다」(죠이선교회)

앤더슨은 "진리 대결" 접근법이라고 부르는 것을 주장하며, 그리스도인 상담자들에게 직접 개입해서 그들이 돕는 사람으로부터 악령들은 떠나라는 명령을 하지 말라고 권고한다. 앤더슨이 개발한 "그리스도 안에서 자유를 누리게 하는 7단계" 프로그램은 사람들이 자신들의 삶 가운데 있는 죄 및 영적 문제들을 다루는 것을 도와주는 실제적 지침들을 제공한다.

Dickason, C. Fred. *Demon Possession and the Christian*. Chicago: Moody, 1987. 「그리스도인도 귀신들릴 수 있는가?」(요단)

무디성경신학교 신학부 책임자인 디카슨은 그리스도인들이 귀신의 영향을 받을 수 있는 가능성을 지지하는 성경적 신학적 근거를 제시한다. 이 책에는 또 그가 귀신의 영향을 받은 사람들을 직접 상담하면서 경험한 사례 연구들과 실제적 통찰들이 담겨 있다.

Kraft, Charles H. *Defeating Dark Angels: Breaking Demonic Oppression in the Believer's Life*. Ann Arbor: Servant, 1992. 「사악한 천사를 대적하라」(은성); *Deep Wounds, Deep Healing: Discovering the Vital Link between Spiritual Warfare and Inner Healing*. Ann Arbor: Servant, 1993. 「깊은 상처를 치유하시는 하나님」(은성)

첫 번째 책에서, 크래프트는 그리스도인들이 귀신의 영향을 받을 수 있다는 생각을 지지하는 증거를 제시한 후에 이런 신자들을 대상으로 사역하는 방법을 설명한다. 두 번째 책에서, 크래프트는 논란을 불러일으킨 "내적 치유" 접근법을 옹호하면서, 그 접근법이 귀신의 영향을 심하게 받고 있는 사람들을 대상으로 사역하는데 적절하다고 주장한다.

Logan, Jim. *Reclaiming Surrendered Ground: Protecting Your Family from Spiritual Attacks*. Chicago: Moody, 1995.

아이오와주 수에 있는 〈국제성경상담센터〉의 상담자인 로건은 에베소서 4:27을 출발점 삼아서 이 책을 썼다. 로건은 악령들이 침입해 그들의 삶의 여러 측면들을 통제하도록 한 그리스도인들에게 실제적인 조언을 제공한다.

Murphy, Ed. *The Handbook for Spiritual Warfare*, Nashville: Thomas Nelson, 1992. 「영적 전쟁 핸드북」(두란노)

OC 선교회 베테랑 선교사 출신인 머피는 현재 영적 전쟁에 대해 이용 가능한 가장 상세한 책을 저술했다. 600 페이지에 달하는 이 책은 많은 주제를 다루는데, 그 중 특히 그리스도인들이 귀신의 영향을 받는 문제를 집중적으로 조명한다.

White, Thomas B. *The Believer's Guide to Spiritual Warfare: Wising Up to Satan's Influence in Your World*. Ann Arbor: Servant, 1990. 「능력 전투」(나단)

오리건주 코밸리스에 있는 〈최전방 선교회〉의 책임자인 화이트는 영적 싸움 및 귀신을 다루는 문제에 대한 간결하고 실제적인 지침을 제시한다.

그리스도인들이 귀신의 영향을 받을 수 있다는 점을 부정하는 책

Ice, Thomas, and Robert Dean Jr. *Overrun by Demons: The Church's Preoccupation with the Demonic*. Eugene, Ore.: Harvest House, 1990.

이 책은 현대 구출 사역을 매우 격렬하게 비판하는 글이다. 심지어 이 책은 현대 구출 사역을 교회 시대 종말에 일어나는 마지막 배교와 비교하기까지 한다.

Powlison, David. *Power Encounters: Reclaiming Spiritual Warfare*. Grand Rapids: Baker, 1995. 「성경이 말하는 영적 전쟁」(생명의말씀사)

웨스트민스터신학대학원에서 실천신학을 가르치고 「성경적 상담학 저널」

을 편집하는 포울리슨은 현대 구출 사역을 강하게 비판한다. 포울리슨은 "추방" 사역의 필요성이나 타당성을 심하게 반대한다.

Rommen, Edward, ed. *Spiritual Power and Missions: Raising the Issues*. Evangelical Missiological Society Series 3. Pasadena, Calif.: William Carey Library, 1996.

이 책에는 컬럼비아 국제대학교의 로버트 프리스트와 그의 두 동료가 함께 쓴 중요한 글이 수록되어 있다. 그들은 현대 구출 사역의 많은 부분이 성경적 실재관보다 물활론적 세계관을 더 반영하고 있다고 말한다.

초대교회에 대한 역사적 관점

Kelly, Henry A. *The Devil at Baptism: Ritual, Theology, and Drama*. Ithaca, N.Y.: Cornell University Press, 1985.

이 책은 그리스도인이 된 사람들이 귀신의 영향을 받는 문제를 초대교회가 어떻게 다루었는지 분명히 보여주는 탁월한 역사 연구이다.

주

1. 세 가지 일화는 허구이지만, 각 이야기는 본질적으로 내가 직접 사역한 사람들이 실제로 경험한 일이나 내가 전해들은 사건에 근거해 작성되었다.

2. 이 주제에 대해 간결하고 알기 쉽게 설명한 글로 Paul Thigpen, "Spiritual Warfare in the Early Church," *Discipleship Journal* 81 (1994): 29를 보라.

3. 맥클렁은 "오순절주의의 문헌, 역사, 구전 '이야기들'을 검토해 보면 오순절주의 및 은사주의 운동의 확장에 축사가 중심적인 역할을 한 것을 알 수 있다"고 진술한다. L. G. McClung Jr., "Exorcism," in *Dictionary of Pentecostal and Charismatic Movements*, ed. Stanley M. Burgess and Gary B. McGee (Grand Rapids: Zondervan, 1988), 290.

4. Merrill F. Unger, *Biblical Demonology: A Study of the Spiritual Forces behind the Present World Unrest* (Wheaton, Ill.: Scripture Press, 1952), 100. 「성서적 마귀론」(요단).

5. Merrill F. Unger, *Demons in the World Today: A Study of Occultism in the Light of God's Word* (Wheaton, Ill.: Tyndale House, 1971); *What Demons Can Do to Saints* (Chicago: Mooday, 1977). 「성도를 향한 귀신들의 도전」(요단).

6. C. Fred Dickason, *Demon Possession and the Christian* (Chicago: Moody, 1987). 「그리스도인도 귀신들릴 수 있는가?」(요단).

7. 앞의 책, 187.

8. 특히 John Wimber, *Power Healing* (San Francisco: Harper & Row, 1987)을 보라. 윔버는 "나는 신자와 불신자 둘 다 귀신의 영향을 받을 수 있다고 믿는다"고 언급한다(p.114). 「능력 치유」(나단).

9. *Oxford English Dictionary*, 2d ed. (Oxford: Clarendon, 1991), s.v. "possession."

10. "그가 귀신을 갖다"(he has a demon; 에케이 다이모니온)는 표현은 복음서에 나타나지만(예를 들어, 눅 4:33; 8:27; 우리말 개역개정에는 "귀신들림"으로 번역되어 있다-역주), 역으로 "귀신이 그를 갖다"(a demon has him)는 표현은 결코 나타나지 않는다.

11. "다이모니조마이"를 "demon-possessed"로 번역하는 전통은 1611년 흠정역 성경에서 비롯되지 않았다. 그 번역은 적어도 1534년 틴데일 성경까지 거슬러 올라간다. 틴데일 성경은 마태복음 8:16을 "They brought unto him many

that were possessed with devyllis"로 번역했다. "possessed"는 흠정역 성경보다 먼저 번역된 또 다른 영어 성경, 다시 말해 크랜머(1539), 제네바(1557), 앵글로 랭스(1582) 성경에서도 사용된다. 하지만 가장 이른 영어 번역 성경(위클리프[1380])은 마태복음 8:16을 번역하면서 "possession"을 사용하지 않는다; "thei brouyten to hym many that hadden deuelis." 이런 번역들은 *The English Hexapla* (London: Samuel Bagster and Sons, 1841)에서 가져왔다.

12. *Oxford English Dictionary*, 2d ed., "possession" 항목은 그 단어가 "소유권과는 완전히 다른 것으로, 실제로 점유하거나 차지한다는 의미로, 어떤 것을 자신의 것으로, 또는 자신의 통제 하에 점유하거나 갖고 있는 것"을 표현하는데 사용되었다고 말한다.

13. David Peterson, *Possessed by God: A New Testament Theology of Sanctification and Holiness*, New Studies in Biblical Theology (Grand Rapids: Eerdmans, 1995), 143.

14. 그리스도인들이 배교해서 구원을 잃어버릴 수 있다고 믿는 복음주의자들이 있다. 그렇게 함으로써 그들은 그리스도인이 되기를 중단한다는 것이다. 그들은 그런 상황에서 사탄이 소유권을 차지하는 것이 가능하다고 주장한다. 이것은 교회가 수년 동안 씨름해온 크고 복잡한 문제이다. 궁극적으로 그 답은 성경이 영원한 안전에 대해 가르치는 교훈을 어떤 식으로 이해하느냐에 달려 있다.

15. Unger, *What Demons Can Do to Saints*, 72-73.

16. Anthony A. Hoekema, *Created in God's Image: The Christian Doctrine of Man* (Grand Rapids: Eerdmans, 1986), 83-85를 보라. 「개혁주의 인간론」(부흥과개혁사)

17. George E. Ladd, *A Theology of the New Testament*, rev. ed. (Grand Rapids: Eerdmans, 1993), 499를 보라. 래드는 "최근 학계는 몸, 혼, 영 같은 용어들은 각 개인의 다른, 분리될 수 있는 기능이 아니라, 전인을 다른 식으로 보는 방법이라는 점을 인정했다"고 언급한다. 「신약신학」(은성). 또 Hoekema, *Image*, 204-10를 보라.

18. 피터슨은 "그리스도인은 더 이상 육신에 의해 근본적으로 결정되고 통제당하는 삶을 살지 않는다. 그럼에도 불구하고, '육신'은 계속해서 우리의 경험에 강력한 힘을 행사한다"고 적절히 언급한다. Peterson, *Possessed by God*, 108.

19. 래드는 "사람은 한 영역이나 다른 영역 둘 중 하나에 속한다. 사람의 지위는 그에게 하나님의 영이 내주하는가 여부에 따라 결정된다"고 적절히 논평한다.

Ladd, *Theology*, 514.

20. Robert Boyd Munger, *My Heart-Christ's Home*, rev. ed. (Downers Grove, Ill.: InterVarsity, 1986). 「내 마음 그리스도의 집」(IVP)

21. Peterson, *Possessed by God*, 100.

22. *Dictionary of the Later New Testament and Its Developments*, ed. Ralph P. Martin and Peter H. Davids (Downers Grove, Ill.: InterVarsity, 1997)에 내가 기고한 "Centers of Early Christianity"를 보라.

23. 내가 쓴 *Power and Magic: The Concept of Power in Ephesians* (Grand Rapids: Baker, 1997), 14-20를 보라. 나는 여기에서 소아시아 서부 지역, 특히 에베소에 마술과 주술이 널리 퍼져 있는 상황을 묘사했다.

24. 나는 「브리태니커 백과사전」에 수록된 대로 신비술에 대해 일반적으로 받아들여지는 정의를 따른다. "신비술은 초자연적 힘이나 존재에 대한 믿음과 지식 또는 그것들을 활용하는 방안과 관련된 광범위한 이론과 관례를 망라한다. 그런 믿음과 관례는 주로 마술적이거나 점술적이다." *The New Encyclopaedia Britannica: Macropaedia*, 15th ed. (Chicago, 1993), 15:76-98, 특히 76를 보라.

25. *Papyri Graecae Magicae* 1.1-2. 추가 논의로 내가 쓴 *Powers of Darkness: Principalities and Powers in Paul's Letters* (Downers Grove, Ill.: InterVarsity, 1997), 28-30를 보라. 「바울이 분석한 사탄과 악한 영들」(이레서원)

26. Gordon D. Fee, *1 and 2 Timothy*, New International Bible Commentary (Peabody, Mass.: Hendrickson, 1988), 98, 101를 보라.

27. George W. Knight, *Commentary on the Pastoral Epistles*, New International Greek Testament Commentary (Grand Rapids: Eerdmans, 1992), 426.

28. W. Bauer, W. F. Arndt, F. W. Gingrich, and F. D. Danker, *Greek-English Lexicon of the New Testament and Other Early Christian Literature*, 2d. ed. (Chicago: University of Chicago Press, 1979), 416를 보라.

29. J. Ramsey Michaels, *1 Peter*, Word Biblical Commentary 49 (Waco: Word, 1988), 299. 「베드로전서」(솔로몬)

30. 나는 골로새서의 배경을 주제로 삼아 전공논문을 썼다. *The Colossian Syncretism: The Interface between Christianity and Folk Belief at Colossae*, Wissenschaftliche Untersuchungen zum Neuen Testament 77, 2d series (Tubingen: J. C. B. Mohr [Paul Siebeck], 1995; North American edition by Baker, 1996)를 보라.

31. 몇몇 사람들은 "스토이케이아"를 어떤 종류의 "초보적 원리들"로 해석했다, 예를 들면, 모든 종교에 공통적인 기초 원리들, 기본적인 우주론적 원리들, 또는 육신, 죄, 사망의 영역 등이다. 이런 해석은 NIV 성경과 NASB 성경에 반영되어 있다. 그 용어 자체는 문헌에서 광범위한 용법으로 사용된다. 그것은 알파벳 문자, 실제 물리적 요소, 어떤 것, 행성과 별, 그리고 심지어는 영과 귀신들의 기본적인 원리들을 가리키는데 사용되었다. 하지만 골로새서에서 그 용어가 사용되는 문맥은 RSV 성경과 NRSV 성경에 반영되어 있는 것처럼 귀신으로 해석하기를 제안한다. 바울은 거짓 가르침이 그리스도가 아니라 "스토이케이아"의 영감을 받았다고 주장한다.

32. 이 구절을 철저하게 다룬 글로, 내가 쓴 "Returning to the Domain of the Powers: *Stoicheia* as Evil Spirits in Gal 4:3, 9," *Novum Testamentum* 38 (1996): 55-76를 보라.

33. 이 부분은 내가 쓴 다음 글에 많이 의존하고 있다. "Satan, Devil," in *Dictionary of the Later New Testament and Its Developments*, ed. Ralph P. Martin and Peter H. Davids (Downers Grove, Ill.: InterVarsity, 1997).

34. *Elaine Pagels, The Origin of Satan* (New York: Random House, 1995). 서구의 역사비평학적 전통을 지지하는 많은 학자들처럼, 페이젤은 마귀와 그의 귀신들은 원시적 묵시적 세계관의 잔재라고 평가한다. 그것들은 오늘날 기독교의 많은 영역에서 사라지지 않은 신화적 부착물이라는 것이다. 「사탄의 탄생」(루비박스)

35. Colin Ross, *Multiple Personality Disorder: Diagnosis, Clinical Features, and Treatment*, Wiley Series in General and Clinical Psychology (New York: John Wiley & Sons, 1989), 60-61를 보라.

36. 영적 존재로 인해 생긴 이런 종류의 변환된 의식에 대해 공식적으로 인정받은 진단 범주는 없다. 적어도 미국의 경우에는 그렇다. 미국정신의학회의 공식 정신질환 분류법인 *Diagnostic and Statistical Manual of Mental Disorders (DSM-IV)* (Washington, D.C.: American Psychiatric Association, 1994), 484-87 (= §300.14)는 이런 증상들을 "해리성장애" 부류에 포함시키거나, 일반 질환(예를 들어, 발작장애)의 생리학적 영향이나 어떤 약물의 영향(예를 들어, 마약 남용이나 약물 치료) 탓으로 본다. DSM-IV를 만드는 작업을 하면서, 한 그룹의 심리학자들은 "몽환상태와 빙의장애"라고 일컫는 새로운 진단 범주를 포함시킬 것을 제안했다. (*DSM-IV Options Book: Work in Progres*s [Washington, D.C.: American Psychiatric Association, 1991], K:3 [= §F44.3 "Trance and Possession Disorder"]를 보라). 상당한 논의를 한 후에, 사람들은 개정된 진단 편람에 새로운 장애를 포함시키지 않기로 결정했다.

37. 이 장애는 현재 세계보건기구가 마련한 *The International Classification of Diseases(ICD-10)*로 알려진 중요한 국제 의학/심리학적 진단 편람에서 공식적으로 인정받고 있다. *ICD-10*은 이 장애를 "개인적 정체성과 환경에 대한 온전한 인식을 일시적으로 상실하는 것"으로 묘사한다. 어려움을 겪고 있는 개인은 "또 다른 인격, 영, 신령, 또는 '힘'에 의해 장악당한 것처럼 행동한다." 진단 범주는 새로 출간된 편람 10판에 나온다. *The ICD-10 Classification of Mental and Behavioral Disoreders: Clinical Descriptions and Diagnostic Guidelines* (Geneva: World Health Organization, 1992), 156–57 (= §F44.3 "Trance and Possession Disorder").

38. Etzel Cardena, "Trance and Possession as Dissociative Disorders," *Transcultural Psychiatric Research Review* 29.4 (1992): 300.

39. 예수님은 왜 12 제자가 빈손으로 여행을 떠나게 하셨는가? 여러 가지 의견이 제시되었는데, 그 의견의 전부 또는 일부는 나름대로 설득력이 있다. (1) 이것은 이스라엘 백성에게 종말론적 긴급성을 알리는 선지자적 표지였다. (2) 이것은 가난한 자들과 동일화하는 수단이었다. (3) 이것은 그들이 하나님께 전적으로 의존한다는 표지였다.

40. 하워드 마샬이 "마가 및 다른 전도자들이 12 제자를 파송한 이야기들을 보존한 것은 그 이야기에 담긴 기본 원리들이 교회에 지속적인 가치가 있음을 의미했다"고 논평한 것은 옳다. I. Howard Marshall, *Luke*, New International Greek Testament Commentary (Grand Rapids: Eerdmans, 1978), 351.

41. Robert Stein, *Luke*, New American Commentary 24 (Nashville: Broadman, 1992), 310를 보라. "이 구절은 70인 선교의 주제를 계속하며, 따라서 더 나아가 교회의 미래 선교를 계속한다." 마샬(*Luke*, 413)은 그 구절이 교회의 이방인 선교를 예시한다고 제안한다.

42. 다음에 나오는 저자들이 그리스도의 이름으로 귀신들에게 괴롭히는 개인들을 떠나라고 명령할 수 있는 신자들의 권세에 대해 무어라 말하는지 주목하라.

순교자 유스티노스

유스티노스는 예수님께서 70인에게 하신 약속("뱀과 전갈을 밟을 권세"; 눅 10:19)이 그 당시의 그리스도인들에게도 해당된다고 믿는다. 이 절에 대해 설명하면서, 유스티노스는 "본디오 빌라도 치하에서 십자가에 못 박히신 우리 주 예수님을 믿는 우리는, 모든 귀신과 악령들을 축사할 때, 그들을 우리에게 복종시킨다"고 말한다 (『트리포와의 대화』 65).

"전 세계와 당신이 속한 도시[로마]에 있는 수많은 귀신들린 자들을 위해, 본디오 빌라도 치하에서 십자가에 못 박히신 예수 그리스도의 이름으로 그들에게 축사를 하는 우리 그리스도인 남자들 중 많은 사람들이 귀신들을 무력하게 만들어 내쫓고, 그들을 치유했으며 또 지금도 치유하고 있다. 하지만 다른 모든 퇴마사들과 주문을 외우고 약물을 사용하는 자들은 그들을 고치지 못했다"(『제2 변증서』 6).

타티아누스

"하나님의 말씀에 강타당한 귀신들은 깜짝 놀라서 떠나고, 아픈 사람은 치유된다"(『헬라인들에 대한 강론』 16).

테르툴리아누스

"분명히 귀신들린 사람을 당신의 법정에 데려오라. 그리스도의 추종자에 의해 말하는 것이 금지된 사악한 영은 자신이 신이라고 거짓 주장을 한 경우와 마찬가지로, 자신이 귀신이라는 사실을 쉽사리 솔직하게 고백할 것이다...... 하나님 안에 계신 그리스도를 두려워하고, 그리스도 안에 계신 하나님을 두려워하는 귀신들은 하나님의 종들과 그리스도께 복종한다. 그러므로 우리의 손길과 입김에 심판의 불을 연상하고 압도당한 귀신들은 우리가 내리는 명령에 자신들이 들어와 있던 몸에서 마지못해 떠나며, 괴로워하고, 당신의 눈앞에서 노골적인 망신을 당한다"(『호교서』 23).

오리게네스

"그리스도인들이 악령들과 싸워서 승리하는 것은 주문 때문이 아니라 예수님의 이름 때문이다. 그리스도인들은 예수님의 이름을 부르면서 그분과 관련된 이야기들을 함께 선포한다. 이런 일들을 반복함으로써 종종 귀신들이 사람들에게서 쫓겨나갔다. 특히 그런 일들을 반복한 사람들이 철저하게 진심으로 믿는 마음으로 그렇게 할 때 귀신들이 쫓겨나갔다"(『켈수스 반박』 1.6).

미누키우스 펠릭스

"귀신들이 자신들에 대해 무어라고 고백하는지 아주 많은 사람들이 잘 안다. 당신의 백성들 가운데에도 아는 사람들이 있다. 종종 귀신들은 우리가 하는 말로 인한 고통으로 그리고 우리가 하는 기도로 인한 불로 몸에서 쫓겨나간다...... 유일하게 참되신 하나님에 의해 쫓겨나서 버림을 당할 때, 마지못해 나가는 가련한 존재들은 몸을 떨며 한 번에 달아나거나 아니면 서서히 사라진다.

그때 귀신에게 괴롭힘을 당하던 자의 믿음과 치유자의 은혜가 크게 역사한다"
(「옥타비우스」 27).

43. Gregory Dix and Henry Chadwick, eds., *The Treatise on the Apostolic Tradition of St. Hippolytus of Rome* (London: Alban; Ridgefield, Conn.: Morehouse Publishing, 1991 [1937년 처음 출판]).

44. Philip Schaff, *History of the Christian Church* (1910; reprint, Grand Rapids: Eerdmans, 1994), 2:758-59. 「필립 샤프 교회사 전집」(크리스천다이제스트)

45. Dix, *Apostolic Tradition*, ix.

46. 앞의 책, xxxix-xl.

47. 교리문답의 역사와 본질에 대해 훌륭하게 논의한 책으로 다음을 보라. Michael Dujarer, *A History of the Catechumenate: The First Six Centuries* (New York: Sadlier, 1979); Thomas M. Finn, *Early Christian Baptism and the Catechumenate: West and East Syria*, Messages of the Fathers of the Church 5 (Collegeville, Minn.: Glazier, 1992); *Early Christian Baptism and the Catechumenate: Italy, North Africa, and Egypt*, Messages of the Fathers of the Church 6 (Collegeville, Minn.: Glazier, 1992). 또 Everett Ferguson, David M. Scholer, and Paul C. Finney, eds. *Conversion, Catechumenate, and Baptism in the Early Church*, Studies in Early Christianity 12 (New York: Garland, 1993) 에 수록된 글들을 보라.

48. Tertullian, *De pudicitia* 19.19-20. Henry A. Kelly, *The Devil at Baptism: Ritual, Theology, and Drama* (Ithaca, N.Y.: Cornell University Press, 1985), 107에 인용.

49. Pseudo-Clement, *Recognitions* 2.71. Kelly, *The Devil at Baptism*, 124에 인용.

50. Origen, *Homily on Joshua* 15.5. Everett Ferguson, *Demonology of the Early Christian World*, Symposium Series 12 (Lewiston/Queenston: Edwin Mellen, 1984), 128에 인용.

51. Pseudo-Clement, *On Virginity* 1.12. Ferguson, *Demonology*, 132-33에 나오는 논의를 보라.

52. 「사도법전」은 「사도헌장」의 결론에 해당하는 장(8.47)이다.

53. 비잔틴 귀신론에 대해서는 Richard P.H. Greenfield, *Traditions of Belief in Late Byzantine Demonology* (Amsterdam: Adolf M. Hakkert, 1988)를 보라.

54. 칼뱅은 귀신들과 관련해서 하나님의 주권을 강하고 적절하게 강조했지만, 악

령들이 그리스도인들에게 행사할 수 있는 영향력이 상당하다고 예상했다. 칼뱅은 귀신들은 "신자들과 싸움을 벌이고, 매복해 있다가 습격하고, 평온할 때 침범해 오고, 포위공격을 한다. 그리고 귀신들은 종종 신자들을 지치게 만들고, 패배시키고, 겁먹게 하며, 또 때때로 상처를 입히기도 한다. 하지만 귀신들은 결코 신자들을 완파하거나 으스러뜨리지 못한다"고 말했다. John Calvin, *Institutes of the Christian Religion*, ed. J. T. McNeill (Philadelphia: Westminster, 1960), 1:176 (= bk. 1, chap.14, sec. 18). 「기독교강요」(크리스천다이제스트)

55. 이 주제에 대해서는 Wayne Grudem, *Systematic Theology* (Grand Rapids: Zondervan, 1994), 494–97에 수록된 탁월한 논의를 보라. 「조직신학」(은성)

56. David Powlison, *Power Encounters: Reclaiming Spiritual Warfare* (Grand Rapids: Baker, 1995). 「성경이 말하는 영적 전쟁」(생명의말씀사)

57. 앞의 책, 100.

58. Eanna Einhorne, "Tarot Therapy: Reaching Our Inner Allies and Spiritual Guides," *Information Press* 2.7 (March 1993): 21.

59. Duane Garrett, *Angels and the New Spirituality* (Nashville: Broadman and Holman, 1995).

60. 앞의 책, 140.

61. 예를 들어, *Powers of Evil*, 169 n. 91, 179 n. 154에서 닐 앤더슨과 톰 화이트가 시도하는 접근법의 이 측면에 대해 페이지가 비판한 것을 보라.

62. Jim Logan, *Reclaiming Surrendered Ground: Protecting Your Family from Spiritual Attacks* (Chicago: Moody, 1995), 35.

63. Neil T. Anderson, *The Bondage Breaker* (Eugene, Ore.: Harvest House, 1990). 「이제 자유입니다」(죠이선교회); *Victory over the Darkness: Realizing the Power of Your Identity in Christ* (Ventura, Calif.: Regal, 1990). 「내가 누구인지 이제 알았습니다」(죠이선교회)

64. 고든 피는 최근에 바울서신에 나타난 성령에 대해 성경신학적으로 철저하게 연구한 책을 저술했다. Gordon Fee, *God's Empowering Presence: The Holy Spirit in the Letters of Paul* (Peabody, Mass.: Hendrickson, 1994). 「성령: 하나님의 능력 주시는 임재」(새물결플러스)

65. Charles H. Kraft, *Christianity with Power: Your Worldview and Your Experience of the Supernatural* (Ann Arbor: Servant, 1989), 84. 「능력 그리스도교」(나단)

또 그가 쓴 글 "What Kind of Encounters Do We Need in Our Christian Witness?" *Evangelical Missions Quarterly* 27.3 (1991): 258-65를 보라. 「퍼스펙티브스 2」(예수전도단)

66. Kraft, *Christianity with Power*, 4-5.

67. Rodger K. Bufford, "Demonic Influence and Mental Disorders," *Journal of Psychology and Christianity* 8 (1989): 35-48는 구출 사역에 종사하는 많은 사람들이 찾고 있는 증상 목록을 편집해 놓았다(특히 p.36를 보라). 오로지 그런 증상만 갖고 귀신의 영향력을 진단할 때 겪는 어려움은 각각의 증상이 심리학자들이 사용하는 표준 진단 편람에 나오는 정신 질환 중 최소한 하나 이상과 연관된다는 점이다.

68. 마거리트 슈스터가 쓴 탁월한 글을 보라. Marguerite Shuster, "Giving the Devil More Than His Due: Sometimes Exorcism Causes Damage Not Deliverance," *Leadership* 12.3 (summer 1991): 64-67.

69. 7단계는 다음과 같이 요약할 수 있다.

1. 가짜 대 진짜: 당신이 전에 관여했거나 현재 관여하고 있는 사탄의 영감을 받은 신비술을 포기하라.
2. 속임수 대 진리: 당신이 그리스도 안에서 누구인지 선포하고 그 진리를 내면화하라.
3. 비난 대 용서: 사탄이 당신을 이용하지 못하도록 당신의 기분을 상하게 하거나 마음에 상처를 입힌 사람들을 용서하라.
4. 반역 대 복종: 반역하는 마음을 품고 또 당신을 다스리는 권위를 갖고 있는 사람들에게 복종하지 못했던 시간에 대해 하나님께 용서를 빌라.
5. 교만 대 겸손: 하나님께 교만했던 삶의 영역들을 고백하고 용서를 빌라.
6. 멍에 대 자유: 습관적으로 저지르는 죄들을 인정하고 고백하라. 그런 죄들을 포기하고, 하나님께 이런 행위로 말미암아 생긴 멍에를 부수어 달라고 빌라.
7. 순종 대 포기: 당신의 조상들이 저지른 죄와 당신에게 부담지어 있을 수 있는 저주에 대해 단절을 선언하라.

70. Marvin Meyer and Richard Smith, eds., *Ancient Christian Magic: Coptic Texts of Ritual Power* (San Francisco: Harper San Francisco, 1994).

71. Michael Warnke, *The Satan Seller* (Plainfield, N.J.: Logos International, 1972). 「사탄 셀러」(여운사)

72. Michael Warnke, *Schemes of Satan* (Tulsa: Victory House, 1991).

73. John Trott and Mike Hertenstein, "Selling Satan," *Cornerstone* 21.98 (June–July 1992): 7–38.

74. Mike Hertenstein and John Trott, *Selling Satan: The Tragic History of Mike Warnke* (Chicago: Cornerstone, 1993).

75. Perucci Ferraiuolo, "Warnke Calls Critics Satanists," *Christianity Today*, 9 November 1992, 49, 52.

76. Perucci Ferraiuolo, "Warnke Admits Failure," *Christianity Today*, 17 May 1993, 88–89.

77. Tim Stafford, "Absence of Truth," *Christianity Today*, 14 September 1992, 18.

78. *Diagnostic and Statistical Manual of Mental Disorders (DSM-IV)*, 4th ed. (Washington, D.C.: American Psychiatric Association, 1994), 484–87 (= §300.14)를 보라.

79. 사탄의식학대에 대한 주제에 대해서는 로빈 페린과 레스 패럿이 쓴 탁월한 글을 보라. Robin D. Perrin and Les Parrott III, "Memories of Satanic Ritual Abuse: The Truth behind the Panic," *Christianity Today*, 21 June 1993, 18–23.

80. 이것이 〈거짓 기억 증후군 재단〉이 취하는 일반적인 접근법의 특징이라고 말할 수 있다. 이 재단의 주소는 다음과 같다. False Memory Syndrome Foundation, 3401 Market Street, Suite 130, Philadelphia, PA 19104.

81. Kenneth V. Lanning, "Ritual Abuse: A Law Enforcement View or Perspective," *Child Abuse and Neglect* 15 (1991): 173.

82. James T. Richardson, Joel Best, and David G. Bromley, *The Satanism Scare* (New York: Aldine de Gruyter, 1991); Robert D. Hicks, *In Pursuit of Satan: The Police and the Occult* (Buffalo: Prometheus, 1991); Jeffrey S. Victor, *Satanic Panic: The Creation of a Contemporary Legend* (Chicago: Open Court, 1993); Debbie Nathan, *Satan's Silence: Ritual Abuse and the Making of a Modern American Witch Hunt* (New York: HarperCollins, 1995).

83. Colin A. Ross, *Satanic Ritual Abuse: Principles of Treatment* (Toronto: University of Toronto Press, 1995), 70–71.

84. 앞의 책, vii.

85. 앞의 책, 61-72.

86. 앞의 책, ix.

87. 앞의 책, x.

88. 이것은 사탄의식학대에 초점을 맞추어 제작된 「심리학과 신학 저널」 특집호 서론에서 마사 로저스가 간절히 호소한 내용이기도 하다. Martha Rogers, "A Call for Discernment—Natural and Spiritual," *Journal of Psychology and Theology* 20.3 (1992): 175-86.

89. Ralph Frammolino and K. Connie Kang, "Exorcism Ritual Ends in Death, Police Say," *Los Angeles Times*, 6 July 1996, sec. B3.

3부
그리스도인들은 지역 영에 맞서 싸워야 하는가?

들어가는 말

I. 전략적 수준의 영적 전쟁이란 무엇인가?

II. 성경적 근거와 교회사적 근거

III. 전략적 수준의 영적 전쟁에 대한 평가와 대응

IV. 우리는 지역 영에 어느 정도 맞서 싸워야 하는가?

V. 교회와 도시에서 수행하는 영적 전쟁 모델

마지막 말: 교회 연합을 호소함

요약

추천도서

주

들어가는 말

"맥시몬(Maximon)을 물리쳤다!"[1] 과테말라 그리스도인들이 승리를 거두었다는 이 뉴스는 이 지역 영(territorial spirit)에 대해 잘 알고 있던 라틴 아메리카와 미국의 신자들에게 커다란 기쁨을 가져다주었다. 맥시몬은 과테말라 사람들이 수세기동안 숭배해온 마야 신이다. 하지만 케잘테낭고시와 주변 지역에 살고 있는 그리스도인들은 맥시몬을 과테말라의 많은 부분을 지배하는 강력한 지역 영으로 보았다. 맥시몬은 피 제사와 죽음을 즐기고, 복음 전파를 방해해서 사람들이 그리스도께 돌아오지 못하게 한다.

1994년 6월 24일, 과테말라 시사 잡지인 「크로니카 세마날」은 "맥시몬의 패배: 개신교 근본주의가 알티플라노의 문화를 바꾸고, 관광객들이 원주민 종교에 관심을 갖게 하다"라는 제목으로 한때 인기 있던 우상에 대한 이야기를 표지 기사로 다루었다.[2] 여러 해 동안, 그 지역의 그리스도인들은 영적 지도를 만들고 또 지역 영에 맞서 싸우는 공격적인 전투기도를 했다. 거기에는 물론 맥시몬이 포함되어 있었다. 게다가 네 팀으로 이루어진 과테말라시 중보기도자들이 1994년 6월 25일 과테말라의 네 장소로 가서, 특별히 지정된 기도의 날에 나라를 위해 기도했다. 그 날 과테말라시에서 7만 명이 예수 행진에 참가했다. 그들은 정사와 권세를 향해(엡 3:10) 과테말라를 다스리는 주님은 마야신이 아니라 예수님이라고 선포했다. 「크로니카 세마날」은 다음 주에 발간된 잡지에서 "맥시몬과 그의 추종자들의 협회는 소수의 개인들로 축소되었으며……그들이 모임을 갖던 중요한 장소들은 엄청나게 많은 복음주의 교회들이 차지했다"고 전했다.

이것은 정말 흥분할 만한 소식이다. 그것은 우리에게 1세기에 데살로니가에서 일어난 놀라운 사건을 상기시킨다. "너희가 어떻게 우상을 버리고 하나님께로 돌아와서 참되신 하나님을 섬기는지와"(살전 1:9). 다만 방법에서 약간 차이가 있다. 여전히 복음 선포가 중요한 역할을 하지만, 이제 그 지역을 지배하는 고위급 악한 천사들, 즉 지역 영들을 처리해서 사역의 토대를 마련하는 일이 대단히 강조되고 있다.

지역 영에 맞서 싸우는 일은 미국에서 이루어지는 다양한 사역에서도 중요한 요소가 되었다. 한 예로 캘리포니아주 헤멧에 있는 거주지(The Dwelling Place in Hemet)라고 불리는 교회 사역을 들 수 있다. 10년 전에 밥 베켓(Bob Beckett) 목사는 개인적으로 기도하는 시간에 곰의 은신처가 이 큰 남부 지역 사회 위에 늘어져 있는 환상을 되풀이해서 보기 시작했다. 곰의 은신처의 네 모퉁이에는 은신처를 그 지역에 단단하게 고정시키는 발톱이 있었다. 그리고 그 은신처 한가운데는 강한 등뼈가 있었다.[3]

이 이미지는 무엇을 상징했는가? 베켓 목사는 이것이 그 지역을 지배하는 귀신이라고 확신했다. 그는 나중에 그 귀신의 이름이 타퀴츠(Taquitz)라는 것을 알아냈다. 그는 교인들과 함께 이 지역 영을 무너뜨리는 전투기도를 하고, 궁극적으로 그 지역에서 효과적으로 교회 사역을 할 수 있도록 하나님이 자신에게 특별한 정보를 주셨다고 믿었다. 그래서 그 목사는 교인들을 모아서 이 악한 정사를 대적하는 기도를 했다. 기도를 하면서 그들은 그 짐승의 등뼈가 부서지는 느낌을 받았는데, 그것은 그 짐승이 그 지역에 대한 영적 지배력을 상실해 버리는 것을 말하는 듯 했다.

추가로 그 지역 역사를 조사해 본 결과 베켓 목사는 곰의 발톱이 가리키는 네 개의 강력한 진이 무엇인지 알게 되었다. 그것들은 초월명상센터, 인디언 보호구역(그 지역은 과거에 전통적 샤머니즘을 열심히 추종했다), 마하리시 요가 수행자들의 수련 시설, 그리고 사이언톨로지 교회의 휴양지 등이었다. 주님의 인도를 구하면서 베켓 목사는 주님이 네 지점에 있는 땅에 말뚝을 박아 그 지역을 덮는 "기도 덮개"를 만들어서 한때 이 악령에게 속했던 그 지역이 그리스도의 소유임을 주장하라고 자신에게 말씀하시는 것을 느꼈다. 교회가 이 예언적 행동을 하고 그 지역을 위해 계속 중보기도를 한 후에, 그들은 엄청난 사역의 성공을 거두기 시작했다. 교인 수는 1년도 되지 않아 두 배로 늘어났고, 사랑과 일치의 영이 교회에 충만해졌으며, 그 지역의 목사들이 새로운 연합을 이루게 되었다.

정사와 권세에 맞서 효과적으로 싸우는 그리스도인들에 대한 이야기는 한국, 아르헨티나, 캐나다 등 전 세계에 수두룩하다. 지금 몇몇 그리스도인 지도자들은 이런 이야기들로부터 통찰을 뽑아서, 동네, 도시, 지리적 영토, 국가 전체에 영향력을 행사하는 고위급 영들에 맞서 싸우는 전쟁에 유익한 새롭고 특별한 전략들을 주장하고 있다. 다니엘서 10장에서 페르시아와 그리스를 다스리는 악한 천사 군주를 언급하고 있는 사실을 출발점으로 삼아, 이런 지도자들은 그리스도인들이 성공적이고 효과적으로 사역하려면 지리적 영들과 맞서 싸우는 것이 필요하다고 주장하고 있다.

이런 지도자들은 교회가 오랫동안 소홀히 해온 영적 전쟁의 극히 중요한 측면을 회복시키고 있는 것인가? 그런 전략의 여러 측면들이 이상하고, 다르며, 심지어는 터무니없어 보일지라도, 우리는 성공을 거두고 있는 현실에 근거해 그 정당성을 주장할 수 있는가?

아르헨티나는 이 전략을 시행해온 대표적인 국가이다. 가장 주목할 만한 사례 중 하나가 아르헨티나 전도자 카를로스 아나콘디아(Carlos Annacondia)이다. 그의 사역을 지켜본 목격자들은 1982년 이후로 시행된 대규모 전도 집회를 통해 라틴 아메리카 전역에서 거의 2백만 명이 그리스도를 믿게 되었다고 주장한다. 아나콘디아는 자신이 전도 집회를 개최하는 지역을 지배하는 "강한 자를 묶는" 활동과 영적 전쟁을 강력하게 강조했다.[4] 9만 명의 성도를 보유한 아르헨티나 미래비전교회 목사인 오마르 카브레라(Omar Cabrera) 역시 이 방법을 쓴다. 새로운 지역을 찾아가 전도 행사를 준비할 때, 그는 5-7일을 혼자 보내면서 그 특정 지역의 어둠을 통제하는 강한 자, 또는 군주를 묶는 기도를 적극적으로 한다.[5]

미국에서는 선교학자 피터 와그너가 이런 방식의 영적 전쟁을 널리 알리는 일을 했다. 와그너는 그런 전략이 무엇인지 설명하고, 또 그것을 축사 또는 "구출 사역"과 구별 짓기 위해 "전략적 수준의 영적 전쟁"(Strategic-Level Spiritual Warfare; SLSW)이라는 말을 만들어냈다. 와그너는 그가 쓴 책 「기도는 전투다」(1991)에서 이 전략을 자세히 소개한다. 그는 또 그 전략을 옹호하는 두 권의 다른 책을 편집했다. 「영적 원수를 대적하라」(1991); 「지역사회에서 마귀의 진을 헐라」(1993). 이 두 책에는 목사, 전도자, 선교사들이 쓴 글들이 실려 있다. 그 중에는 존 도우슨, 톰 화이트, 조용기, 래리 리, 신디 제이콥스, 조지 오티스, 밥 베켓, 해롤드 카발레로스, 빅토르 로렌조 등이 있다. 더 최근에 와그너는 그런 활동을 지지하는 성경적 신학적 근거를 제시하는 책인 「영적 전투를 통한 교회 성장」(1996)을 썼다.

이 사람들 모두는 〈영적 전쟁 네트워크〉(Spiritual Warfare Network; SWN)라고 불리는 국제적인 그리스도인 지도자 모임에 참여하고 있다. 이 모임은 1989년 마닐라에서 개최된 제2차 로잔대회 이후에 결성되었다. 왜냐하면 그 대회에서 세계복음화와 관련해 지역 영 문제를 다룬 다섯 개의 워크숍이 엄청난 관심과 반향을 불러일으켰기 때문이다. 〈영적 전쟁 네트워크〉의 첫 번째 회의는 1990년 2월 12일 캘리포니아주 패서디나에 있는 레이크애비뉴 회중교회에서 개최되었다. 그 모임은 피터 와그너, 찰스 크래프트, 신디 제이콥스, 게리 클라크 등이 이끌었다. 〈영적 전쟁 네트워크〉는 그리스도인들이 세계복음화를 상당히 진전시키기 위해 기도하는 방법과 관련해서 하나님의 지혜와 인도를 받기 위한 목적으로 만들어졌다.

나는 1991년 피터 와그너와 찰스 크래프트의 초청을 받아 신학 자문위원으로 〈영적 전쟁 네트워크〉에 참여하게 되었다. 그때 나는 그들과 마찬가지로 세계복음화에 헌신하고자 하는 마음과 복음 전파를 반대하는 악한 자를 고려해 어떤 전략을 세울 것인지 지혜를 구하고자 하는 마음을 갖고 있었다. 나는 지난 수년 동안 〈영적 전쟁 네트워크〉의 여러 회원들과 계속 대화를 나누었으며, 최근에는 피터 와그너, 데이비드 브라이언트, 톰 화이트 등과 함께 "〈기독교21세기운동〉의 합심기도 트랙에서 채택한 세계복음화를 위한 기도 철학"을 발전시켜나가는 자문위원으로 참여했다.[6]

I. 전략적 수준의 영적 전쟁이란 무엇인가?

전략적 수준의 영적 전쟁의 독특한 특성을 묘사하면서, 나는 주로 와그너가 설명한 전략에 초점을 맞추어 이야기하겠다. 왜냐하면 와그너는 그 접근법을 지지하는 가장 주요한 인물이자 매우 영향력 있는 대변인이 되었기 때문이다. 와그너가 그 주제에 대해 많은 책들을 저술하지 않았더라면, 사람들은 "전략적 수준의 영적 전쟁"이 무엇인지 거의 알지 못했을 것이다. 하지만 나는 실제로는 〈영적 전쟁 네트워크〉 내에서조차 다양한 전략들이 있으며, 또 전략적 수준의 영적 전쟁에 대해 획일적인 한 가지 방법만을 말하는 것이 옳지 않음을 깨닫게 되었다. 관련 책들에 분명히 드러나 있지 않을 수도 있지만, 일부 사람들은 그 전략의 어떤 측면들에 대해 와그너와 의견이 다르다. 사람들에 따라 어떤 부분들은 강조하고, 다른 부분들은 극소화하거나 배제시킨다.

전략적 수준의 영적 전쟁의 핵심은 3중적 접근법이다. 첫째, 도시에 배정된 지역 영을 분별하라. 둘째, 도시나 지역의 공동적 죄를 다루라. 셋째, 지역 영에 맞서 싸우는 "전투기도"를 열심히 하라. 이제 전략적 수준의 영적 전쟁 전략의 각 측면을 순서대로 설명해 보기로 하자.

1. 도시에 배정된 지역 영을 분별하라

이것은 물론 복음 전파를 방해하는 적대적인 초자연적 존재의 실재를 추정할 뿐만 아니라, 또한 특정한 지리적 임무를 맡고 있는 고위급과 하위급 권세들의 존재를 추정한다.

대부분의 그리스도인들은 사탄과 귀신들의 존재를 단언할 것이다. 그렇지 않은 사람들은 선험적인 과학적 자연주의의 영향을 받은 해석학을 의식적이건 무의식적이건 받아들인 것이다. 영토와 연관된 적대적 천사들이라는 개념은 다니엘서 10:13, 20, 21에서 성경적인 지지를 받는다. 이 구절들은 "가장 높은 군주" 중 하나인 미가엘 천사와 하늘에서 싸우는 "바사 군주"와 "헬라 군주"에 대해 이야기한다.

와그너는 이런 종류의 영적 전쟁을 하는 첫 번째 단계로서 특정한 지역에 배정된 귀신적 군주의 이름과 본질을 알아내는 것이 중요하다고 주장한다. 와그너는 아르헨티나의 레지스텐시아의 사례를 인용한다. 와그너는 "레지스텐시아에서 많은 전도의 열매를 거둔 비결 중 하나는 그 도시를 다스리는 영들의 이름을 알아낸 것이었다. 그들은 폼베로, 쿠루피, 산 라 무에르테, 레이나 델 시에로, 주술, 프리메이슨 등이다."[7] 최근에 이루어진 전략적 수준의 영적 전쟁에 대한 토론에서, 와그너는 전략의 일부로서 이런 여섯 영들의 정체를 알아내는 것이 얼마나 중요한지 다시 확언한다.[8] 다른 그리스도인 사역자들도 마찬가지로 권세의 정체를 알아내는 것의 중요성을 강조했다. 목사이자 전도자인 래리 리(Larry Lea)는 자신이 사역을 하는 특정한 마을이나 교회에서 활동하는 적의 세력을 보여 달라고 하나님께 어떻게 간구하는지 설명한다.[9] 마찬가지로, 예수전도단의 도시선교 국제 책임자인 존 도우슨(John Dawson)은 자신이 브라질에서 사역을 하기 전에 아마조나스와 마나우스를 다스리는 "강한 자" 또는 지역 영에 대해 알 수 있는 분별력을 달라고 하나님께 어떻게 간구했는지 이야기한다.[10] 와그너와 달리, 도우슨은 "어떤 수준에 있는 귀신들의 정확한 이름을 알아내는 것이 꼭 필요한 것은 아니다. 하지만 억압의 특별한 본질 또는 유형이 무엇인지 아는 것은 중요하다"고 주장한다.[11] 「기도는 전투다」의 규범적인 부분에서, 와그너는 독자들에게 다음과 같이 가르친다. "가능한 대로, 중보기도자들은 그 도시 전체에, 그리고 그 도시의 여러 지리적, 사회적, 문화적 부분에 배정된 정사의 기능 명이든 아니면 고유명이든 그 이름을 알아내려고 노력해야 한다."[12] 가장 최근에 쓴 책에서, 와그너는 그 중요성을 반복해서 강조한다. "효과적인 영적 전쟁은 영들의 이름을 알아낼 것을 요구하지 않는다. 하지만 경험상 영들의 이름을 명확하게 알아낼 수 있을 때, 우리는 그들에 대해 더 많은 권세를 갖고 따라서 더 효과적으로 사역을 할 수 있는 것 같다."[13]

영적 지도 작성(spiritual mapping)라는 개념이 등장하는 대목이 바로 여기이다. 이 표현은 센티널 그룹의 회장이며 〈기독교21세기운동〉의 미국기도트랙의 조정자 중 한 사람인 조지 오티스 2세(George Otis Jr.)가 만들어 냈다. 오티스는 이 트랙의 영적 지도 작성 분과의 책임을 맡고 있다. 오티스는 영적 지도 작성을 "물질적 세계에 있는 장소와 환경에다가 영적 영역에 있는 영향력과 사건들에 대한 우리의 이해를 첨가하는 것"이라고 정의를 내린다.[14] 이것은 사람들이 복음의 빛에 반응하지 못하게 하기 위해 영계에서 무슨 일이 일어나고 있는지 분별한다는 말이다. 오티스가 말하는 영적 지도 작성은 한 도시나 국가의 종교사에 대해 자세하게 조사하는 것이다. 그는 공식적인 종교적 배경뿐만 아니라 민간 신앙 및 관례들에 대해서도 알아내고자 한다. 그의 연구조사는 사악한 영들이 이런 다른 종교적 믿음과 관례 뒤에 숨어서 그것들을 이용해 사람들이 복음을 깨닫지 못하게 한다는 가정에 근거한다. 이런 종류의 연구조사의 첫 열매는 최근에 「10/40창에 있는 견고한 진들」이라는 제목으로 출판되었다.[15] 와그너와 달리, 오티스는 중보기도자들이 영들의 이름을 식별할 필요가 있다고 제안하지 않는다. 오티스는 이곳저곳에서 다양한 모습으로 나타나는 그들의 속임수의 본질을 밝히는데 더 관심을 가진다.

또 오티스는 귀신의 능력이 이동하는 통로를 찾아내는 수단으로 한 종교 센터나 신비술 센터에서 또 다른 센터까지 연결하는 선을 지도 위에 그리는 그런 "지도 작성"을 옹호하지 않는다는 점을 주목하는 것이 중요하다. 이것은 와그너를 포함해서 〈영적 전쟁 네트워크〉에 속한 일부 사람들이 믿고 따르는 원리이지만, 〈영적 전쟁 네트워크〉에 속한 대부분의 사람들은 그렇게 하지 않는다.

2. 도시나 지역의 공동적 죄를 다루라

〈영적 전쟁 네트워크〉에 속한 많은 사람들은 지금 지역 영과 싸우는 종합적인 전략의 필수적 부분으로서 도시나 지역이 저지른 공동적 죄를 다루는 것의 중요성을 강조하고 있다. 여기에서 가정하는 원리는 "죄악에 물든 나쁜 행위는 고위급 정사와 권세가 개입해서 견고한 영적 진을 만들게 하는데, 그 진들은 공동적 겸손과 회개 외에 다른 것으로는 완화되지 않는다"는 것이다.[16]

이것을 가장 강력하게 옹호하는 사람은 존 도우슨이다. 도우슨은 "동일시 회개"(identificational repentance)라는 표현을 만들어내서 필요한 것이 정확히 무엇인지 잘 요약했다. 가장 많이 팔리는 책 「하나님을 위하여 도시를 점령하라」에서, 도우슨은 화해를 가져오고 그렇게 함으로써 도시를 장악하고 있는 사탄의 지배를 깨부수는 수단으로서 도시의 죄악과 동일시하고 이런 죄들을 고백하고 회개하는 것의 중요성을 강조했다.[17]

도우슨은 최근에 출간한 책 「미국의 상처를 치유하라」에서 이 접근법을 더욱 발전시켰다. 그는 특히 미국이 인디언 원주민, 흑인, 여성, 빈민들에게 저지른 죄에 대해 초점을 맞춘다. 그는 현 세대의 사람들에게 그들이 조상들의 유산을 물려받았으며, 따라서 조상들이 과거에 저지른 잘못에 대해 하나님 앞에 어느 정도 책임이 있다고 설명한다. 그는 미국인들에게 이런 죄들과 동일시하고, 공개적으로 그 죄들을 고백하고, 피해자들이 용서할 수 있게 하라고 촉구한다. 영적인 영역에서, "사탄은 화해가 이루어질 때 위협을 느낀다"고 그는 주장한다.[18]

와그너는 전략적 수준의 영적 전쟁의 이 측면을 〈기독교21세기운동〉

의 합심기도트랙의 중심 과제로 삼았다. 와그너는 "전투기도의 여러 측면 중 동일시 회개보다 더 중요한 것은 없다"고 말한다.[19] 와그너는 한 지역을 다스리는 영을 추방하는 것으로는 충분하지 않다고 본다. 그 영들의 법적 관할권이 무효가 되지 않는다면 그들은 다시 돌아올 수 있다. 와그너는 이 점에 대해 이렇게 말한다. "악령들이 돌아오는데 성공하는 이유 중 하나는 그들이 그 지역과 그곳 사람들을 통제할 수 있는 법적 권리의 기반이 되었던 견고한 진들이 완전히 제거되지 않았기 때문이다......정확하고 민감한 영적 지도 작성을 통해 우리는 과거 세대들이 저지른, 용서되지 않은 죄들에 뿌리를 둔 견고한 진들을 밝혀낼 수 있다."[20] 이런 죄들은 동일시 회개를 통해 다루어져야 할 필요가 있으며, 와그너는 가장 중요한 지침서로 도우슨의 책을 가리킨다.

3. 지역 영에 맞서 싸우는 전투기도를 열심히 하라

전략적 수준의 영적 전쟁의 마지막 단계는 정체를 알아낸 지역 영과 맞서 적극적으로 전투기도를 하는 것이다. 아르헨티나의 레지스텐시아를 다스리는 여섯 영의 이름을 밝혀낸 후에, 와그너는 "신디 제이콥스의 지도를 받아서 아르헨티나 목사들은 이런 정사에 맞서 강력하고 명확하게 기도했다"고 말한다.[21] 이런 종류의 기도는 "강한 자를 묶고, 아직 예수 그리스도를 영접하지 않은 도시 사람들의 영혼을 다스리는 그의 권세를 약화시키기 위해" 하는 것이다.[22]

신디 제이콥스(Cindy Jacobs)는 콜로라도주 콜로라도 스프링스에 근거지를 두고 있는 〈중보기도 용사〉의 회장이다. 그녀는 와그너의 생각과 기도운동의 방향에 상당히 중요한 영향을 끼쳤다. 그녀는 영적 대결 준비를 충분히 한 후에 지역 영에 맞서 기도하는 것을 강력하게 옹호하는 사람이다. 그녀는 자신이 사용하는 방법을 다음과 같이 묘사한다.

죄에 대한 회개가 이루어진 후에, 나는 강력한 기름부음과 권세를 갖고 있는 지역 목사들에게 지역 영에 맞서 기도하는 기도회를 인도하고 또 그 영들의 권세가 부수어지도록 명령하라고 요청한다. 죄가 용서되기 전까지는 이런 일을 하지 말아야 한다. 죄가 용서되지 않을 경우 견고한 진의 권세는 부수어지지 않을 것이기 때문이다. 이것은 성령의 인도하심을 따라 조심스럽게 진행되어야 하는 영역이다. 지도자들은 자신들과 협력해서 싸움을 하는 사람들에 대해 막중한 책임이 있다. 적절한 때가 아닌 시점에 지역 영들을 공격하려고 시도하는 것은 위험할 수 있다. 하나님은 영들에 맞서 기도할 때가 되면 목사들과 지도자들의 마음에 엄청난 평안과 믿음을 주신다.[23]

제이콥스는 광야에서 유혹 당하신 예수님의 예에서 이 방법을 사용하는 근거를 찾는 것 같다. 그녀는 이렇게 말한다. "우리는 때때로 그리스도가 광야에서 사용하셨던 몇 개 안되지만 강력한 말씀을 간과한다. 싸움을 끝내시면서, 예수님은 엄청난 권세를 가지고 "사탄아 물러가라"고 말씀하셨다(마 4:10). 성경은 사탄이 예수님을 떠나고 천사들이 와서 예수님을 섬겼다고 말한다."[24]

빅토르 로렌조(Victor Lorenzo)는 아르헨티나 레지스텐시아에서 찾아낸 여섯 개의 다스리는 권세에 맞서 적극적으로 전투기도를 한 경험에 대해 묘사한다. 그는 다음과 같이 말한다.

신디 제이콥스 및 훈련받은 중보기도자들과 함께 우리는 그 도시를 다스리는 보이지 않는 권세들에 맞서 네 시간동안 맹렬하게 싸웠다. 우리는 그들의 계급적 서열이라고 우리가 느끼는 대로 아래에서부터 위까지 그들을 공격했다. 먼저 폼베로, 그 다음에 쿠루피, 그 다음에 산 라 무에르테, 그 다음에 프리메이슨, 그 다음에 하늘의 여왕, 그 다음에 그 도시에 있는 모든 악의 세력을 조정하는 역할을 하는 것으로 우리가 의심하는 피톤 영을 공격했다. 공격을 마쳤을 때, 평화와 자유의 충만한 느낌이 참여한 모든 사람들 위에 임했다. 우리는 이 첫 번째 싸움에서 이겼으며, 그 도시가 주님께 돌아올 것이라고 확신하게 되었다.[25]

와그너는 지역 영에 맞서 효과적으로 기도한 다른 사람들을 가리킨다. 이런 사람들 중에 래리 리가 있다. 그는 자신의 교회 주변 사방에 위치한 권세에 맞서 기도하는 사람이다. 예를 들어, 리는 의인화된 방향 "북(North)을 향해 이렇게 분명한 명령을 내린다. "북, 너는 하나님이 우리 교회의 일부가 되도록 정하신 사람들을 붙잡고 있어. 내가 예수님의 이름으로 너에게 명하노니 우리 교회의 일부가 되어야만 하는 모든 사람들을 자유롭게 할지어다."[26]

II. 성경적 근거와 교회사적 근거

이른바 지역 신에 대한 통찰을 얻기 위해 성경을 살펴보아도 정보를 찾기가 쉽지 않다. 영토, 특히 민족과 관련된 귀신의 실재를 분명히 단언하는 중요한 구절이 몇 개 있을 뿐이다.

1. 민족을 다스리는 천사들 (신 32:8; 시 82편)

지역 신을 언급하는 첫 번째 구절은 신명기 32:8이다. 이 절은 모든 사람과 민족을 다스리시는 하나님의 주권을 강하게 단언하지만, 또한 하나님이 천사들에게 민족을 다스리는 책임을 어느 정도 주셨다는 사실을 우리에게 알려준다.

> 지극히 높으신 자가 민족들에게 기업을 주실 때에
> 인종을 나누실 때에
> 이스라엘 자손의 수효대로
> 백성들의 경계를 정하셨도다

엘리온("지극히 높으신 자")이 인류를 이렇게 나누신 일은 모든 천사들, 또는 "거룩한 자들"이 참석한 천상회의에서 이루어졌다.[27] 하나님은 인류를 "이스라엘 자손의 수효대로," 또는 70인 역과 쿰란 동굴에서 발견한 신명기 두루마리가 표현한 대로 "하나님의 아들들의 수효대로" 여러 그룹으로 나누셨다 (여기에서 하나님의 아들들은 천사를 언급한다). 따라서 이 구절은 민족의 수는 천사들의 수와 정비례한다고 가르치는 것 같다. 특정한 그룹의 천사들은 특정한 나라 및 백성과 관련되어 있다.

이런 천사적 통치자들 중 일부가 분명히 하나님을 대적하는 반역을 일으켰다. 사람들이 한 분 참된 하나님을 예배하도록 안내하기보다, 그들은 스스로 숭배를 받으려 하고 사람들에게 "신"이라고 속였다(시 82:1-8).²⁸⁾ 이런 민족들의 인간 지도자들이 정의, 의, 선으로 통치하도록 고무하는 대신에, 그들은 우상숭배, 전쟁, 증오, 불의 및 온갖 종류의 사악한 행위 등을 저질렀다. 이런 악행들에 대해 그들은 천상회의에서 하나님의 준엄한 심판을 받게 될 것이다(시 82:1-8). 이런 "지극히 높으신 자의 아들들"의 거짓된 행위는 끝장날 것이다. 그 때 사람들은 하나님만이 진정으로 "지극히 높으신 자"(엘리온)라는 사실을 알게 될 것이다. 하나님 한 분만이 주권적이시며 경배를 받으실 만하다. 모든 나라는 다 그분의 소유이다(시 82:8).

선지자 이사야 역시 민족을 수호하는 이런 천사들에 대한 심판이 임박한 것에 대해 이야기한다.

> 그 날에 여호와께서
> 높은 데에서 높은 군대(the powers in the heavens above)를 벌하시며
> 땅에서 땅의 왕들을 벌하시리니 (사 24:21)

땅의 왕들을 통해 영토에 영향력을 행사하는 이런 하늘의 권세들은 정말로 강력할 수 있지만, 그들은 그들의 창조자가 갖고 계신 무한한 지혜와 전능한 능력을 과소평가했다. 그들도 단언컨대 종말을 맞이할 것이다.

이 세 본문들은 모두 민족에 상당한 영향력을 행사하는 타락한 천사들의 실재에 대해 분명히 증언한다. 하지만 그들이 특정한 지리적 영토

를 통치하는 것보다 인종 집단으로 나눈 점을 더 많이 강조하는 것 같다. 어쨌든 이런 구절들은 인간의 일과 천사들의 활동이 매우 밀접히 연결되어 있음을 나타낸다.

2. 열방의 신들은 실제로 귀신이다 (신 32:17; 시 96:5; 106:37-38)

특히 두 구약 구절이 민족을 다스리는 이런 천사들 중 일부가 타락한 사실을 강조한다. 수호천사들에게 인류를 배정한 사실을 밝히는 신명기 32장은 또 이스라엘이 다른 신들을 받아들여서 하나님의 질투를 불러일으킨 일에 대해서도 이야기한다(신 32:16). 하지만 실제로 "그들은 귀신들에게 제사했다"(히브리어로 *쉐딤*; 헬라어로 *다이모니아*; 신 32:17). 그들은 한 분 참된 전능하신 하나님을 저버리고 타락한 천사들, 귀신들에게 헌신했다. 물론 그들은 자신들이 악령들을 숭배하고 있다는 사실을 인식하지 못했다. 이런 정사와 권세는 그럴듯한 거짓말로 사람들을 속여서 그들이 하늘과 땅을 다스리는 전능한 통치자라고 생각하게 만든다.

시편은 시적인 언어로 하나님의 백성에게 그들이 경배하는 분은 우주를 다스리시는 주권자라는 점을 상기시킨다. "여호와여 주는 온 땅 위에 지존하시고 모든 신들보다 위에 계시니이다"(시 97:9). 이것은 다른 신들이 정말로 존재한다는 말로 잘못 해석하지 말아야 한다. 70인 역은 열방의 여러 신들의 참된 정체를 이렇게 드러낸다. "만국의 모든 신들은 마귀들이지만 여호와께서는 하늘을 지으셨음이로다"(시 96:5).[29]

다른 민족들의 신들에게 바친 모든 의식, 기도, 제사 및 예배는 정말로 "신들"에게 바쳐진 것이 아니었다. 그것들은 한 분 참된 하나님의 정당한 자리를 찬탈하려는 사기꾼 천사들에게 바쳐진 것이었다. 귀신들이 벌인 이 거대한 사기극에서 특히 충격적인 사실은 이런 반역적 천사들이 "신" 행세를 하면서 사람들에게 끔찍한 제사를 요구한 것이다. 그들은 인신제사까지 드리게 했다. 시편기자는 이스라엘 역사에서 있었던 이런 슬픈 시기 중 하나를 통탄한다.

> 그들의 우상들을 섬기므로
> 그것들이 그들에게 올무가 되었도다
> 그들이 그들의 자녀를
> 악귀들에게 희생제물로 바쳤도다
> 무죄한 피
> 곧 그들의 자녀의 피를 흘려
> 가나안의 우상들에게 제사하므로
> 그 땅이 피로 더러워졌도다 (시 106:36-38)

가나안 사람들이 숭배하는 남녀 신들은 실제로는 귀신이었다. 그들은 이스라엘 백성을 유혹해서 지역 신으로 가장한 자신들을 숭배하도록 부추겼다. 그들은 오늘날 많은 사람들이 "지역 영"이라고 부르는 것이었다. 가나안 정복 후에, 이스라엘 백성은 종종 이런 지역 신들을 숭배하려는 유혹에 굴복했다. 구약 역사서, 선지서, 시편은 여호와를 배신하고 우상들을 받아들인 하나님의 백성들에 대한 이야기로 가득하다. 가나안 종교에 수많은 신들이 있었지만, "엘"이 최고로 높임을 받았다. 이스라엘 백성은 또 여신 아스다롯을 숭배했다. 아스다롯은 바벨론과 앗수르의 여신 이슈타르와 밀접한 관련이 있는 신이었다. 구약 및 이 당시의 다른 종교 문헌들에서, 우리는 또 바알신에 대한 수많은 언급을 찾아볼 수 있다. 바알은 가나안 사람들의 최고 풍요 신이었다. 모든 지역이 자신들의 바알을 숭배했으며, 종종 자신들이 바알을 숭배하는 그 도시나 영토의 지명을 따라 이름을 지었다. 예를 들면, 바알헤르몬, 바알하조르, 바알갓, 바알브올 등이다. 또 가나안 종교에는 다른 지역 신들이 많이 있었다. 모압의 그모스, 암몬의 밀곰, 두로의 멜카트, 시돈의 에쉬문은 여러 지역 신들의 일부일 뿐이다.[30]

여러 다른 가나안 신들은 지역적인 연고가 없었지만, 그들이 수행하는 몇 가지 특별한 기능 때문에 숭배되었다. 예를 들어, 일립은 조상숭배의 수호신이고, 하드 (또는 하다드)는 폭풍을 주관했으며, 얌은 바다의 신이고, 못은 죽음을 다스렸으며, 레페쉬는 전염병과 관련이 있었다. 따라서 보통 사람들은 여러 신을 숭배했다. 구약학자 피터 크레이기(Peter Craigie)는 특정 도시에 거주하는 가나안 사람은 (1) 그 도시의 주된 신, (2) 풍요의 신, (3) 죽은 자와 관련이 있는 신, 또는 (4) 개인 또는 가족의 신 등을 숭배했을 것이라고 제안했다.[31]

구약은 이런 우상들 모두가 실제로는 "신"으로 가장한 반역적 천사들 또는 귀신들이라고 명백히 밝힌다. 그들이 국가, 도시, 지역, 바다와 관련된 신 행세를 하든, 아니면 죽음, 풍요, 폭풍을 가져오는 권세를 휘두른다고 주장하든 다 마찬가지이다. 그들은 한 분 참된 하나님만이 합당하게 받으실 수 있는 경배를 자신들이 받으려고 교만하게 행동한다. 사도 바울은 고린도인들에게 똑같은 진리를 가르친 바 있다. "무릇 이방인이 제사하는 것은 귀신에게 하는 것이요 하나님께 제사하는 것이 아니니"(고전 10:20).

돌, 나무, 귀금속으로 만든 우상들은 여전히 형상(이미지; 이것이 "우상"이라는 단어가 지닌 의미이다)에 지나지 않는다. 실제 조각상에는 아무 것도 없다. 그러나 그것들과 연관된 매우 위험한 영적 실재가 있다. 귀신들이 우상숭배 뒤에 숨어 있으며, 하나님의 계획을 뒤엎고 자신들이 경배를 받으려고 시도하면서 우상숭배에 생기를 불어넣는다.

3. 선한 천사들과 싸우는 열방의 천사들 (단 10:13, 20, 21)

지역 영이라는 개념은 다니엘서에서 분명한 지지를 받는다. 하지만 "지역"이라는 용어는 이런 천사적 권세들의 본질과 기능을 실제보다 줄여서 말한다. 아마도 "제국의 영"(empire spirits)이 더 나은 표현이 될 것이다.[32]

다니엘서는 바사(페르시아)와 헬라(그리스)의 연이은 제국들과 특별한 연관을 갖고 있는 천사적 권세에 대해 말한다. 이런 악한 천사들의 존재는 중간에서 설명을 해주는 천사인 가브리엘에 의해 다니엘에게 알려진다(단 9:21). 가브리엘은 하나님이 자신에게 보여주신 환상을 설명하기 위해 왔다. 가브리엘은 3주 동안 자신이 다니엘에게 오는 것을 방해한 싸움이 하늘에서 벌어졌다고 말한다.

> 그런데 바사 왕국의 군주가 이십일 일 동안 나를 막았으므로 내가 거기 바사 왕국의 왕들과 함께 머물러 있더니 가장 높은 군주 중 하나인 미가엘이 와서 나를 도와주므로 (단 10:13)

나중에, 가브리엘은 다니엘에게 하늘의 전쟁이 계속될 것이지만, 이제 또 다른 군주 천사와 다투는 싸움이 있을 것이라고 알려준다.

> 이제 내가 돌아가서 바사 군주와 싸우려니와 내가 나간 후에는 헬라의 군주가 이를 것이라……나를 도와서 그들을 대항할 자는 너희의 군주 미가엘뿐이니라 (단 10:21-21)

이 구절들에 나오는 바사 군주와 헬라 군주는 인간 통치자들이 아니라 천사들을 언급하는 것이다. 이 기본적인 사항에 대해서는 성경학자들 가운데 분명한 의견의 일치가 이루어져 있다.[33] 천사장 미가엘 역시 "군주"로 언급되고 있는 사실에 비추어 이 해석은 강력한 지지를 받는다. 70인 역은 히브리어 "사르"를 "아르콘"으로 번역해 놓았는데, 그것은 바울(고전 2:6, 8; 엡 2:2을 보라), 요한(요 12:31) 그리고 다른 1세기 및 초기 그리스도인 저자들이 천사적 권세를 나타낼 때 사용한 단어였다.

다니엘은 주전 535년, 바사 왕 고레스 통치 3년에 환상을 보았다. 다니엘은 이스라엘 백성을 위해 금식하면서 기도하고 있었다. 이스라엘 백성 중 많은 사람들이 여전히 그들의 고향 팔레스타인에서 여러 마일 떨어져 있는 바벨론, 페르세폴리스, 수사, 엑바타나 등 메소포타미아 도시에서 살고 있었다. 하지만 고레스가 유대인 포로들 중 일부를 팔레스타인에 돌아갈 수 있도록 방금 허락했다. 이 첫 번째 귀환자들은 불행하게도 지역 주민들(처음에 앗수르 왕들이 거기에 정착시킨 식민지 주민들)의 강한 반대에 부딪혔다. 그들은 귀환자들이 예루살렘 성전과 성을 재건하려고 하자 엄청나게 반대를 했다(스 1-6장을 보라). 이스라엘이 고국에 돌아와 재건된 성전에서 다시 여호와를 예배할 수 있는 상황이 전개되자 사탄이 불쾌하게 여겼으리라 상상할 뿐이다.

이제 노인이 된 다니엘은 이스라엘 백성을 위해 집중적인 중보기도를 드렸다. 이때는 위기였다. 다니엘은 바벨론성에서 물러나와 티그리스 강둑 어딘가로 갔다. 바벨론성에서 가장 가까운 강둑 지점은 20 마일 정도 떨어져 있는 곳에 위치해 있었다. 다니엘서 본문은 다니엘이 "세 이레 동안을 슬퍼하며" 또 적어도 부분 금식을 하면서 "좋은 떡," 고기, 포도주를 먹지 않았다고 말한다. 이스라엘 백성을 위해 열심히 기도할 때에, 다니엘에게 하늘의 초대를 받는 일이 일어났다. 일부 성경학자들은 이것을 성육신하기 전 그리스도가 나타나신 것으로 이해했다.[34] 다니엘이 본 환상은 리넨 옷을 입은 남자였다. "그의 몸은 황옥 같고 그의 얼굴은 번갯빛 같고 그의 눈은 횃불 같고 그의 팔과 발은 빛난 놋과 같고 그의 말소리는 무리의 소리와 같더라"(단 10:6; 참조. 계 1:12-16). 이 일이 일어난 직후에(단 10:4-9) 하나님이 보내신 천사가 찾아와서(단 10:10 이하) 미래에 이스라엘 백성에게 일어날 일을 알려주었다(단 10:14).

그 다음에 중간에서 설명을 해주는 천사는 미래에 대한 예언적 지식을 전해줄 뿐만 아니라, 또한 초자연적 영역에서 벌어지는 영적 싸움의 본질에 대한 통찰을 제공해준다. 다니엘은 하늘에서 전쟁이 있었고, 또 앞으로도 있을 것이라는 사실을 알게 된다. 가브리엘은 이미 바사 왕국을 다스리는 천사 군주와 21일간 싸움을 했지만, 천사장 미가엘이 와서

도와주면서 일시적인 승리를 거둘 수 있었다. 가브리엘은 자신이 떠난 후에 이 바사 군주와 싸우는 하늘의 전쟁이 계속될 뿐만 아니라, 또한 상승하는 헬라 제국을 다스리는 책임을 부여받은 천사와 싸우는 하늘의 전쟁도 이어질 것이라는 점에 대해 설명한다.

다니엘서 10장의 사건들은 주전 535년에 일어났다. 인간적인 면에서 볼 때, 헬라 제국은 거의 2백 년 후 알렉산더 대제가 등장할 때까지 두각을 나타내지 못했다. 다음 2세기동안, 바사 제국은 고대 근동에서 지배적인 권력을 행사했다. 그 다음에 본문은 다니엘이 기도를 해서 바사 군주를 묶고 추방할 수 있었다고 가르치지 않는다는 점을 주목해야 한다. 바사 군주는 2백 년 동안 계속 강력한 영향력을 행사한다. 물론 지역을 다스리는 통치자를 쫓아내는 것이 다니엘이 기도한 목표도 아니었다.

그 천사가 다니엘에게 알려준 것은 우리에게 하늘의 전쟁의 본질이 무엇인지 더 알고 싶은 호기심을 불러일으킨다. 하지만 본문은 자세한 정보는 제공해 주지 않는다. 다니엘서가 우리에게 매우 분명하게 강조하고자 하는 것은 하나님의 절대적 주권이다. 하나님이 세계 역사를 통제하신다. 하나님은 연이은 제국들을 아시며, 그것들을 사전에 결정해 놓으셨다. 하나님은 하늘의 권세들보다 무한히 우월하시다. "하늘의 군대에게든지 땅의 사람에게든지 그는 자기 뜻대로 행하시나니"(단 4:35). 하나님의 뜻에 어긋나는 일은 결코 없을 것이다. 그러나 더욱 중요한 것은 하나님이 영원한 나라를 건설하고 계신다는 사실이다. "도리어 이 모든 나라를 쳐서 멸망시키고 영원히 설 것이라"(단 2:44).

우리는 또 이 계시로부터 천사적 권세가 지상 나라와 밀접하게 연관되어 있음을 배운다. 다니엘은 하나님의 백성을 대신해서 전능하신 하나님 아버지께 올리는 간절한 중보기도의 모범을 보여준다. 이것이 극적인 변화를 가져왔다.

4. 구약의 주요 가정: 열방의 우상 뒤에는 귀신들이 있다

나는 구약은 귀신에 대해 많이 언급하지 않는다고 사람들이 말하는 것을 자주 들었다. 복음서에서 예수님이 여러 번 귀신들과 조우하신 것과 바울이 "정사와 권세"에 대해 많이 언급한 것과 요한계시록에 천사들의 전쟁이 기록된 것에 비교해 볼 때, 구약에는 귀신에 대한 명백한 언급이 그리 많지 않다.

그러나 겉보기와 달리 훨씬 더 많은 언급을 하고 있다. 영감을 받은 구약 저자들은 귀신들과 천사들이 직접적으로 언급되지 않는 많은 장소에 귀신이 존재한다고 가정했다. 우리는 귀신들이 국가 및 지역 우상들 뒤에 있으며, 또 그것들이 제국의 일에 긴밀하게 얽혀 있다고 생각하는 기본적인 구약 세계관을 가리키는 몇몇 주요 절들에 대해 이미 논의한 바 있다. 이것은 우리가 처음에 외견상으로 인식할 수 있는 것보다 구약의 설화에서 귀신의 역할이 훨씬 더 두드러지게 나타나 있음을 말한다. 그것은 이스라엘의 왕들이 여호와를 배신하고 열방의 신들을 섬길 때, 그들은 사실상 귀신들을 숭배하고 섬기고 거래하는 것임을 제안한다. 아합이 에그론의 신 바알세붑을 찾아가 상의했을 때(왕하 1:2), 그는 실제로 누구와 상의를 한 것인가? 유다 백성이 "산 위에와 모든 푸른 나무 아래에 산당과 우상과 아세라 상을 세웠을" 때(왕상 14:23), 그들의 예배를 받은 자는 실제로 누구였는가? 유다 왕 아하스가 지역 신 중 하나에게 그의 아들을 바쳐 불 제사를 드릴 때, 이런 비극적 행위를 부추긴 자는 누구였으며 또 이런 종류의 헌신을 즐긴 자는 누구였는가? 구약의 세계관에 따르면, 이 모든 일 뒤에는 귀신들이 있었다.

5. 지역 영에 대한 신약의 가르침

신약은 도시, 영토, 지역, 국가를 다스리는 수호천사들에 대해 직접적으로 가르쳐 주는 것이 거의 없다. 예수님은 이런 고위급 영들에 대해 아무런 말씀도 하지 않으신다. 사도행전도 고위급 영들에 대해 분명하게 가르쳐 주는 것이 없다.

바울이 언급하는 "정사와 권세"는 지역 또는 도시 영에 대해 아무 것도 말하지 않는다. 바울의 가르침은 악령들이 신자들을 직접적으로 반대하는 여러 가지 방식에 초점이 맞추어져 있다. 하지만 우리가 강력한 영들을 언급하는 것이라고 추론할 수 있는 구절들이 몇 개 있다. 그런 본문 중 하나가 고린도전서 2:6, 8이다. 거기에서 바울은 그리스도를 십자가에 못 박도록 선동한 "이 세대의 통치자들"에 대해 이야기한다.[35] 또 다른 본문은 에베소서 6:12에서 바울이 언급한 "세상 주관자들"[코스모크라토레스]이지만, 이 구절의 전체 문맥은 신자들이 매일 직접 귀신과 다투는 싸움과 관계가 있다.

이런 지역 통치자들에 대한 다른 분명한 가르침은 요한계시록에 가서야 다시 찾아볼 수 있다. 다니엘서 10장처럼 요한계시록 12장은 하늘에서 일어나는 전쟁에 대한 통찰을 제공한다. 여기에서 언급되는 전쟁에는 사탄 자신과 그의 악한 천사들이 전부 다 등장한다(계 12:7-9). 어둠의 모든 권세는 미가엘과 그의 천사들에 의해 결정적인 패배를 당한다. 하지만 이런 천사들이 영토를 책임 맡고 있다는 식의 구체적 언급은 없다. 이 천상 무대에서 전개되는 대하드라마는 종말에 일어나는 전쟁이 어떠할지 암시하는데, 그 전쟁의 결과로 사탄의 세력은 하늘에서 쫓겨난다.

요한계시록 2장의 일곱 교회에 보내는 편지는 일곱 도시에 있는 교회들과 연관된 천사들에 대해 말한다 (예를 들어, "버가모 교회의 사자[천사]에게 편지하라…….." 계 2:12). 최근에 활동하는 거의 모든 주석가들은 여기에서 편지를 받는 "천사들"이 실제 천사들이며, 따라서 일종의 지역 천사로 추정한다. 이것은 에베소 같은 대도시의 경우에 특히 사실일 것이다. 왜냐하면 그물처럼 연결된 수많은 가정교회들이 있었지만, 오직 한 "교회"와 "천사"에게만 편지를 보냈기 때문이다. 하지만 이것은 반대하는 어둠의 영역에 대해, 그리고 그 도시를 다스리는 악한 천사가 있는지와 관련해서는 아무 것도 말해주지 않는다.

귀신들을 도시와 특별히 연결시키는 구절이 하나 있다. 로마 도시를 상징적으로 언급한 바벨론은 파멸과 심판을 당하기 전 마지막 때에 악령들을 끌어들이는 자석이 될 것이다.

> 무너졌도다 무너졌도다 큰 성 바벨론이여
> 귀신의 처소와 각종 더러운 영이 모이는 곳과
> 각종 더럽고 가증한 새들이 모이는 곳이 되었도다 (계 18:2)

이 구절은 지역을 다스리는 영들에 대해 분명히 말하지 않지만, 그들을 포함할 수도 있다. 더 중요한 사실은 바벨론이 요한계시록 17장에서 여인으로 의인화되고 또 짐승을 타는 것으로 묘사되어 있다는 것이다. 이 동물은 무저갱에서 올라왔기 때문에 귀신의 권세를 나타낸다(계 17:8). 따라서 이 구절은 도시와 귀신의 권세가 밀접하게 연결되어 있음을 단언한다. 이 구절은 귀신의 권세가 그 도시의 인간 통치자들에게 영향력을 행사한다는 점을 분명히 보여준다.

6. 지역 영에 대한 교부들의 언급

영토(마을, 도시, 주, 지역, 국가)를 다스리는 귀신들을 명시적으로 언급하는 사례는 교부들의 경우에 매우 드물다. 속사도 교부들은 지역 영에 대해 전혀 언급하지 않는다. 순교자 유스티노스(주후 2세기)는 "다마스커스에 거주한 악한 귀신의 권세"에 대해 언급한다 (「트리포와의 대화」 78). 유스티노스는 동방 박사 세 사람을 속박하고 온갖 종류의 악한 행위를 하도록 고무한 것에 대해 이 지역 통치자를 탓한다. 유스티노스는 그리스도의 오심으로 그 지역을 다스리는 이 영의 지배가 어떻게든 깨졌으며,

그 결과 동방박사 중 세 사람이 그 통치에 반기를 들고 와서 그리스도를 경배할 수 있게 되었다고 믿는다. 바로 다음 장에서, 유스티노스는 이집트의 타니스(또는 조안)에 거주하는 악한 천사들에 대해 이야기한다. 유스티노스는 "타니스의 군주들은 악한 천사들"이라고 주장한다 (『트리포와의 대화』 79).

하지만 많은 초기 그리스도인 저자들이 우상과 이른바 열방의 신들은 귀신이라는 구약의 가르침을 따른다. 『헬라인들에 대한 강론』의 3장에서, 알렉산드리아의 클레멘스(Clement)는 "당신들이 믿는 이런 신들은 귀신에 지나지 않는다"고 직설적으로 말한다. 클레멘스는 이런 사이비 종교 집단에 생기를 불어넣는 귀신들의 잔인함을 통탄한다.

> 너희가 숭배하는 신들은 매우 잔혹하고, 인류에 적대적인, 귀신들이다. 그들은 인간의 광기를 즐거워할 뿐만 아니라 인간의 학살을 흡족한 듯 바라본다……그들은 인간을 살해하는 것으로 배불리 포식하고도 남을 존재이다 (『헬라인들에 대한 강론』 3.1).

클레멘스는 계속해서 이토메 산의 제우스, 타우리스의 아르테미스, 디오니소스 그리고 여러 다른 신들에게 경의를 표하면서 바치는 인신제사에 대해 이야기한다.

미누키우스 펠릭스(2세기 또는 3세기) 역시 새턴, 사라피스, 주피터 등 여러 신들의 정체가 귀신이라고 폭로한다. 펠릭스는 그들을 숭배하는 집단의 초자연적 측면 중 많은 것을 귀신들의 역사로 여겼다. 그들은 숭배 의식의 예언에 영감을 주고, 조각상과 형상 아래 숨어 있으며, 신당 안에 거주하고, 점을 치면서 쓰는 동물 내장의 섬유질에 생기를 불어넣었다. 그리고 그들은 자신들이 묶었던 것을 풀어주면서 병을 고치는 것 같았다 (『옥타비우스』 27). 이런 숭배 집단들과 연관된 악령들은 또 종종 "인간의 몸에 몰래 들어와서" 질병, 광기 및 여러 가지 다른 심각한 문제들을 일으킨다. 펠릭스는 또 그리스도인들이 이런 사람들의 몸에서 귀신들을 쫓아내고 치유를 가져오면서 그들을 상대로 어떻게 효과적으로 사역했는지 알려준다.

그리스도인 변증가 락탄티우스(Lactantius; 주후 240-320년)는 국가 수호천사들의 종말에 대해 자세히 설명했다. 락탄티우스는 하나님이 그들을 보내 인류의 수호자로 삼으셨지만, 타락해서 이제는 인류를 파괴시키는 존재가 되었다고 이야기했다. 그들은 사람들이 하나님을 멀리하도록 만들기 위해 "자신들이 신인 체 경배를 받고 하나님은 경배를 받지 못하게 한다"(『신의 교훈』 2.15). 락탄티우스는 계속해서 다음과 같이 설명한다.

> 그러나 하나님을 반역하고 배신한 그들은, 진리의 적이기 때문에, 신인 체 행세하면서 신처럼 경배를 받으려고 시도한다. 그들은 어떤 영광도 바라지 않고......, 하나님을 해치려고도 하지 않는 것처럼 보인다 (물론 해칠 수도 없다). 하지만 그들은 사람들이 참된 하나님을 아는 지식을 외면하게 만들고 또 불멸을 얻을 수 없게 만들어서 사람들을 해치려고 한다 (『신의 교훈』 2.17).

신인 척 가장하면서, 귀신들은 신전에 거주하고 "모든 제사 가까운 곳에 있다." 그들은 또 경이로운 일들을 통해 사람들을 속이고 숭배자들의 몸 안에 몰래 들어간다. 그들은 질병을 유발할 수 있지만, 제물을 바치고 맹세를 하면서 달래면 그 질병을 없앨 수도 있다. 그들은 또 두려움이 가득한 꿈을 꾸게 할 수도 있다 (『신의 교훈 요약』 28). 하지만 그리스도인들은 "탁월한 능력을 갖고" 이런 속이는 영들의 괴롭힘을 당하고 있는 자들에게 효과적으로 사역할 수 있다 (『신의 교훈』 2.18).

처음 4세기 동안 교회는 지역을 다스리는 영들에게까지 이르는 귀신적 권세의 계급에 대해 많은 관심을 나타내지 않았다. 하지만 저자들 중

아주 많은 사람들은 귀신들이 주 예수 그리스도 안에 나타난 한 분 참된 하나님의 계시를 보지 못하게 하는 수단으로서 그 당시의 여러 종교들에 필수적으로 관련되어 있었다고 가정했다. 이런 숭배 집단에 가입해서 귀신들린 사람들을 다룬 이야기는 많이 있지만, 그리스도인 지도자들이 한 지역이나 성전을 다스리는 고위급 영을 추방하려고 시도한 이야기는 없다.

요약

성경적 역사적 증거는 "지역 영"이 있다는 생각을 지지한다. 이들은 종족 집단, 제국, 국가, 도시에 어떤 종류의 지배력을 행사하는 타락한 천사들이다. 그들은 초자연적 능력을 행사해서 해를 끼칠 뿐만 아니라, 또한 더 중요한 것으로, 사람들이 한 분 참된 하나님을 믿지 못하게 방해한다. 역사적으로, 이런 영들이 이상한 종교를 만들어서 사람들이 헌신하고 경배를 드리게 할 때 그런 일이 가장 흔하게 일어났다.

이런 권세가 하나님께 필적하거나 하나님의 계획 및 목적을 완수하는 데 심각한 위협이 된다는 암시는 결코 없다. 하나님은 주권적이시며, 어떤 영이나 천사보다 무한히 더 강력하시다. 하나님은 그분의 백성이 온전히 헌신하기를 간절히 바라신다. 하나님은 신자들이 직접 당신께 지혜, 힘, 도움을 요청하기를 원하신다.

오늘날 일부 사람들이 제안하는 것과 비슷한 지역 영을 다루는 전략을 지지하는 증거는 없는 것 같다. 역사 전체에 걸쳐서 하나님의 백성이 고위급 적대적 천사들의 존재를 광범위하게 인식했음에도 불구하고, 우리는 그들이 권세의 이름을 밝혀내고, 책망하고, 묶거나 아니면 그들을 한 지역에서 추방하려고 노력한 흔적을 찾아볼 수 없다.

III. 전략적 수준의 영적 전쟁에 대한 평가와 대응

지역 영의 실재와 그들이 복음과 하나님의 백성에게 나타내는 적대감을 고려할 때, 우리는 지역 영을 다루는 새로운 전략에 어떻게 반응해야 하는가? 전략적 수준의 영적 전쟁은 해외선교, 우리나라 전역에서 전개되는 기도운동, 그리고 도시선교에 지대한 영향을 끼치고 있다. 그럼에도 불구하고, 많은 사람들이 이 전략에 대해 우려하고 있다. 예를 들어, 1993년 〈세계복음화 로잔위원회〉의 중보기도 실행그룹이 영적 전쟁의 문제를 다루기 위해 노스캐롤라이나주에서 모였다. 로잔위원회는 그리스도인 지도자들에게 전략적 수준의 영적 전쟁에 대해 주의를 주는 성명서를 발표했다. 성명서의 일부를 인용하면 다음과 같다. "우리는 지역 영의 개념이 사용되고 있는 방식에 대해 조심스럽게 생각하며, 우리 성경학자들이 최근에 발전된 이런 개념에 대해 해명해 주기를 기대한다."[36]

내가 보기에, 서구교회가 여러 다른 수준에 침투해 있는 사탄의 영향력에 대해 더 깊이 생각하게 된 것은 바람직한 건전한 변화였다. 전략적 수준의 영적 전쟁의 옹호자들은 분명히 거시적 차원에서 활동하는 사탄의 본질에 대해 생각해 보도록 교회를 자극했으며 또 앞으로도 계속 자극할 것이다. 이것은 특별히 신자들을 각성시켜 하나님을 더 많이 의지하고 더 열심히 기도하게 하는 한에 있어서는 분명히 긍정적인 현상이다.

나는 또 〈기독교21세기운동〉의 기도트랙 안에서 잃어버린 자들을 찾

고자 협력하는 모습을 보고 큰 격려를 받았다. 주님의 날이 가까이 오면
서, 귀신의 적대감이 심화되고, 많은 나라들에서 (특히 10/40창에서) 대부
분의 사람들이 아직 그리스도를 알지 못하기 때문에, 우리는 주님이 맡
기신 사명을 완수하는 일에 전심전력을 다해야 한다. 복음을 위해 함께
일하면서 우리는 많은 문제들과 관련해 서로의 의견 차이를 인정할 수
있다.

내가 보기에 전략적 수준의 영적 전쟁의 여러 옹호자들을 움직이는
것은 잃어버린 자들을 찾고자 하는 열정이다. 오랫동안 복음에 저항해
왔던 도시와 국가들이 마침내 무너지고, 수많은 사람들이 주 예수 그리
스도를 알게 되는 일을 보고자 하는 간절한 마음이 있다. 10/40창은 전
략적 수준의 영적 전쟁을 옹호하는 많은 사람들이 특별한 관심을 갖고
있는 것처럼 보인다. 피터 와그너가 최근에 쓴 책 「기도는 전투이다」를
읽고 나는 큰 감동을 받았다.

> 하나님의 최고 우선 사항은 하나님의 이름을 높이고 영화롭게 할 사람들
> 을 불러내는 복음전도이다. 이것은 나의 최고 우선 사항이기도 하다. 나
> 는 35년 이상 선교, 전도, 교회 성장과 관련해 열심히 사역을 했다. 나에
> 게 하나님을 섬길 수 있는 시간이 10년 더 주어진다면, 나는 그 기간에 세
> 상에서 구원받는 영혼들의 수를 더욱 많이 늘어나게 하고 싶다. 내가 전
> 투기도에 관심을 갖는 것은 오로지 전도의 효과성을 높이고자 함이다.[37]

1. 지역 영을 "분별하고," "명명하고," "기도로 패배시키는 것" 은 무엇인가?

지역 영이 성경에 두드러지게 나타나지 않지만, 성경이 지정학적 단
위에 배정된 악령의 존재를 분명하게 가르친다고 말할 수 있는 증거는
충분하다. 성경은 또 이런 고위급 천사들이 민족적 우상들 뒤에 있다고

제안하는 것 같다. 하지만 우리는 통치하는 이 천사들이 다른 영들을 그 수하에 어떻게 조직하는지, 또 그들이 서로 어떻게 관련되는지 (특히 한 나라가 다른 나라와 전쟁을 하러 갈 때), 그리고 수많은 다른 문제들에 대해 성경으로부터 통찰을 거의 얻지 못한다.

우리가 직면하고 있는 문제에 훨씬 더 중요한 것은 성경이 우리가 이런 고위급 지역 영들과 어떻게 싸워야 하는지, 또는 우리가 이런 영들과 반드시 싸워야 하는지에 대해 어디에서도 이야기하거나 가르치는 일이 없다는 사실이다. 그래서 일부 사람들은 우리에게는 이런 세력을 대적할 권세나 책임이 없다고 말한다. 그들은 하나님이 적합하다고 여기실 때 그들을 (아마도 그분의 천사들과 함께) 주권적으로 처리하실 것이라고 주장한다. 전략적 수준의 영적 전쟁의 옹호자들처럼, 영적 전쟁 운동을 하는 다른 사람들은 예수님이 70인에게 하신 말씀에서 영감을 얻는다. "내가 너희에게……원수의 모든 능력을 제어할 권능을 주었으니"(눅 10:19). 그들은 참여와 전략의 문제에 대해 성경이 침묵하고 있는 것이 예수님께서 주신 선교적 사명을 수행하면서 우리가 이런 지역 통치자들을 대적하지 말아야 한다는 뜻은 아니라고 주장한다.

그럼에도 불구하고, 전략의 문제에 대해 성경이 침묵하는 것은 아주 명백하다. 신약이 우상과 신비술이 지배하던 이방인 땅(시리아, 소아시아, 그리스, 이탈리아)에 복음이 확산되는 것을 기록한 사실을 고려할 때, 지역 영들을 분별하고 명명하고 기도로 패배시키는 것을 강조하는 전략에 대해 전혀 언급하지 않는 것은 매우 놀라운 일이다. 이런 의견은 초대 교회 교부들 중 지역 영들을 분별하고 명명하거나 기도로 패배시키는 것에 대해 언급하는 사람이 전혀 없다는 사실에 의해 더욱더 뚜렷해진다. 그들은 지역 영들의 존재를 믿는다. 그들은 초대교회에서 축사가 담당하는 중요한 역할에 대해 자주 이야기한다. 그러나 지역 영들에 대적하는 전략은 찾아볼 수 없다. 이렇게 말한다고 해서 전략적 수준의 영적 전쟁의 이런 측면이 다 잘못되거나 성경에 어긋났다고 주장하는 것은 아니다.

그러나 우리는 그런 점들을 진지하게 고려해서 새로운 이 전략이 얼마나 중요한지 또는 얼마나 핵심적인지 깊이 생각해 보아야 한다.

2. 하나님은 우리를 위해 천사들에게 명령을 내리신다

전략적 수준의 영적 전쟁의 거의 모든 옹호자들은 그 전략을 지지하는 근거로서 다니엘서 10장을 인용한다. 앞에서 살펴본 대로, 다니엘서 10장은 민족을 다스리는 천사들이 있다는 생각을 지지하지만, 실제로는 전략적 수준의 영적 전쟁의 많은 옹호자들이 말하는 것과 전혀 다른 점을 보여준다. 나는 다니엘이 기도할 때 영계에서 무슨 일이 일어나고 있었는지 전혀 몰랐다는 사실을 주목해야 한다고 생각한다. 다니엘이 지역 영을 분별하고, 그들을 대적하는 기도를 하거나, 그들을 추방하려고 시도했다는 흔적이 전혀 없다. 사실, 다니엘은 하늘에서 전쟁을 한 후에 천사의 영역에서 무슨 일이 일어났는지 알게 되었을 뿐이다. 게다가, 하나님은 다니엘이 이런 정보를 구했기 때문이 아니라, 오직 그의 경건과 믿음을 보시고 다니엘에게 환상을 보여주신다. 사자 천사는 다니엘에게 이렇게 말했다. "네가 깨달으려 하여 네 하나님 앞에 스스로 겸비하게 하기로 결심하던 첫날부터 네 말이 응답받았으므로 내가 네 말로 말미암아 왔느니라"(단 10:12).³⁸⁾ 내가 보기에 지역 통치자들과 맞서 싸우도록 천사들에게 주권적으로 명령을 내리시는 분은 바로 하나님이시다. 우리의 역할은 우리의 필요와 하나님의 백성의 필요를 하나님께 기도로 아뢰면서, 하나님 앞에 겸손하게 순종하는 것이다. 우리가 기도하고 사람들을 위해 중보기도를 할 때, 하나님이 천사들에게 명령을 내리셔서 우리를 위해 천상에서 가장 중요한 싸움을 하게 하실 수 있다는 사실에서 우리는 커다란 위로를 받을 수 있다. 아마도 이것이 시편 91:11에 기록된 하나님의 약속이 성취되는 방법 중 하나일 것이다. "그가 너를 위하여 그의 천사들을 명령하사 네 모든 길에서 너를 지키게 하심이라".

3. 사람들에게 집중하라: 귀신들린 자들을 보살피라

축사는 초기 그리스도인들이 이방 종교를 믿다가 그리스도께 나온 사람들을 돕는 방법 중 하나였던 것 같다. 이런 축사는 기독교 공동체의 돌보는 분위기 가운데 이루어졌다. 기독교 공동체는 이런 새 신자들에게 성경을 가르치고, 또 성숙한 그리스도인들은 그들이 기독교적 생활을 할 수 있도록 조언과 도움을 베풀었다. 2세기 중반부터 계속해서 새 신자들이 세례를 받기 전에 또는 세례와 함께 축사를 시행했다고 언급하는 자료들이 많이 있다.[39]

나는 최근에 300년대 초에 피르미쿠스 마테르누스(Firmicus Maternus)가 회심한 사건을 접하고 매료되었다. 피르미쿠스는 점성술과 신비종교에 빠져 있다가 약 40세에 예수 그리스도를 알게 된 로마인이었다. 그는 나중에 「이방 종교의 오류」라는 제목을 붙인 책을 썼다. 그는 이교들이 귀신의 위조품이라는 사실을 증명하려고 한다. 사라피스를 숭배하는 이교를 묘사하면서, 그는 "이 조각상에, 다른 이교들의 조각상들과 마찬가지로, 더러운 귀신들의 영이 모여 있다"고 말한다. 피르미쿠스는 귀신들이 특별히 제물로 바친 희생자들의 피에 끌린다고 생각한다. 하지만 그는 사라피스가 지역을 통치하는 강력한 영의 이름이라고 결코 추측하지 않는다. 그는 그저 그 이교가 어떻게 수많은 귀신들을 끌어들이는지 강조할 뿐이다. 그리고 나서 그는 이전에 그 이교를 신봉하던 추종자들이 축사 사역을 통해 귀신들의 속박에서 자유롭게 된 사실을 언급한다.[40] 현대적인 용어로 표현하자면, 피르미쿠스는 구출 사역에는 참여했지만 전략적 수준의 영적 전쟁에는 참여하지 않았던 것 같다. 그 시대의 모든 그리스도인 지도자들 가운데서, 피르미쿠스는 전략적 수준의 영적 전쟁을 옹호할 가능성이 가장 많은 사람 중 한 사람이었을 것이다. 그리스도인이 되기 전 그의 배경에 비추어 볼 때 그렇다는 말이다. 하지만 피르미쿠스는 결코 로마에 있는 사라피스나 미트라를 기도로 패배시키는 것에 대해 이야기하지 않는다.

4. 영계와 절충하지 말라

지역 영들을 분별하고 명명하는 시도를 강조하는 것은 당신이 어떻게든 귀신적 통치자의 이름을 알아내면 그 귀신을 다스리는 능력을 더 많이 갖게 된다는 가정을 나타낸다. 와그너는 "이름을 알아내면 그들은 공격에 더 취약하게 될" 것이라고 분명히 말한다.[41] 이것은 고대에 신비술에 관여한 사람들이 공통적으로 갖고 있던 가정이다. 옛날 사람들은 영의 이름을 알아낼 수 있다면 그 존재를 통제할 수 있는 수단을 갖게 된다고 믿었다.[42] 하지만 내가 보기에 바울은 정확히 이런 종류의 사고방식에 반대하는 글을 썼다. 바울은 에베소인들에게 이렇게 재차 확언했다. "그의 능력이 그리스도 안에서 역사하사 죽은 자들 가운데서 다시 살리시고 하늘에서 자기의 오른편에 앉히사 모든 통치와 권세와 능력과 주권과 이 세상뿐 아니라 오는 세상에 일컫는 모든 이름 위에 뛰어나게 하시고"(엡 1:20–21). 그 이름이나 직함에 상관없이 상상할 수 있는 모든 능력보다 훨씬 높아지신 주님과 우리가 연합되어 있다면 우리가 왜 지역 통치자의 이름을 알아내는 것이 필요한가?

5. 기도 대 명령 또는 책망

"전투기도"라는 개념은 오해의 소지가 있다. 〈기독교21세기운동〉에서 발표한 기도 성명서가 단언하는 대로, "모든 기도의 본질은 십자가에서 흘리신 예수 그리스도의 피로 값을 치르고 산 구속을 통해 이루어진 하나님과의 인격적 관계이다."[43] 우리는 경탄할 만한 우리 하나님 앞에 겸손과 존경의 마음을 품고 기도한다. 하지만 우리가 직면한 싸움의 본질 때문에, 우리는 하나님께 우리를 위해 싸워주시고, 우리의 적들을 물리쳐주시고, 하나님의 나라가 전진할 수 있게 해달라고 간구할 수 있다.

하지만 정사와 권세에 도전하는 것은 기도가 아니다. 이것은 예수 그리스도의 이름으로 권세를 행사해서 정사와 권사에 대해 직접 말하고 책망하는 것이다. 이것은 악령들과 공격적으로 대결하는 것으로, 기도라고 부르는 것은 적절하지 않다. 하지만 우리가 어떤 종류든 직접적인 방식으로 지역 영들과 대적하는 권세를 행사할 수 있는가 하는 실제적인 문제가 남아 있다.

하지만 전략적 수준의 영적 전쟁을 다루는 책에서 종종 이런 구분이 분명히 이루어지지 않고 있다. 저자들은 종종 지역 귀신들과 대결하는 것을 말한 다음에 바로 이어서 도시 전체를 위한 기도를 이야기하지만, 이것들은 두 개의 다른 활동이다. 문제가 되는 것은 바로 전자이다. 이것이 내가 귀신적 통치자를 "기도로 패배시키는 것"이나 "대적하는 기도를 하는 것"에 대한 말이 합당하지 않다고 생각하는 이유이다. 그것은 지역 영에게 떠나라고 직접 명령하실 수 있는 그리스도의 권세를 우리가 잘못 행사하는 행위가 될 수 있기 때문이다.

6. 권세의 문제

우리가 도시, 지역, 국가를 다스리는 영들을 "공표하고 추방하거나 묶는" 권리나 권세를 갖고 있다고 제안하는 증거를 나는 성경에서 찾아볼 수 없다. 이것이 전략적 수준의 영적 전쟁에 대한 논의에서 중심이 되는 문제이다.[44] 와그너는 신자들의 권세가 지역 영까지 확대된다고 말하는 반면에, 존 윔버 같은 다른 그리스도인 지도자들과 나는 신자들의 권세를 개인들을 괴롭히는 귀신들을 다루는 것으로 제한한다.[45]

예수님이 70인에게 "원수의 모든 능력을 제어할" 권세를 주신다고 말씀하셨을 때(눅 10:19), 이 권세는 도시와 국가를 다스리는 천사 통치자들까지 확대되는 것이 아니었다. 이 점은 70인이 흥분해서 예수님께 "주의 이름이면 귀신들도 우리에게 항복하더이다"라고 외쳤을 때 명백해진다 (눅 10:17). 그들은 여러모로 귀신들의 괴롭힘을 당하고 있는 사람들에게 사역을 했다. 그리고 이것이 오순절 후에도 그들이 계속 행한 일이다. 해당 본문에는 70인이 마을, 도시나 성전에서 귀신들을 쫓아냈다는 말이 없다. 귀신적 영들에 대해 신자들이 지닌 권세가 그림 3.1에 묘사되어 있다.

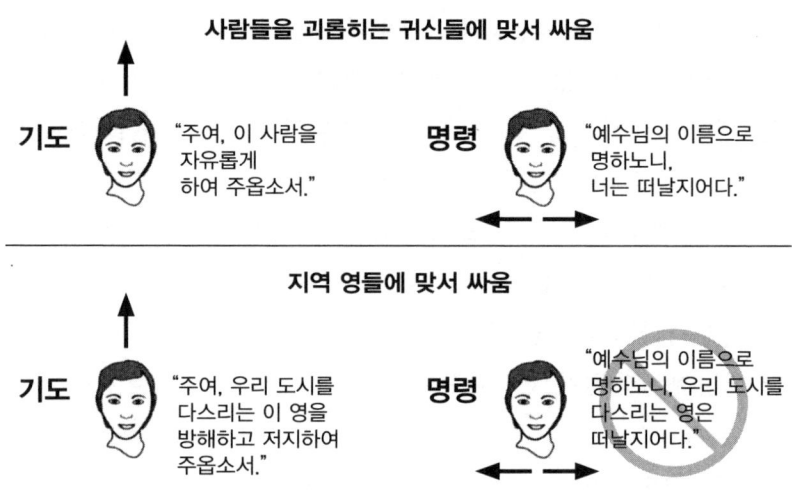

그림 3.1 신자들이 지닌 권세의 정도

그림 3.1은 하나님에 대한 기도와 간구는 언제나 합당하다는 점을 보여준다. 베드로는 우리에게 모든 염려를 주님께 맡기라고 권고한다. 주님이 우리를 매우 깊이 돌보시기 때문이다(벧전 5:7). 바로 다음 절에서, 베드로는 우는 사자 같이 두루 다니면서 삼킬 자를 찾는 우리의 적 마귀에 대해 이야기한다(벧전 5:8). 우리가 우리 동네, 도시, 지역에 있는 지역 영들의 영향력에 대해 염려한다면, 우리는 우리 하나님께 이 문제에 대해 기도하는 것이 당연하다. 우리는 하나님께 그들의 활동을 방해하고 저지해 달라고 간구할 수 있다. 그림 3.1은 또 신자들이 개인의 삶을 괴

롭히고 있는 귀신에게 명령할 수 있는 권세를 갖고 있음을 보여준다. 이것은 나를 개인적으로 공격하는 귀신이 될 수도 있고, 아니면 내가 사역하면서 돕고 있는 다른 사람을 언급하는 것일 수도 있다. 하지만 네 번째 사람은 한계를 드러낸다. 우리에게는 귀신에게 도시, 영토, 국가를 떠나라고 직접 명령할 권리가 없다. 죄가 있는 곳에, 사탄과 그의 영들은 권리를 갖고 있다. 이것이 예수님께서 지상 사역을 하시는 동안 예루살렘, 유대, 또는 로마 제국 전체에서 마귀를 추방해 해왕성이나 명왕성으로 보내지 않으신 이유이다. 예수님은 십자가에서 흘리신 피로 속죄하심으로써 사탄을 물리치셨다. 우리는 예수님의 피를 적용함으로써 마귀를 물리친다.

7. 꺼림칙하게 생각되는 몇 가지 점들

(1) 몇몇 성경 구절들은 주의하라는 뜻을 담고 있다

유다서 8절과 베드로후서 2:10-11 같은 구절들은 해석하기가 매우 어려운 구절이긴 하지만, 신자들이 고위급 천사적 권세를 언제나 직접 책망하는 것에 대해 주의를 주는 것처럼 보인다. 베드로후서 2:10-11은 그 뜻이 두 본문 중 더 명확해 보인다. 이 구절에서, 베드로는 "영광 있는 자들을 비방하는" 소아시아 교회 사람들을 비판하고 있다. 베드로가 복음을 그들이 사는 지역에 전파하는 활동을 하면서 악한 정사와 통치자에 대해 권세를 행사하려고 노력하고 있는 진지한 그리스도인들을 비판하는 것은 분명 아니다. 베드로는 파괴적인 가르침을 소개하고, 또 기독교적 자유라는 이름으로 성적 문란과 만취를 정당화하고, 다른 기독교적 미덕을 훼손시킨 "거짓 선지자들"을 비난하고 있다(벧후 2:1). 그들이 어떻게 영적 권세를 꾸짖었는지 확실히 아는 사람은 없지만,[46] 요점은 베드로가 그들에게 다음과 같이 주의를 준다는 것이다. "더 큰 힘과 능력을 가진 [선한] 천사들도 주 앞에서 그들을 거슬러 비방하는 고발을 하지 아니하느니라"(벧후 2:11). 따라서 우리는 지역 영을 직접 책망하는 것에 대해 신중히 생각해야 한다.

(2) 우리는 예수님, 요한, 베드로, 야고보, 바울이 지역 영들과 대결하려고 한 예를 찾아볼 수 없다

우리가 바리새인, 서기관 및 종교 지도자들의 눈을 멀게 하고, 그래서 그들이 하나님의 아들을 죽이는 음모를 꾸미게 한, 예루살렘을 다스리는 지역 영을 꾸짖으시는 예수님의 모습을 찾아볼 수 없는 이유는 무엇인가? 우리는 오순절에 성령으로 충만해진 후 예루살렘을 다스리는 지역 영을 추방하는 베드로의 모습을 찾아볼 수 없는 이유는 무엇인가? 성령은 베드로에게 능력을 부여하셔서 하나님 나라의 복음과 주 예수 그리스도의 복음을 전파하게 하셨다. 많은 사람들이 믿음으로 반응했지만, 얼마 지나지 않아 베드로는 투옥되었다. 실제로, 이 첫 번째 기독교 중심지는 박해를 당했으며, 많은 신자들이 예루살렘을 떠나가야만 했다. 유대 전쟁이 발발할 즈음에 상황이 더욱 나빠져서, 주후 66년에 기독교 인구 전체가 예루살렘에서 펠라로 피신해야 했다. 예수님과 사도들이 한 도시에서 사탄을 추방하지 않으셨는데, 우리가 새로운 방법을 시행할 수 있다고 생각하는 것은 주제넘은 짓 아닌가? 1세기 로마의 특징을 고려할 때, 내가 보기에 바울은 로마에서 포르네이아, 또는 탐욕, 또는 교만, 또는 파괴의 영을 추방할 충분한 이유를 갖고 있었다. 하지만 바울은 로마에 투옥되어 있으면서 자신의 중보자들에게 한 가지 요구 사항을 담은 답신을 보내왔다. 바울은 에베소 독자들에게 복음의 비밀을 담대히 전할 수 있도록 기도를 요청한다(엡 6:19-20).

(3) 어떤 영이 머무를 수 있는 명분을 갖고 있을 경우 우리는 그 영에게 떠나라고 할 권리가 없다

다시 말해서, 그 도시 사람들이 죄악에 물든 나쁜 생각과 관행을 치워

버리지 않으면, 적의 하수인들이 머무를 수 있는 법적 권리를 갖게 될 것이다. 전략적 수준의 영적 전쟁을 하는 일부 사람들은 이 점이 갖고 있는 어려움을 인정하고, "영을 추방하거나 패배시킨다"는 표현 대신에 "영의 지배를 약화시킨다"는 표현을 사용한다. 그럼에도 불구하고, 그리스도인들이 악한 정사나 통치자를 꾸짖더라도, 그 영이 속박하고 있는 사람들이 반항적으로 하나님을 거부하고 악한 일을 계속 한다면 그 영의 지배는 약해지지 않을 것이다. 몇 년 전에 한 그리스도인 지도자가 샌프란시스코를 다스리는 영들은 떠나라고 명령했을 때, 그 영들이 떠났다는 흔적이 보이지 않았다. 하나님의 백성은 구출의 메시지를 선포하고 죄와 귀신에게 희생당한 자들을 대상으로 사역함으로써 거리에서 백병전을 하는 것이 필요하다.

(4) 바울의 능력 대결은 지역 영들에게 권세를 행사한 예를 보여주지 않는다

바울이 엘루마와 대결을 벌인 것(행 13:6-12)과 점치는 영을 가진 소녀에게 축사한 것(행 16:16-18) 같은 사도행전 이야기들은 전략적 수준의 영적 전쟁을 보여주지 않는다. 이런 두 가지 사례에서 바울은 지배하는 영의 정체를 밝혀내려고 하지 않으며, 또 누가도 지역 영이 엘루마나 여종을 사로잡고 있다는 말을 하지 않는다. 물론 우리는 엘루마나 여종 뒤에 있는 영의 "계급"을 알 방도가 없다. 엘루마는 섬 전체를 다스리는 총독에게 상당한 영향력을 가지고 있었기 때문에, 그것이 고위급 영이었다고 추정할 수는 있다. 하지만 요점은 바울이 지역 영을 분별하고, 전도의 서막으로 그 영을 무너뜨리려는 전략을 가지고 구브로에 오지 않았다는 것이다. 바울은 그 섬에 복음을 전하는 일을 하다가 귀신의 반대에 부딪혔다. 그러자 그리스도 안에서 갖고 있는 권세에 근거해서, 바울은 그 문제를 처리했다.

(5) 바울의 에베소 사역은 지역 영 묶기를 보여주지 않는다

전략적 수준의 영적 전쟁의 옹호자들은 에베소를 다스리는 지역 영으로 아르테미스/다이아나를 가리킨다. 그리고 그들은 바울이 그 영을 효과적으로 무너뜨리고, 그 결과 소아시아의 중심 도시에서 많은 사역의 열매를 맺게 되었다고 주장한다(행 19장). 지역 영의 견고한 진을 파괴한 이 유명한 사례는 내가 보기에 전략적 수준의 영적 전쟁이 사용하는 방법론의 이 측면을 실증하거나 그것의 타당성을 입증하지 못한다. 우선 첫째로, 누가는 이 여신이 그 지역을 다스리는 주요한 지역 신이라고 말하지 않는다. 또 바울 자신이 "아르테미스"를 에베소와 소아시아의 서부 해안을 다스리는 고위급 영으로 여겼다는 암시도 없다. 또 우리는 바울이 회심자들에게 아르테미스 숭배 뒤에 있는 지역 영과 맞서 싸우라고 가르치는 모습도 찾아볼 수 없다. 하지만 나는 아르테미스 숭배와 관련해서 귀신들이 온갖 종류의 활동을 하고 있다고 바울이 확신한 것을 믿어 의심하지 않는다. 따라서 바울은 "지상적 수준의 영적 전쟁"을 부지런히 했던 것 같다(행 19:11-12). 또 우리는 바울 당시에 에베소에서, 온갖 신비술(즉 마술)은 물론이고, 최대 50에 이르는 다른 신들이 숭배되고 있었다는 사실을 기억해야 한다. 누가가 바울의 에베소 사역에 대한 이야기에서 강조하는 것은 바울이 처음에는 회당에서 그 다음에는 두란노서원에서 베푼 "전도적 가르침"과 그가 행한 "구출" 사역이다.

(6) 에베소서 3:10은 지역 영들에게 "공표하라"는 명령이 아니다

일부 사람들은 우리가 이 절에 근거해서 권세들에게 공표하는 책임을 갖고 있다는 잘못된 결론을 내렸다. "이는 이제 교회로 말미암아 하늘에 있는 통치자들과 권세들에게 하나님의 각종 지혜를 알게 하려 하심이니"(엡 3:10). 하지만 이 절은 하나님이 우리에게 정사와 권세를 향해 메시지를 선포하는 사명을 부여하셨다고 가르치지 않는다.[47] 본동사는 "알리다"[그노리조]의 수동태이다. "하나님의 각종 지혜가 교회로 말미암아 하늘에 있는 통치자들과 권세들에게 알려지다." 이것은 교회의 존재 자체가 하나님의 지혜를 권세에 나타낸다는 사실을 언급한다. 고위급 통치자들에 맞서 권세를 행사하는 것을 지지하는데 이 본문을 사용하는 자들은 또한 그 문장에서 동사의 주어를 제대로 보지 못한다. 그 주어는 바로 하나님의 각종 지혜이다. 우리가 선포해야할 책임이 있는 메시지는 추방의 메시지가 아니며, 또 그들에게 떠나라고 말할 수 있는 성경적 근거도 없다. 고위급 천사적 권세는 하나님의 놀라운 지혜를 알아야 한다.

유대인들은 보통 천사들이 지상에서 일어나는 사건들과 하나님이 사람들을 다루시는 방식을 주의 깊게 지켜보고 있다고 생각했다. 이것이 1세기에 천사들을 종종 "관찰자"라고 불렀던 이유이다. 바울이 고린도전서 4:9에서 자신이 사도로서 고난을 당하면서 천사들에게 "구경거리"가 되었다고 말했을 때 바로 이 점에 대해 이야기한 것이었다.

에베소서 3:10은 하나님이 귀신의 극심한 적대감에도 불구하고 어떻게 그분의 백성을 구원하셨는지 놀라운 드라마를 정말로 가리킨다. 그것은 정치적 종교적 지도자들을 선동해서 예수님을 죽이게 함으로써 하나님의 구속적 계획을 끝장낼 수 있다고 생각한 귀신적 권세의 지혜를 하나님이 어떻게 좌절시키셨는지 보여주는 이야기이다(고전 2:6-8). 하지만 예수님의 십자가 죽음은 가장 중요한 문제를 해결하는, 즉 죄의 문제를 처리하는 하나님의 수단이 되었다. 하나님은 예수님을 무덤에 두시지 않고 다시 살리셔서 모든 통치와 주권 위에 높이 올리셨다. 예수님은 "그분의 몸"인 교회의 "머리"가 되셨으며, 정사와 권세는 이제 그 교회가 잃어버린 세상을 적극적으로 구속하고 있는 모습을 본다. 이 얼마나 놀라운 지혜인가! 어떤 귀신적 계획도 하나님이 의도하신 일을 좌절시킬 수 없다. 교회의 존재는 그 점을 권세에게 아주 명백하게 보여준다.

(7) 마태복음 16:19은 신자들이 지역 영들을 묶으라는 명령이 아니다

전략적 수준의 영적 전쟁을 하는 사람들은 "네가 땅에서 무엇이든지 매면 하늘에서도 매일 것이요"라는 예수님의 말씀은 신자들이 한 지역을 다스리는 영들을 묶는 것을 공식적으로 허가하는 말씀이라고 흔히 가정한다. 따라서 어떤 도시에 들어가는 전도자는 이렇게 선언할 수 있다. "그리스도의 권세로, 내가 너 우상숭배의 영을 묶노라. 내가 너 탐욕, 증오, 주술의 영을 묶노라!" 그러나 이것은 이 구절에서 예수님이 제자들에게 가르치시는 요점이 아니다.

예수님은 사도들의 대표요 모든 진정한 신자의 대표로서 베드로에게 "하나님 나라의 열쇠"를 주시고 있다. "열쇠"는 문을 열거나 잠그는데 사용된다. 이 경우에 출입구는 하나님의 나라에 들어가는 것이다. 사도들과 수 세기에 걸친 신자들은 구원의 문을 열고, 또 그렇게 함으로써 살아 계신 하나님과 친밀한 관계로 들어갈 수 있는 "열쇠"를 갖고 있었다. 그와 같이 놀라운 능력, 즉 생사를 결정하는 능력을 갖고 있는 이 "열쇠"는 무엇인가? 그 열쇠는 바로 우리가 영생을 누릴 수 있도록 자신의 생명을 주신 메시아 그리스도를 통해 가능해진 죄사함의 메시지이다. "열쇠의 능력"이라는 제목이 붙은 탁월한 글에서, 풀러신학대학원 명예교수인 제프리 브로밀리(Geoffrey Bromiley)는 다음과 같이 쓴다.

> 따라서 신앙을 고백하는 모든 신자들은 십자가에 못 박혀 죽으셨다가 부활하신 예수님에 대한 믿음을 통해 다른 사람들에게 용서를 제공함으로 열쇠의 "능력"을 행사할 수 있다……그리스도의 구원 사역과 신적 위임에 근거하여, 하나님의 말씀의 사자들은 복음에 믿음으로 반응하는 자들은 용서를 받을 것인 반면에, 믿음으로 반응하지 않는 자들은 그들이 회심해서 믿을 때까지 여전히 신적 심판 아래 처할 것이라고 담대하게 말할 수 있다.[48]

그러므로 열쇠를 사용하는 것은 고위급 귀신적 권세들에 맞서 싸우는 것과 아무런 관련이 없다. 그것은 사람들에게 하나님 나라에 들어감을 제공하는 것(푸는 것)이나, 예수님이 마태복음 18:18에서 자세히 말씀하신 교회 치리의 문제(매는 것)와 관련이 있다(또 요 20:23을 보라).

(8) 결론

그렇다면, 우리에게는 지역 영의 견고한 진들을 분별하고, 명명하거나, 무너뜨릴 책임이 없는 것 같다. 우리는 세상과 역사를 주관하시는 하나님 아버지가 그분의 뜻대로 이런 사악한 존재들을 처리해 주실 것을 믿는다.

8. 교회사에서 전략적 수준의 영적 전쟁 사례들을 찾아볼 수 있는가?

귀신들의 활동에 대해 글을 많이 쓴 교부들의 증언에 비추어 이 전략에 대해 생각해 본 결과, 나는 지역 영을 대적하는 기도 같은 것을 언급하거나 암시하는 사례를 찾아볼 수 없었다. 예를 들어, 「헤르마스의 목자」, 이그나티우스, 「바나바 서신」, 순교자 유스티노스, 테르툴리아누스, 히폴리투스, 키프리아누스, 오리게네스, 이레나이우스 및 다른 많은 사람들의 글을 읽어보면, 귀신들린 사람들을 다루는 축사에 대해 많이 언급한 사실과, 귀신들이 우상숭배, 마술, 이방 종교들과 긴밀하게 연관된 사실을 찾아볼 수 있다. 그러나 교회에서 개인들이 지역을 다스리는 귀신들에게 대적기도를 하는 사례는 전혀 찾아볼 수 없다.

전략적 수준의 영적 전쟁에 대해 가장 최근에 쓴 책에서, 와그너는 몇 가지 예를 발견했다고 주장한다. 와그너는 에베소의 여신 아르테미스와 대결하는 사도 요한에 대한 전설(주후 4세기)과, 그레고리 타우마투르구스(Gregory Thaumaturgus; 주후 213-270년), 투르의 마르티누스(Martin of Tours; 주후 316-397년), 누르시아의 베네딕트(Benedict of Nursia; 주후 480-550년), 그리고 "독일의 사도" 보니파티우스(Boniface; 주후 680-754년) 등의 사역에 대한 이야기들을 가리킨다.[49]

와그너는 「요한행전」이라는 외경에 담긴 대단히 흥미로운 이야기를 가리킨다.[50] 사도 요한과 아르테미스 숭배 간에 벌어진 심각한 대결을 묘사하는 것이라고 주장하는 책에 한 구절이 나온다. 신전에 헌신을 다짐하는 축제가 벌어지는 동안, 요한은 검은 옷을 입고 그 신전에 가서, 아르테미스에게 변함없는 헌신을 바치면서 한 분 참된 하나님을 온전히 섬기지 못하는 숭배자들을 꾸짖었다. 그런 다음 요한은 아르테미스 종교 뒤에 있는 귀신의 영과 직접 대결하면서, "여기에 있는 귀신은 당장 떠날지어다"라고 말했다 (「요한행전」41). 그러자 제단이 여러 조각으로 쪼개지고 신전 절반이 파괴되었다. 또 지붕이 무너져 내리면서 아르테미스 숭배 집단의 제사장이 죽었다. 그리고 나서 요한은 사람들에게 아르테미스 숭배 집단을 떠나고, 살아계신 참된 하나님을 인정하라고 간청했다. 사람들은 즉시 가서 남아있는 신전을 파괴하고 하나님께 헌신을 다짐하면서 아르테미스를 따른 잘못을 고백했다 (「요한행전」42-45).

이 이야기가 사실이라면, 그것은 성공적인 전략적 수준의 영적 전쟁이 무엇인지 보여주는 놀라운 사례가 된다. 하지만 이 놀라운 이야기는 실제 일어난 사건을 온전히 나타내지 않는다. 첫째, 고대세계 7대 불가사의 중 하나인 에베소 아르테미스 신전은 엄청나게 크고 인상적인 대리석 건물이었다. 사도 요한이 죽은 지 오랜 후에도 그 신전이 서 있던 사실을 증명하는 수많은 독자적인 역사적 자료들이 있다. 이런 문서들은 주후 약 268년 고트족이 습격해 왔을 때 신전이 파괴된 것으로 연대를 추정한다.[51] 둘째, 「요한행전」은 역사적인 정확성을 거의 주장할 수 없는 다른 전설들을 많이 포함하고 있다. 예를 들어, 그 책은 요한 및 그와 함께 여행하는 동료들이 한 여관에서 밤을 보내다가 빈대에게 지독한 괴롭힘을 당한 이야기를 한다 (「요한행전」61). 일행 중 아무도 잠을 잘 수 없었는데 더 이상 참지 못한 요한이 빈대들에게 그날 밤 그들의 집을 떠나 하나님의 종들에게서 멀리 떨어져 있으라고 단호한 명령을 내렸다. 더 이상 빈대의 괴롭힘을 당하지 않게 된 일행은 남은 밤 동안 깊은 잠을 잘 수 있었다. 아침에 일어났을 때, 요한의 동료 중 한 사람이 빈대들이 전부 방문 앞에 옹송그리며 모여 있는 것을 발견했다. 그 때 요한은 빈대들에게 지난밤에 얌전하게 굴고 자신의 명령에 순종했기 때문에 이제 침대로 돌아와도 좋다고 말했다. 그러자 즉시 빈대들이 신속하게 침대로 돌아갔다.

신약 외경은 수세기에 걸쳐 그리스도인 지도자들에게 전설적이고 비역사적인 이야기들이 가득한 책으로 널리 평가를 받아왔다. 이것이 교회 지도자들이 외경을 읽지 못하게 한 이유이다. 실제로, 787년 니케아 공의회의 5차 회의는 「요한행전」에 대해 다음과 같은 선언을 하기에 이르렀다. "누구도 이 책을 복사하지 말아야 한다. 그뿐만 아니라 우리는 또 그 책을 불태워 버려야 한다고 생각한다."[52] 이것은 그 책에 역사적인 가치가 하나도 없다는 말은 아니다. 분명히 에베소에는 아르테미스 숭배 집단이 있었으며, 또 사도 요한이 그 도시에 살았다는 확실한 전통도 있다. 하지만 신전이 이렇게 파괴되었다는 이야기는 역사적 사실과 일치하지 않는다. 이런 이유로, 나는 전략적 수준의 영적 전쟁 옹호자들이 이 이야기를 실제 일어난 것으로 언급하지 않는 것이 매우 중요하다고 믿는다.

거의 3세기 동안 박해를 받은 후에, 그리스도인이 실제로 로마 제국의 황제가 되는 경사가 일어났다. 콘스탄티누스 대제(주후 306-337년)가 등극하면서 전혀 새로운 시대가 시작되었다. 그리스도인들이 지배적인 정치 세력이 되었다. 그러나 이런 현상 때문에 몇 가지 중요한 새로운 문제가 생겼다. 아주 오래된 적과 그의 귀신 무리가 정말로 이교 뒤에서 생기를 불어넣는 세력이라면, 그리스도인들은 그런 종교들에 어떻게 반응해야 하는가? 특히 이제 그리스도인들이 변화를 가져올 수 있는 정치권력을 갖고 있는 경우 어떻게 처신해야 하는가? 많은 신자들은 관용을 옹호하고, 또 복음을 현시하고 선포해서 그들을 그리스도께 인도할 것을 제안했다. 하지만 성경에 나오는 왕들에게서 영감을 받은 다른 사람들은 우상 신전을 파괴하고, 심지어는 이교 제사장과 숭배자들을 핍박할 것을 촉구했다.

콘스탄티누스 자신은 이교에 관용을 베풀고, 그 추종자들을 박해하거나 이런 고대 종교들을 금하는 것을 옹호하지 않았다. 하지만 그의 후계자 중 많은 사람들은 이런 의견을 공유하지 않았다. 테오도시우스 1세(주후 379-395년)는 최악의 황제 중 하나였다. 그는 이교의 마지막 억압자라는 평판을 얻었다. 어떤 다른 황제가 통치할 때보다 더 많은 이교 신전들이 그의 통치 기간에 이집트, 그리스, 이탈리아, 소아시아에서 파괴되었다. 수많은 그리스도인들이 신전에 폭력을 행사했으며, 재산을 몰수하고 건물을 완전히 파괴시켜 버렸다. 갈리아(프랑스)에서, 투르의 마르티누스는 많은 신전과 우상들을 무력으로 파괴시켰다. 이런 일은 시골이나 도시에 사는 이방인들의 엄중한 반대에도 불구하고 자주 일어났다. 피해자들은 종종 매우 격분해서 그리스도인들에게 반격을 가하고 그들을 살해했다. 이것은 성령의 능력으로 복음을 설득력 있게 선포하는 전도가 아니라, 큰 망치와 물리력으로 강요하는 전도였다.

많은 그리스도인 지도자들은 그와 같은 파괴적이고 폭력적인 전략들을 반대한다는 의사를 분명하게 표현했다. 요한네스 크리소스토무스(John Chrysostom)는 이렇게 간청했다. "그리스도인들은 물리력이나 폭력으로 오류를 파괴하려고 하지 말고, 설득, 가르침, 사랑으로 사람들을 구원하려고 해야 한다." 이것은 건전한 조언이었으며 오늘날에도 여전히 그렇다. 아우구스티누스 역시 그리스도인들에게 이교도 이웃들의 우상을 힘으로 파괴시키지 말라고 호소했다. 그는 계속해서 이렇게 말했다. "먼저 이교도들의 마음속에 있는 우상들을 없애도록 하자. 그러면 그리스도인이 될 때 그들이 우리를 초대한 자리에서 선한 일(우상 파괴)을 실행하거나, 아니면 우리가 그 일을 해주기를 기대할 것이다. 지금 우리는 그들을 분노케 할 것이 아니라 그들을 위해 기도해야 한다."[53]

투르의 마르티누스만 그리스도의 이름으로 이교의 우상과 신전을 파괴하는 나쁜 일을 한 것이 아니었다. 누르시아의 베네딕트와 보니파티우스 역시 그런 일을 했다. 이 세 사람들은 모두 자신들이 귀신의 견고한 진들을 파괴하고 있다고 굳게 믿었지만, 그들은 자신들이 복음을 전하고

자 했던 사람들의 동의 없이 그렇게 했다. 많은 이교도들이 이런 그리스도인 지도자들이 자신들의 신에게 맞아 죽지 않는 것을 보고 놀라워하며 그것 때문에 복음의 주장을 진지하게 생각하게 된 것은 틀림이 없다. 그러나 목적이 수단을 정당화하지 못한다. 먼저 이런 사람들을 그리스도께 인도하고, 그 다음에 그들이 스스로 우상숭배 도구들을 파괴하고(사도행전 19장에서 바울이 한 대로), 궁극적으로 그들의 신전을 해체하도록 격려하는 것이 더 적절하지 않았을까? 이런 종류의 폭력은 기독교 역사에 추한 오점을 남기는 것이었으며, 우리가 미래를 생각할 때 반드시 기억해야 하는 것이다.

이런 시대의 이야기를 한다고 해서, 내가 전략적 수준의 영적 전쟁 옹호자들이 성전, 우상, 또는 신비술 센터에 대한 물리적 폭력을 찬성한다고 제안하는 것은 결코 아니다. 나는 그들에게서 포스트 콘스탄티누스 교회의 전략을 연상시키는 소리를 전혀 들은 적이 없다. 나는 전략적 수준의 영적 전쟁을 옹호하는 최근에 나온 한 책이 지역 영에 맞서 효과적으로 싸움을 한 그리스도인 지도자들의 예로 투르의 마르티누스, 누르시아의 베네딕트 그리고 보니파티우스를 치켜세우기 때문에 이렇게 말하는 것일 뿐이다. 이런 그리스도인들은 분명히 자신들이 귀신들과 싸움을 하는 것으로 여겼지만, 우리가 오늘날 양심적으로 지지할 수 있는 방법으로 싸운 것은 아니었다.

와그너가 인용한 것 중 주목할 가치가 있는 한 예는 3세기 소아시아의 그리스도인 지도자 그레고리 타우마투르구스("기적 행적자 그레고리")의 사역이다. 그레고리의 전기는 그가 죽은 지 약 1세기 후에 추종자 중 한 사람인 니사의 그레고리오스(Gregory of Nyssa)에 의해 기록되었다 (『그리스 교부 총서』 46.893-958). 그 전기에서 니사의 그레고리오스는 그레고리가 귀신들과 한바탕 싸움을 벌인 극적인 이야기를 말한다(913D-924C). 실제로, 그레고리오스는 그 이야기에 이런 제목을 붙인다. "위대한 그레고리는 귀신들과 영웅적인 싸움을 시작한다." 그 이야기는 그레고리 타우마투르구스가 고향 네오체사레아에 가까이 갔을 때를 배경으로 해서 전개된다. 그 때 앞이 보이지 않을 정도로 폭풍우가 쏟아지는 바람에 급히 피난처를 찾다가 그레고리는 이교 신전에서 밤을 보내게 되었다. 그레고리가 신전에 들어가면서 십자가 표시를 하고 기도와 찬송을 하면서 밤을 지새웠기 때문에, 보통 이교 제사장들에게 신탁을 알려주던 귀신들이 도망을 가고 너무 두려운 나머지 끝내 돌아오지 못했다. 마침내 지역 제사장과 그 도시의 많은 시민들이 그레고리에게 나타난 하나님의 능력이 귀신들의 능력보다 더 크다는 사실을 인정했다. 얼마 지나지 않아서 많은 사람들이 그리스도인이 되었다. 실제로 매우 많은 사람들이 그리스도인이 되어서, 한 고대 저자는 그레고리가 죽었을 때 그리스도인이 아닌 사람은 17명에 불과했다고 말한다.

와그너는 이것이 성공적인 전략적 수준의 영적 전쟁을 보여주는 예라고 주장한다. 그는 그 신전을 다스리는 정사가 "유명한 지역 영이었을 것"이라고 제안한다.[54] 그레고리는 그 정사와 직접 영적 전쟁을 했으며, 그 결과 그 영은 패배하고 그 도시에서 회심자의 수가 놀랄 정도로 증가했다.

하지만 와그너가 이 사건을 전략적 수준의 영적 전쟁 사례로 분석하는 데에는 최소한 네 가지 문제점들이 있다. 첫째, 그 문서 자체는 지배하는 영이 하나 있다고 밝히지 않고, 그냥 일관되게 그 이교에 연루되어 있는 귀신들을 복수로 말한다. 실제로, 그 이야기의 처음에서 저자는 "전 지역이 귀신들의 통제 아래 있었다"고 말한다. 그 저자는 기독교가 아직 그 지역에 들어가지 않았으며, "그 도시 전체와 주변 지역이 이교 제단과 성지로 가득했으며, 모든 사람들이 형상을 숭배하고 있었다"는 사실에 근거해서 이런 결론을 내린다. 둘째, 그 문서는 그레고리가 영적 지도 작성을 하고, 지역 통치자의 이름을 분별하거나, 예수님의 이름으로 권세를 행사해서 떠나라고 명령을 했다는 아무런 말도 하지 않는다. 그냥 신전에 그레고리가 들어와 머무르자 귀신들이 놀라서 떠난 것 같다. 게

다가, 이것이 그 지역에 있는 이교 신전의 본당이라는 암시도 없다. 앞에서 지적한 대로, 이것은 많은 신전 중 하나에 불과했다. 셋째, 처음에 나타난 결과는 사실상 아주 부정적이었다. 그 종교의 제사장이 더 이상 귀신들에게서 예언적 영감을 받을 수 없게 되자, 그는 무력을 사용하거나 아니면 지역 관리들에게 데려가겠다고 그레고리를 위협했다. 해당 관리들이 나중에 로마 황제 데키우스로부터 칙령을 받아 내고, 또 지방 총독으로부터 포고령을 받아 내는 바람에 그레고리는 그 도시를 떠나서 산에 숨어 지내야만 했다.[55] 넷째, 니사의 그레고리오스의 이야기에서 허구로부터 사실을 분리해내기가 어렵다. 신약 외경에 실린 많은 이야기들처럼, 이 전기에는 전설적인 자료가 있다 (그 모든 것이 구전으로 니사의 그레고리오스에게 전달되었다).[56] 이 전기에서 더 의심이 가는 이야기들 중 하나는 특정한 호수에 대한 법적 권리를 놓고 두 형제 사이에 벌어진 분쟁을 다루는 그레고리에 대한 이야기이다(924C-929A). 그레고리는 그 호수를 마르게 하는 기적을 일으켜서 효과적으로 그 논쟁을 종식시켰다.

하지만 이 사건은 귀신적 영들이 이교에 깊이 관련되어 있으며, 또 그 종교들을 통해 복음 전파를 반대한다는 초대 기독교의 보편적 믿음을 실증한다. 또 그 이야기는 기도, 찬송, 하나님에 대한 신뢰가 귀신들을 무서워 떨게 만든다는 점을 보여준다(916A와 B를 보라).

그럼에도 불구하고 그리스도인 지도자가 그리스도의 이름으로 권세를 행사해서, "영토"(제국, 지방, 지역, 도시, 촌락)를 다스리는 영을 직접 상대해 떠나라고 명령하는 것을 보여주는 예들을 나는 교회사에서 찾아볼 수 없다.

9. 효과가 있다면 옳은 것인가?

당신은 결과를 어떻게 반박할 수 있겠는가? 전도자들과 그리스도인 지도자들이 지배하는 정사에 대해 예수님의 이름으로 권세를 행사하는 아르헨티나와 과테말라에서 수많은 사람들이 그리스도께 나아오고 있다면, 그들의 접근법이 어떻게 틀리거나 잘못된 것이라고 말할 수 있겠는가?

우리는 그리스도인들이 과테말라, 아르헨티나, 또는 교회가 성장하고 있는 수많은 다른 장소들에서 지역 영을 꾸짖는 일만 한 것이 아니라는 사실을 기억해야 한다. 어떤 지역에 들어가서 복음화에 성공한 사례에 대해 깊이 생각할 때, 우리는 반드시 모든 요인들을 다 고려해야 한다. 한 그룹의 기도하는 그리스도인들이 어떤 도시에 복음을 전하려고 노력하면서 적대적인 권세의 정체를 분별하고 기도로 패배시키려 한다 할지라도, 많은 다른 중요한 요소들이 이미 그곳에 있다. 그들은 여러 기도 모임을 만들어서 잃어버린 자들과 서로를 위해 기도했다. 그들은 신자들의 연합을 추구하는 일을 했다. 그들은 개인적 죄의 문제를 다루었다. 그들은 복음을 전하기 시작했다. 그들은 전도 행사를 계획하고 또 많은 다른 중요한 조치들을 취했다. 또 사람들이 복음을 잘 받아들이게 만드는 다른 사회학적 요인들이 있다. 예를 들어, 아르헨티나 교회가 폭발적으로 성장하기 전에, 그 나라는 일련의 대재앙들을 겪었다. 포클랜드 전쟁 패배, 억압적인 군사 통치, 경제 침체, 그리고 끝없이 치솟는 인플레이션 등이다.[57] 또 아르헨티나에서 전략적 수준의 영적 전쟁을 하지 않는 교회 및 전도자들도 놀라운 성장을 경험하고 있다는 사실을 주목해야 한다.[58] 어떤 요인들이 특정한 지역에 있는 교회들의 폭발적인 성장을 이끌었는지 고려할 때, 우리는 총체적 관점을 가져야 한다.

10. 신과 언약을 맺은 도시, 어떻게 볼 것인가?

선교학적인 영적 전쟁 문헌에는 비서구 세계에서 시민들이 지역 신에게 맹세를 한 도시들에 대한 이야기가 많다. 이런 맹세와 헌신은 보통 의식을 통해 매년 갱신된다. 이런 행사 때에 그리스도 안에 있는 영적 권세를 행사하면서 이 지역 통치자에게 떠나라고 또는 최소한 날뛰지 말라고 명령하는 것이 적절하지 않은가?

사도 바울은 지중해 세계의 이방인들에게 복음을 전하면서 이런 종류의 상황에 자주 직면했다. 예를 들어, 에베소는 정말로 아르테미스 여신과 공식적인 언약을 맺고 있었다.[59] 하지만 앞에서 언급한 대로, 바울이 이 종교와 관련된 고위급 귀신들을 "기도로 패배시키거나" 아니면 추방하려고 시도한 흔적을 찾아볼 수 없다. 하지만 바울은 분명히 그 도시에서 귀신들린 사람들을 다루는 일을 했으며, 가능한 모든 장소에서 적극적으로 복음을 선포했다.

(선하고 악한) 천사를 다룬 최근 책에서, 구약학자 듀안 개럿(Duane Garrett)은 이방 종교들과 귀신이 연결되어 있는 사실을 자신 있게 단언한다. 그는 다음과 같이 논평한다. "선교사들은 자신들이 사역하는 부족 종교 뒤에 진짜 귀신들이 있다는 사실을 인정해야 한다. 그들은 영들과 충돌하는 일이 진짜로 벌어질 것을 예상하고, 귀신의 권세가 부수어지도록 현명하고 진지하게 기도하고, 또 그 영들을 신봉하는 자들이 강력하게 반발해 올 것을 대비해야 한다."[60]

그리스도인들이 기도를 해야 하는 것은 당연하다. 우리는 거짓 종교를 믿고 따르는 사람들 가운데 강력하게 역사하는 귀신의 속임수를 깨부수기 위해 어떻게 기도하고 간구해야 하는지 성령께 여쭈어보아야 한다. 어떤 사역지의 경우에는. 사람들이 무엇을 믿고 따르는지 아주 분명하게 드러날 것이다. 아르테미스/다이아나가 에베소 시민들과 언약 관계를 맺은 것처럼, 맥시몬은 과테말라 알티플라노 사람들과 비슷한 관계를 맺은 것 같다. 우리는 하나님이 우리를 위해 하늘에서 싸워 주시기를 열렬히 기도할 수 있고 또 기도해야 한다. 그리고 동시에 우리는 하나님이 그 마을 또는 도시 사람들의 눈을 가리고 있는 베일을 제거해 주시기를 간청할 수 있고 또 간청해야 한다. 하지만 앞에서 논의한 이유들 때문에, 나는 하나님이 우리에게 언덕에 올라서거나 신전 근처에 가서 직접 지역 영에게 떠나라고 명령할 권한을 부여하셨다고 생각하지 않는다.

11. 영적 지도 작성, 어떻게 볼 것인가?

지역 영을 분별하고 명명하고 추방할 근거가 없다면, 영적 지도 작성은 무슨 역할을 하는가? 일부 사람들에게, 영적 지도 작성은 지역 영이 관할하는 구역의 경계를 정확히 확인하는 과정이다. 그런 다음에 밝혀낸 모든 다른 귀신적 통치자들이 권세를 행사하는 지역과 함께, 이 구역을 지도 위에 표시한다.

나는 이런 영적 지도 작성을 여러 번 보았다. 한 도시나 지역을 그린 지도 위에는 여러 가지 고위급 귀신적 권세의 임무를 나타내는 것으로 보이는 삼각형, 마름모형, 사각형들이 가득 채워 있었다. 때때로 이런 임무들은 지도상에 있는 중요한 지점들 사이에 선을 그려서 밝혀 놓는다. 예를 들면, 사이비 종교 센터, 폭력적 범죄 현장, 음란물 상점, 프리메이슨 집회소, 토템 기둥, 또는 한때 영적으로 중요한 가치가 있는 것으로 여겨졌던 언덕 바위 등을 가리키는 지점들이다. 선 자체는 종종 귀신들이 통행하는 통로를 나타내는 것으로 여겨지며, 따라서 그 길들은 위험한 장소가 된다. 전략적 수준의 영적 전쟁을 옹호하는 한 사람은 실제로 어떤 지역에 역사하는 영적 능력의 네트워크를 분별하는 수단으로 "레이 선"(ley line)이라는 신비술적 개념에 광범위하게 의지하고 있다.[61] 레이 선이라는 표현은 현대 신비술과 심령 연구에서 "고대 거석, 고인돌, 환상 열석의 배열"을 언급하는 것으로 흔히 사용된다. "그리고 그것들이 배열된 양식은 '능력 망'(grids of power) 또는 레이 선을 이루는 것으로 여겨진다."[62] 하지만 영적 전사들에게, "레이 선"은 교차하고 횡단해서 정교한 능력 망을 형성하는 귀신적 고속도로를 나타낸다. 능력 망의 삼각형, 정사각형 또는 직사각형 칸에는 싸움을 해야 할 전략적 반대자인 지역 통치자가 있다. 이 정사를 패배시킬 때, 그의 하수인 귀신들도 함께 패배한다. 이와 같이 이런 지도들은 이런 종류의 고위급 전쟁을 하도록 부름 받았다고 생각하는 중보기도자들에게 중요한 정보를 제공한다. 그들은 자신들에게 이런 지역 영들을 추방하거나 묶을 책임이 있다고 믿는다.

이런 종류의 지도 작성은 명백히 신비술적 능력에 대한 비기독교적 이해에 의지하고 있다. 특히 "레이 선"이라는 개념은 부족들이 영력의 움직임에 대해 흔히 갖고 있는 신비술적인 종교적 믿음에 의지하고 있다. 최소한도로 말해도, 이것은 상상력과 믿기 힘든 추측으로 이루어지는 활동이다. 최악의 경우에, 그것은 악한 자의 손에서 놀아나는 신비술적 믿음을 받아들인 위험한 혼합주의적 신앙이다. 나는 이런 종류의 지도 작성과 그에 따라 고위급 영들을 꾸짖는 활동을 할 수 있는 근거가 없다고 생각한다. [63]

하지만 나는 조지 오티스가 서술하고 실행하는 방식의 "영적 지도 작성"에는 긍정적인 중요한 역할이 있다고 확신한다. 앞에서 지적한 대로, 오티스는 지도 작성을 주의 깊은 연구조사에 근거해서 어떤 도시나 지역에 대한 영적 프로필을 만드는 것으로 정의한다.[64] 이 프로필의 목적은 중보기도자들이 이 장소에 있는 사람들을 위해 기도할 때, 다시 말해 사탄의 방해로 복음의 진리에 대해 눈이 먼 사람들을 위해 기도할 때 안내자 역할을 하는 것이다. 오티스는 그리스도인들이 현명하게 구체적으로 기도할 수 있기를 바라지만, 그는 어떤 도시에서 귀신들을 추방하거나 그들의 이름을 알아내려고 하는 관행을 분명히 옹호하지 않는다.[65]

사람들이 구체적으로 기도하도록 격려하는 것은 성경적으로 건전하며, 또 이것이 교회가 흔히 해온 관례이다. 왜 소그룹 기도 모임에서 구체적인 제목을 나누는 시간을 갖지 않는가? 왜 교회는 교인들이 현명하게 기도할 수 있도록 선교사들에게 기도 편지를 보내달라고 요청하지 않는가? 내가 보기에, 10/40창에 있는 "100개 관문도시"를 위해 기도하자는 1995년 캠페인은 아주 바람직한 전략이다. 그 캠페인은 영적 어둠이 가장 심한 장소들에 대해 진행되고 있는 교회의 선교에 많은 그리스도인들이 참여하게 만들었다. 나는 그 당시 10/40창에 있는 도시들을 입양하고, 지금은 그 도시들에 복음이 전파되도록 노력하면서 기도에 힘쓰는 여러 교회들을 알고 있다. 영적 지도 작성을 통해 얻은 정보는 이런 일을 크게 촉진시킨다.[66] 이런 교회들이 복음의 진리를 알지 못하게 훼방하는 적의 수단을 알면 더 구체적으로 기도할 수 있다. 예수님이 "우리를 악에서(악한 자에게서) 구하시옵소서"라고 우리에게 기도하는 법을 가르쳐 주신 대로(마 6:13), 사랑 가운데 우리는 악에 속박되어 있는 자들을 위해 "주여, 그들을 악한 자에게서 구하시옵소서"라고 기도할 수 있다.

오티스가 영적 지도 작성을 위해 요구하는 종류의 심층적인 연구조사는 전략적 수준의 영적 전쟁 옹호자들이 쓴 책이나 그 자신이 쓴 책에서 강조되지 않는 두 가지 다른 방식으로 교회에 도움이 될 수 있다. 가장 중요한 것으로, 이 정보는 새로운 신자들을 위한 상황화된 훈련 프로그램을 개발하는데 사용될 수 있다. 또 이와 긴밀하게 관련된 것으로, 나중에 가서 그 나라를 위한 상황 신학을 개발하는데 사용될 수 있다.

사도 바울의 시대에, 새로운 그리스도인들은 예수 그리스도 안에서 새롭게 발견한 신앙에 비추어 중대한 세계관의 변화를 이루어야만 했다. 예를 들어, 예수님의 제자로 살면서 그들은 다음의 사실을 인식하게 되었다.

- 많은 신들이 있는 것이 아니라, 오직 한 분 참된 하나님이 계시다.
- 우리의 신앙은 별들의 위치와 움직임에 열중하는 것이 아니다. 하나님은 세상이 만들어지기 전에 우리를 선택하셨다.
- 우리는 더 이상 변덕스럽게 행동하는 신 때문에 염려하지 않아도 된다. 한 분 참된 하나님은 사랑, 의, 자비 가운데 행동하신다.
- 예수님은 작은 신이나 높아진 중재자가 아니다 (헤르메스, 헤카테, 또는 파레드로이[돕는 영들]의 하나 같은 존재가 아니다). 예수님은 하나님의 아들이시고 한분 참된 주님이시다.
- 우리는 더 이상 주문, 제사, 의식을 통해서 신에 접근하지 않는다. 우리는 그분을 주 예수 그리스도를 통해 우리를 돌보아주시는 하나님 아버지로 여긴다.

바울 사도는 새로운 그리스도인들의 믿음 구조와 행위 양식 가운데 변화될 필요가 있는 부분들을 예리하게 인식하고 있었으며, 적절한 방식으로 신학을 전달한다. 광범위한 가르침은 바울의 선교 전략에 가장 중요했다. 바울은 새로운 회심자들에게 예수님과 하나님의 나라에 대해 가르치는데 분명히 매일 많은 시간을 보냈다. 예를 들어, 데살로니가인들에게 첫 번째 편지를 쓸 때 (그곳에 교회를 개척한지 1년도 지나지 않았을 때였다), 바울 사도가 그들이 높은 수준의 지식을 갖고 있다고 추정하는 것을 우리는 달리 어떻게 설명할 수 있는가? 바울이 거기에 겨우 두 달 머무른 점을 고려할 때, 그는 여러 번 집중적으로 가르치는 시간을 가졌을 것이다.

"영적 지도 작성"이라는 이름 아래 수행된 연구조사의 결과는 새로운 신자들에게 무엇을 가르쳐야 할지 알아내는데 중요한 역할을 할 것이다. 이것은 10/40창에서 그리스도를 알게 되는 사람들에게 엄청나게 중요할 것 같다. 그들은 예수 그리스도 안에서 새롭게 발견한 신앙에 비추어 재고할 것을 많이 갖고 있다.

12. 동일시 회개, 어떻게 볼 것인가?

다양한 형태로 나타나는 인종차별의 아픈 상처에 민감한 사람들은 존 도우슨이 새로 쓴 책 「미국의 상처를 치유하라」에서 전하고자 하는 메시지에 귀를 기울여야 한다. 도우슨이 전에 쓴 책 「하나님을 위하여 도시를 점령하라」는 25만 권이 넘게 팔렸다. 멀트노머성경학교 교장인 조우 알드리치(Joe C. Aldrich)는 "「미국의 상처를 치유하라」는 필독서가 되어야 한다. 우리는 회개와 화해를 촉구하는 존 도우슨의 메시지를 실행해야 한다"고 말했다.[67]

피터 와그너가 지역 영과 맞서 싸우는 사역에 대한 글들을 편집한 책의 서문 첫 줄에서, 도우슨은 이렇게 논평한다. "나는 지역 영에 대해 정말 관심이 없다. 하나님이 하실 일이 무엇인가, 그것이 문제로다."[68] 이것은 도우슨이 지역 영의 존재를 심각하게 받아들이지 않는다는 말이 아니다. 오히려 그는 와그너와 제이콥스가 말한 방식으로 지역 영들의 정체가 무엇인지 밝혀내고 그들을 추방시킬 필요를 덜 강조하는 것일 뿐이다. 도우슨의 가장 큰 관심은 공동적 죄의 문제를 처리하는 것이다. 그는 벌어진 상처에 달려드는 파리들처럼 공동적 죄가 귀신들을 끌어들인다고 본다.

서구식 개인주의라는 사회적 분위기에서, 공동적 책임을 일깨우려는 도우슨의 시도는 성경이 강조하는 것으로 환영할 일이다. 우리가 우리 자신이 지은 죄악에 대해 개인적으로 책임이 있다고 말하는 것이 옳긴 하지만, 죄악에 물든 나쁜 특성과 경향은 한 세대에서 다음 세대로 전달된다. 우리가 우리 부모를 좋든 나쁘든 닮는다는 점을 부인하는 것은 우리 자신을 속이는 것이다. 마찬가지로, 우리가 사회적 문화적 상황 가운데 있는 좋지 않은 태도들에 오염된다는 점을 부인하는 것 역시 착각일 수 있다. 나는 그리스도인들이 자신들의 마음을 주의 깊게 살펴보고, 가족 및 자신들이 속한 더 큰 사회 집단과 공통으로 갖고 있는 나쁜 경향들을 다루는 것이 중요하다고 생각한다. 성령의 능력주시는 사역을 통해 이루어지는 고백과 회개야말로 하나님이 처방하신 해결책이다. 또 그리스도인 공동체 전체가 자신들의 공동적 범죄를 인정하고 죄에 대해 슬퍼할 때, 지도자가 그 공동체의 대표 역할을 맡아 피해자들이나 피해자들을 대표하는 누군가에게 그 죄를 고백하고 회개하는 것이 바람직하다.

"동일시 회개"를 옹호하는 많은 사람들은 이것보다 더 많은 것이 있다고 본다. 그들은 우리가 한 그룹의 공동적 죄와 동일시하고 그 죄들을 고백할 때 엄청난 영적 처리가 이루어진다고 주장한다. 이것은 〈기독교21세기운동〉의 합심기도트랙이 발표한 세계 복음화를 위한 기도 철학에 대한 성명서에 분명하게 진술되어 있다.

> 영적 지도 작성을 제대로 하면 자주 한 국가나 도시가 과거에, 때때로 여러 세대 전에, 저지른 죄를 알아낼 수 있을 것이다. 그리고 그 죄는 이

제 어둠의 세력의 견고한 진이 되어, 수많은 사람들을 육체적 고통과 영적 포로 가운데 붙잡아 놓는다. 우리가 많은 사람들이 "동일시 회개"라고 부르는 것을 통해 우리나라가 저지른 그런 죄들을 공동적으로 고백할 때, 예수님이 십자가에서 흘리신 피를 통해 그 죄들이 사해질 수 있고, 또 견고한 진들이 제거될 수 있다.[69]

이 성명서에서 눈에 띄는 것은 예수님의 피를 죄사함에 적용하면서 대리 고백이 효과가 있다고 가정하는 것이다. 이 성명서를 얼핏 읽어보면 그리스도인들이 그리스도의 속죄 희생을 자신들의 삶뿐만 아니라 다른 사람들의 삶에도 적용할 수 있다고 믿게 될 수 있다. 〈영적 전쟁 네트워크〉에 속한 다른 사람들 역시 동일시 회개의 효과성을 강조했다. 〈기독교21세기운동〉 합심기도 트랙에 속한 〈영적 전쟁 네트워크〉의 스웨덴 책임자인 쉘 스요르베르(Kjell Sjoberg)는 개인적 고백과 다른 사람들의 죄를 고백하는 것의 차이를 다음과 같이 분명히 말한다.

> 여기에서 개인적 죄와 공동적 죄의 차이를 이해하는 것이 중요하다. 불신자들이 회개하고 자신들의 개인적 죄를 고백하고 예수님을 믿으면, 그들은 구원을 받는다. 다른 누구도 그들을 대신해서 그들을 위해 그들이 지은 죄를 고백할 수 없다. 하지만 이것은 공동적 죄에 대해서는 사실이 아니다. 중보기도자들은 자신들이 그 죄에 개인적으로 참여하지 않았을지라도 공동적 죄를 고백할 수 있으며, 하나님을 불쾌하게 만든 어떤 것이 제거될 수 있다. 그런 일이 일어날 때, 하나님은 그분의 성령을 쏟아 부으실 수 있다. 그러면 불신자들이 그리스도의 복음을 듣고, 자신들의 개인적 죄를 회개하고 구원을 받는 일이 더 쉬워진다. 이것이 전략적 수준의 중보기도가 효과적인 전도의 길을 여는 방법이다.[70]

스요르베르는 또 이런 공동적 죄의 고백이 그 죄를 "사해 주는"(remit)

것으로 이야기한다. 그는 서아프리카의 기도 여행에 대해 묘사하면서 그런 말을 한다. 거기에서 그는 한 무리의 사람들과 함께 노예 매매에 뿌리를 둔 공동적 죄을 "고백하고 죄를 사해 주었다."[71]

다른 사람들의 죄를 사해 준다고 하는 말을 처음 들었을 때, 나는 이 가르침은 "위험하고 비성경적"이라고 언급하면서 강하게 반발했다. 내가 보기에 그것은 죽은 자들의 죄를 사해 주기 위해 세례식을 거행하는 몰몬교의 교리와 비슷했다. 나는 나중에 〈영적 전쟁 네트워크〉에 속한 회원들과 오래 계속된 논의를 통해 이것이 그들이 다른 사람들의 죄를 "사해 주는 것"에 대해 말할 때 의미하는 것이 아니라는 사실을 알게 되었다. 피터 와그너는 자신들은 다른 사람들이 저지른 죄 때문에 다음세대 사람들과 그 땅에 임한 저주와 형벌을 제거하는 것에 대해서만 생각한다는 점을 나에게 명확하게 설명해 주었다.[72] 나는 〈기독교21세기운동〉 안에 자신이 다른 사람들의 죄를 고백할 수 있으며, 그렇게 함으로써 그리스도의 칭의 사역을 적용해서 그 사람들을 하나님과의 관계로 이끌 수 있다고 생각하는 사람이 있다고 생각하지 않는다. 빅토르 로렌조는 그리스도인 지도자들이 아르헨티나 라플라타를 위해 어떻게 기도했는지 묘사하면서 이 개념을 더 잘 설명한다. "지도자들은 겸손하게 하나님께 그 도시로부터 죄의 결과를 없애고 저주를 제거해 달라고 간구했다."[73]

물론 성경이나 기독교 사상사에서는 "사함"(remission)이 이런 식으로 사용되지 않는다. 그 용어는 몇몇 현대 성경 번역본에 나타나지도 않는다. 하지만 흠정역 성경에서는 흔하게 찾아볼 수 있으며, 지금은 "용서"(forgiveness; 아페시스)로 번역된다. 예를 들어, 오순절날 성전에서 무리에게 설교할 때 베드로는 "너희가 회개하여 각각 예수 그리스도의 이름으로 세례를 받고 죄사함(remission of sins)을 받으라"고 촉구했다(행 2:38). 사함(remission)이라는 용어는 영어에서 용서(forgiveness)와 죄에 대한 사면(pardon of sins)이라는 뜻으로 오랫동안 사용되었다.[74] 나는 영적 전쟁 운동을 하는 지도자들이 사함(remission)이라는 단어를 성경과 기독교 신학에서 사용되는 방식과 다른 의미로 사용하는 것은 지혜롭지 못하다고 생각한다. 최소한도로 말해서, 그것은 매우 혼란스러우며 또 위험한 신학과 실천을 초래할 수 있다.

현재 많은 사람들이 옹호하며 실행하고 있는 방식의 "동일시 회개"가 갖고 있는 문제는 아직도 매우 심각하다. 나는 두 가지 근본적인 결함을 지적하고자 한다.

(1) 신자들은 비신자들에게 임한 저주를 제거할 수 없다

신자들이 다른 사람들의 죄를 대리로 고백하고, 그 공동적 죄에 대해 하나님이 내리신 일시적 형벌이나 저주를 제거할 수 있다는 생각을 지지하는 성경적 증거는 찾아볼 수 없다. 다니엘과 느헤미야가 자신들의 백성이 저지른 죄와 동일시하고 그 죄를 하나님께 고백한 것은 사실이다. 그러나 그들이 하나님의 언약 공동체의 동료 구성원이었다는 점에서 처한 상황이 다르다는 점을 알아야 한다 (우리는 곧 이 문제에 대해 논의할 것이다).

우리는 구약에서 이스라엘의 지도자, 사사, 왕이 이웃에 있는 이방 도시나 국가들의 죄를 고백하는 사례를 찾아볼 수 없다. 예를 들어, 다니엘이 느부갓네살의 죄와 동일시하고, 페르시아인들이 살아계신 하나님께 돌아오기를 희망하면서 그 죄를 하나님께 고백하는 것을 찾아볼 수 없다. 또 우리는 선지자 이사야가 바벨론인, 이집트인, 모압인들의 죄와 동일시하고, 이런 국가들에 임한 저주가 약화될 것을 추정하면서 그들의 죄를 하나님께 고백하는 것을 찾아볼 수 없다. 초대 교회의 지도자들에 대해서도 비슷한 논평을 할 수 있다. 사도 바울은 지배하는 정사가 장악하고 있는 기반을 붕괴시키는 수단으로 결코 로마 제국주의, 성적 문란, 우상숭배 등의 죄와 동일시하지 않는다.

어떻게 누군가가 다른 사람의 죄를 고백하고 영계에서 무슨 일이 일어나기를 기대할 수 있는가? 오늘날 그리스도인 지도자가 공개적으로 마약 남용과 매춘 등 자신이 살고 있는 도시의 죄를 고백한다할지라도, 이런 악에 연루된 사람들이 그리스도에 대한 믿음을 고백하지 않는다면 그 고백이 무슨 소용이 있는가? 그들의 마음과 행위를 변화시킬 수 있는 사람들은 당사자들뿐이다. 똑같은 수의 포주와 마약 판매상들이 여전히 거리를 배회한다면, 아무리 많이 대리 고백을 한다 해도 아무 것도 변화시키지 못할 것이다. 현관에 환영의 글이 새겨진 매트가 여전히 놓여 있고, 불이 켜져 있고, 또 들어갈 수 있는 문이 활짝 열려 있기 때문에, 귀신적 영들은 그 도시 사람들의 삶 가운데서 교활하게 자신들의 사악한 일을 계속 해나갈 것이다.

(2) 이스라엘에게 주어진 언약적 약속들을 현대 국가와 도시에 바로 적용할 수 없다

미국이 특별히 선택받았다는 생각을 좋아할 수는 있지만, 사실상 미국은 하나님의 언약 백성이 아니다. 하나님과의 언약 관계는 더 이상 민족을 근거로 수립되지 않는다. 언약에 속하기 위해 이스라엘 사람이 될 필요가 없다. 언약에 들어가는 것은 우리를 위해 십자가에서 피를 흘리심으로 성취하신 예수 그리스도의 화해 사역을 받아들이는 것에 근거한다. 성령은 우리를 그리스도의 보편적 몸에 연결시키신다. 이 새로운 하나님의 언약 백성은 모든 민족적, 종족적, 인종적, 문화적, 사회적 경계와 또 우리가 생각할 수 있는 모든 다른 경계를 초월한다.

"동일시 회개"를 옹호하는 많은 사람들은 하나님이 그들의 나라와 맺은 언약에서 그리스도인들이 제사장적 역할을 담당한다고 잘못 가정한다. 예를 들어, 존 도우슨은 미국은 하나님과 언약 관계를 맺고 있으며, 그 언약을 존중하는 한 그에 따른 보호와 축복을 향유한다고 주장하는 조나단 에드워드(Jonathan Edwards)를 가리킨다.[75] 문제는 미국이 우상 숭배와 불의로 말미암아 언약에 신실하지 못했으며, 따라서 그것 때문에 신명기 27-28장에 규정된 언약적 저주를 받아야 한다는 것이다. 유일한 해결책은 국가가 받아야 하는 저주를 해제하기 위해, 느헤미야가 이스라엘을 위해 행동한 것처럼(느 1:6), 교회가 하나님 앞에 국가의 죄를 고백하는 제사장적 행동을 하는 것이다.

이 시나리오가 갖고 있는 문제는 미국은 이스라엘이 아니며, 또 미국은 하나님의 언약 백성이 아니라는 것이다. 새 언약은 예수 그리스도 때문에 하나님의 백성이 된 "각 족속과 방언과 백성과 나라 가운데서" 온 사람들로 이루어진다. "일찍이 죽임을 당하사 각 족속과 방언과 백성과 나라 가운데에서 사람들을 피로 사서 하나님께 드리시고"(계 5:9).

내 동료였던 조우 헬러만(Joe Hellerman) 목사는 〈약속을 지키는 사람들〉(Promise Keepers)을 위해 인종 화해를 주제로 쓴 글에서 이 문제를 더욱 분명하게 설명한다.[76] 헬러만은 로마제국이 콘스탄티누스 치세 때 기독교에 관용을 베풀고(주후 312년), 데오도시우스 대제 치세 때 기독교를 공인했을 때(주후 379-395년), 그리스도인들은 이제 자신들의 국가를 신의 승인을 받은 기관으로 생각하기 시작했다고 언급한다. 하지만 주후 410년 비극이 발생했다. 고트족 알라릭과 그의 군대가 로마를 침략해 온 것이다. 이에 대해 그 당시 두 명의 위대한 그리스도인 지도자들은 전혀 다른 반응을 보였다. 헬러만은 제롬(Jerome)이 공포에 사로잡혀 "예루살렘은 망했도다!"라고 외쳤다고 말한다. 제롬은 이스라엘의 언약 약속들을 받아들이고, 그것들을 로마 제국에 맞추어 조정했다. 그와 대조적으로, 아우구스티누스는 어떤 지상 제국이나 국가도 이제 하나님의 언약 국가로 여겨질 수 없다고 결론을 내렸다. 그는 하나님의 참된 언약 백성은 모든 나라에서 온 과거(하늘에 있음)와 현재(지상에 있음)의 진정한 신자들이라는 점을 널리 알리기 위해 「하나님의 도성」이라는 고전을 저술했다.

헬러만은 역사는 아우구스티누스의 관점이 정당함을 입증했다고 결론을 내린다. 어떤 현대 국가도 하나님과 언약 관계를 맺고 있다고 주장할 수 없다. 하나님 자신이 주도권을 갖고 공동 단체와 언약을 맺으시는 분이라는 점을 인식하는 것이 중요하다. 하나님은 그 일을 단 한 번 이스라엘 백성과 하셨다. 그러므로 오늘날 어떤 국가(미국, 영국, 또는 어떤 나라)를, 이스라엘이 한때 메시아가 오시기 전에 한 것처럼, 하나님과 언약 관계를 맺고 있는 것으로 생각하는 것은 타당하지 않다.

(3) 하나님의 백성과 동일시 회개

예수님을 구세주와 주로 믿는 교회가 오늘날 하나님의 언약 백성을 대표하기 때문에, 동일시 회개는 그리스도의 몸 안에서 하는 것이 맞다. 고린도후서 3장은 새 언약의 수립을 가리키는 중요한 구절이다. 하나님은 어떤 특별한 국가나 인종 집단을 선택해서 그분의 영광을 나타내지 않으셨다. 그분의 성령에 의해, 하나님의 영광이 교회 안에, 즉 그리스도의 중생하는 사역을 경험하고 이제 그분 안에 사는 모든 나라에서 온 사람들 가운데 거하신다. 우리가 하나님의 영광을 담는 그릇일지라도, 우리는 그분의 내주하시는 성령의 능력으로 도덕적으로 변화되는 것이 필요하다(고후 3:18). 이것이 동일시 회개라는 개념이 도입되는 지점이다.

제일 먼저 기록된 신약서신에서, 야고보(예수님의 동생이면서 예루살렘 교회의 지도자)는 팔레스타인과 시리아의 신자들에게 회개를 요청한다. 야고보는 그들에게 이렇게 간청한다. "죄인들아 손을 깨끗이 하라 두 마음을 품은 자들아 마음을 성결하게 하라 슬퍼하며 애통하며 울지어다 너희 웃음을 애통으로 너희 즐거움을 근심으로 바꿀지어다 주 앞에서 낮추라 그리하면 주께서 너희를 높이시리라"(약 4:8-10). 너무 많은 그리스도인들이 부의 우상을 추구하고 있었다. 일부 사람들은 공공 집회에서 부자들을 편애했고, 일부 사람들은 날품팔이를 이용해 먹었고, 다른 사람들은 엄청나게 독설을 잘 해서 형제자매들에게 상처를 입혔다. 야고보는 이런 신자들 가운데 사탄의 손이 역사하는 모습을 본다(약 4:7). 야고보는 그들에게 공동 회개 및 하나님의 능력에 의지해 변화될 것을 요청한다. 이런 소중한 신자들에게 묻어 있는 죄의 얼룩은 그들만의 특별한 것이 아니었다. 그들은 계속해서 당시 팔레스타인 사회에 만연한 태도와 행위를 반영하고 있었을 뿐이다. 그러나 그리스도인들은 이런 것들을 받아들일 수 없다. 우리는 더 높은 수준의 윤리적 삶을 살아야 한다.

바로 이런 상황에서 느헤미야와 다니엘이 모범을 보인 중보기도와 동일시 회개는 매우 적절하며 또 엄청난 잠재력을 갖고 있다. 두 지도자들은 하나님 앞에서 자신들을 낮추고, 자신들이 개인적으로 나쁜 행위를 하지 않았음에도 불구하고 그들의 죄와 동일시하면서 자신들의 백성을 위해 열심히 기도했다. 하나님의 백성이 여전히 바벨론 포로로 고통을 당하고 있는 동안, 다니엘은 "금식하며 베옷을 입고 재를 덮어쓰고 주 하나님께 기도하며 간구하기를 결심했다"(단 9:3). 다니엘은 다음과 같이 기도했다.

> 우리는 이미 범죄하여 패역하며 행악하며 반역하여 주의 법도와 규례를 떠났사오며 우리가 또 주의 종 선지자들이 주의 이름으로 우리의 왕들과 우리의 고관과 조상들과 온 국민에게 말씀한 것을 듣지 아니하였나이다……온 이스라엘이 주의 율법을 범하고 치우쳐 가서 주의 목소리를 듣지 아니하였으므로 이 저주가 우리에게 내렸으되 곧 하나님의 종 모세의 율법에 기록된 맹세대로 되었사오니 이는 우리가 주께 범죄하였음이니이다 (단 9:5-6, 11)

다니엘은 하나님에 대한 철저한 순종으로 매우 존경을 받고 있었다. 그럼에도 불구하고, 다니엘은 자신의 백성이 저지른 죄와 동일시하고, 공동 대표로서 그 죄를 하나님께 고백한다.

약 백년 후에, 느헤미야는 하나님의 백성을 대신해서 "울고 수일 동안 슬퍼하며 하늘의 하나님 앞에 금식하며 기도했다"(느 1:4).

> 우리 이스라엘 자손이 주께 범죄한 죄들을 자복하오니 주는 귀를 기울이시며 눈을 여시사 종의 기도를 들으시옵소서 나와 내 아버지의 집이 범

> 죄하여 주를 향하여 크게 악을 행하여 주께서 주의 종 모세에게 명령하
> 신 계명과 율례와 규례를 지키지 아니하였나이다 (느 1:6-7)

기도하면서, 느헤미야는 구체적으로 자기 자신의 과실뿐만 아니라 자신의 가족의 죄도 함께 고백한다. 이스라엘의 대표로서, 느헤미야는 또 자신의 백성의 죄도 고백한다.

하나님의 백성의 이 지도자들은 앗수르인, 바벨론인, 메디아인, 페르시아인들의 죄와 동일시하지도 않고 또 그 죄를 고백하지도 않는다. 그들은 오직 하나님의 언약 백성을 대신해서 회개한다.

마찬가지로, 우리가 열방에 대해 감당해야 할 제사장적 역할에 그들의 죄를 고백하는 것은 해당되지 않는다. 우리는 우리 자신의 죄를 인정하고 하나님 앞에 그 죄를 고백한다. 이런 구절들은 대리로 공동 고백을 하는 행위의 적절성을 지지한다. 사도 바울은 언약에 대해 계속 논의를 하면서, 제사장으로서 우리가 열방의 죄에 대해 어떻게 반응해야 하는지 명확하게 설명한다. 우리는 화해의 사역을 하며, 세상에 대해 대사 역할을 한다. 바울은 사람들이 하나님 앞에 의롭게 되고 따라서 하나님과 화목해지도록, 그리스도가 그들을 위해 죽으시고 그들을 대신하여 죄가 되셨다고(고후 5:14, 20, 21) "권면한다"고 말한다(고후 5:11). 우리는 열방의 죄를 고백함으로써 그 죄를 "사할" 수 없다. 하지만 우리는 하나님의 대사로서 열방에 그리스도를 제시하고, 그들에게 그리스도와 관계를 맺을 수 있는 기회를 제공할 수 있다. 그래서 그들의 죄가 그들에게 불리하게 작용하지 않도록 돕는 안내자 역할을 한다(고후 5:19).

사실상, 현재 진행되는 동일시 회개는 교회 안에서 가장 중요한 영향을 끼치는 것 같다. 소원해진 그리스도인 그룹들 사이에서 화해가 이루어진 훈훈한 이야기들이 많다. 대규모 공공 집회에서, 백인들이 노예제도 및 그와 관련된 인종차별주의적 태도를 회개하고, 흑인들은 백인들에 대한 응어리와 증오를 회개하는 일이 벌어졌다. 일본인들은 조상들이 한

국인들에게 저지른 잔혹 행위들을 회개하고, 한국인들은 일본인들에 대한 분노를 회개했다. 경찰들은 잔인한 행위를 한 것을 고백하고, 다른 사람들은 경찰을 존경하지 못하고 반항적인 태도를 보인 것을 고백했다. 이런 종류의 공적 모임은 기독교 공동체 내에서 미국의 일부 상처를 치유하는데 큰 도움이 되었다.

바이올라대학교와 탈봇신학대학원은 최근에 그 조상 중 한 사람의 죄를 적절하게 처리하는 문제에 직면해야 했다. 1994년 여름, 탈봇신학대학원의 한 학생이 루이스 탈봇(Louis T. Talbot) 박사가 쓴 무슨 성명서를 신학대학원 원장인 데니스 더크(Dennis Dirks) 박사에게 가져왔다. 그 성명서에는 아프리카계 미국인들에 대해 성경적으로 오류가 있고, 또 매우 불쾌한 언급들이 담겨 있었다. 그것은 탈봇이 작성해서 라디오로 방송이 되고, 또 1938년 책으로 출판되기도 했다. 몇몇 재학생들이 교수회가 이 문제에 대한 루이스 탈봇의 가르침을 묵인하고 있다고 염려했기 때문에, 대학원장은 교수회에 그 문제를 제기했다. 교수회는 그런 사실을 알고 충격을 받았다. 탈봇이 그런 언급을 했다는 사실을 알고 있는 사람은 한두 사람에 지나지 않았다. 그때 교수회는 만장일치로 흑인들에 대한 탈봇의 견해가 전적으로 틀리다는 점을 인정하고, 신학대학원의 설립자 및 신학대학원과 이름이 같은 사람이 주장한 이런 개인적 견해 때문에 기분이 상한 아프리카인들과 아프리카계 미국인들에게 사과하기로 결정하고 그 내용을 기록해 놓았다. 그리고 나서, 1995년 9월 신학대학원장은 예배 시간에 그리고 학생들과 지역의 복음주의 공동체 구성원들이 참여한 인종 화해 특별 회의에서 그 성명서를 발표했다. 그 성명서와 사과는 많은 오해와 의심을 푸는데 큰 도움이 되었다.

(4) 동일시 회개와 지역 영

그리스도인 지도자들이 자신들이 이끄는 그룹들과 함께 동일시 회개를 할 때 초자연적 영역에서 무슨 일이 일어나는가? 도우슨이 말한 대로, "그런 행동을 하면 억울한 일로 상처 입은 사람들의 마음에 종종 치유의 은혜가 생긴다."[77] 그리고 헬러만이 덧붙여 말한 대로, "그것은 감추어져 있던 우리 자신의 편견을 받아들일 수 있게 도와준다."[78] 감추어져 있던 이런 편견을 다룸으로써, 우리는 우리 자신의 삶 가운데 역사하는 사탄의 정체를 드러내고, 또 사탄이 응어리, 분노, 악감을 부추길 수 있는 발판을 처리하기 시작한다.

도우슨은 또 사탄이 공동적으로 죄를 고백하는 일을 두려워한다고 말하는데, 아마도 맞는 말일 것이다. 하지만 그 결과 도시를 다스리는 고위급 영들이 떠나는가? 나는 그렇게 생각하지 않는다. 내가 보기에 그들은 불화, 불신, 의심의 씨를 뿌려서 이미 이룩한 연합을 파괴하려고 할 것이다. 영적 전쟁과 싸움은 계속된다. 그러나 요한이 여러 해 전에 에베소 신자들에게 지적한 대로, "너희 안에 계신 이가 세상에 있는 자보다 크심이라"(요일 4:4). 그리스도인들은 그리스도 안에 있는 자원을 가지고 교회를 통해 인종 통합을 위한 기준을 설정한다.

IV. 우리는 지역 영에
어느 정도 맞서 싸워야 하는가?

하나님은 우리에게 지역 영들에 맞서 직접 싸우는 책임을 부여하지 않으셨다. 따라서 우리는 지역 영들을 분별하고, 명명하고, 추방하려고 노력할 필요가 없다. 우리는 성령의 능력으로 하나님의 말씀을 선포하고, 또 하나님의 나라를 섬기는 일을 계속해나가야 한다. 우리는 하나님이 다니엘을 위해 하신 것처럼, 적절한 때에 하나님이 이런 고위급 영들을 처리하실 것이라는 점을 확신할 수 있다.

그럼에도 불구하고, 하나님은 그분의 말씀을 통해 지역에 배정된 강력한 악한 영들이 있다는 사실을 우리에게 계시하신다. 또 다시, 다니엘의 모범이 좋은 교훈이 된다. 다니엘은 기도했다. 우리도 하나님의 도우심이 필요하다는 점을 인식하고 기도해야 한다. 우리는 우리를 반대하는 초자연적 힘이 있다는 점을 인정하고, 따라서 하나님이 우리를 위해 싸우는 것이 필요하다는 점을 인식해야 한다.

우리는 또한 성령의 인도하심과 유도하심을 따라 기도해야 한다. (바울은 에베소서 6:18에서 "항상 성령 안에서 기도하라"고 가르치고 있다.) 성령이 누군가에게 또는 기도하는 그룹에게 특정한 문제에 대해 특별한 방식으로 기도하라고 분명히 깊은 인상을 주신다면, 그들은 반드시 그분의 인도하심을 따라 기도해야 한다.

모든 수준에 귀신의 강력한 반대가 있다는 사실을 충분히 인식하고 나서, 그리스도를 따르고 또 그분이 우리에게 명하신 선교를 수행하려고 노력할 때, 우리는 무슨 일을 해야 하는가?

1. 개인적 성결과 공동적 성결을 추구하라

무엇보다도, 하나님은 그분의 백성에게 정직, 성결, 거룩함 등을 요구하셨다. 의는 그리스도인의 전신갑주 중 호심경에 해당한다. 여기에는 물론 우리에게 부여된 그리스도의 의를 우리가 갖고 있다는 인식이 포함된다. 하지만 그 의는 또한 변화를 이루어 나가는 과정을 포함한다. 하나님 아버지는 그분의 자녀들이 그분을 닮기 원하신다.

구약에서, 하나님이 위대하게 여기신 왕들은 하나님께 온전히 헌신하고, 또 성전, 도시, 땅에서 모든 우상들을 제거해 버린 자들이었다. 마찬가지로, 우리도 귀신들에게 통제할 수 있는 기회를 제공하는 모든 우상과 산당을 제거해야 한다. 그런 우상들이 언제나 사이비 종교의 신들과 관련이 있는 것은 아니다. 그것들은 탐욕이나 성적 부도덕일 수도 있다(골 3:5). 이런 모든 견고한 진들을 인정하고, 고백하고, 근절시키는 것이 필요하다. 이것은 물론 공동적 수준에도 해당된다. 공동체가 지은 죄는 공동체적 방식으로 다루어질 필요가 있다. 이것이 공동적 고백과 동일시 회개가 도입되는 지점이다.

하나님과 그분의 목적에 대한 우리의 헌신을 갱신하는 일과 우리와 하나님 아버지 사이의 관계를 방해하는 모든 것을 포기하는 일이 함께 이루어져야 한다. 데이비드 브라이언트는 "기도합주회"를 인도하면서 15년 이상 교회에 성결과 부흥을 부르짖어 왔다. 그는 최근에 다음과 같이 선언했다.

> 나는 교회가 세계 복음화를 위해 취할 수 있는 가장 큰 공세가 부흥이라고 생각한다. 부흥은 최고 형태의 영적 전쟁이다. 예를 들어, 사탄의 전

술이 교회를 분열시켜 정복하는 것이라면, 하나님은 바로 부흥을 통해서 이런 전술을 뒤집고 새로운 수준의 연합과 일치를 가져오신다. 또 사탄의 전술이 속임수와 거짓말이라면, 하나님은 바로 부흥을 통해서 그분의 아들의 영광 및 예수님 안에 있는 진리를 드러내신다. 그리고 그 진리로 교회는 "적그리스도"의 영으로부터 자유롭게 된다.[79]

2. 귀신들이 문화를 이용해 사람들을 속박한다는 점을 인식하라

모든 신자들은 귀신들이 개인들을 괴롭힐 뿐만 아니라, 또한 사회적 문화적 수준에서도 영향력을 행사하려고 한다는 점을 인식해야 한다. 이 점을 제대로 인식하면, 우리는 단순히 새로운 전략, 기술, 프로그램이 아닌 영적 수단을 통해 효과적으로 선교 활동을 할 수 있다는 점을 깨닫게 된다. 무엇보다도, 그것은 우리로 하여금 믿음과 기도로 하나님을 더욱 의존하게 만든다.

이미 언급한 대로, 귀신들은 종족 집단 전체에 강력한 영향력을 행사해서 다른 신들을 숭배하게 만들고, 그렇게 함으로써 한 분 참된 하나님이 받으셔야 할 경배와 찬양을 자신들이 차지한다. 귀신들은 또 대중적인 민간 신앙은 물론이요 여러 종류의 신비술적 믿음 및 관례에도 활발하게 관여한다. 마술사 엘루마가 구브로 섬의 총독인 서기오 바울이 복음을 듣지 못하게 방해한 것처럼(행 13:4-12), 귀신들은 여러 수단을 통해 시민 지도자들과 국가 지도자들에게 영향을 끼치려고 애쓴다.

귀신들이 이용하는 또 다른 영역은 문화와 사회 제도이다. 「문화를 변화시켜라」는 제목이 붙은 중요한 책에서, 셔우드 링겐펠터는 문화는 기본적으로 중립적인 도구라고 주장하는 오래된 견해에 도전을 가했다.[80] 그는 모든 문화는 죄로 심하게 오염되어 있다고 주장한다. 그는 로마서 11:32에서 바울이 모든 인간은 감옥, 불순종의 감방에 갇혀 있다고 말하고 있는 점을 지적한다. "하나님이 모든 사람을 순종하지 아니하는 가운데 가두어 두심은 모든 사람에게 긍휼을 베풀려 하심이로다." 모든 문화와 사회 제도는 악한 자에 의해 불순종의 감옥이 되어 버렸다. 그 결과 사람들은 예수 그리스도 안에서 표현된 인류를 향한 하나님의 목적과 근본적으로 불일치하는 공동의 가치, 믿음, 생활방식에 순응하는 삶을 살게 된다. 링겐펠터의 책이 명백히 영적 전쟁을 다루는 책은 아니지만, 그 책은 사람들이 복음을 깨닫지 못하게 하고 또 복음과 모순되는 믿음과 관례를 영속시켜서 그들을 계속 속박하려고 사탄이 공동적 수준에서 사용하는 여러 가지 방법들을 알 수 있도록 도와준다. 어둠의 권세에 대한 삼부작 중 세 번째 책에서, 월터 윙크(Walter Wink)가 사람들은 자신들이 경험한 1차 사회화에서 하나님 나라의 급진적 가치를 나타내는 문화로 "거듭나는" 것이 필요하다고 주장한 것은 매우 옳다. 그는 보수주의자들이 "일반적으로 너무 세속적 문화에 동화되어서 그렇게 할 수 없는 안타까운 현실"에 대해 그들을 꾸짖는다.[81]

그렇다면 "영적 지도 작성"(또는 "영적 진단")은 귀신이 도시나 문화에서 공공연하고 명백하게 활동하는 방식뿐만 아니라(예를 들어, 우상, 신비술적 관례 등), 또한 사람들을 속박시키는 더 은밀하고 암시적인 방식들도 포함해야 한다(예를 들어, 경제적 문제, 사회 권력 관계 등). 우리는 우리의 적들이 사람들을 속박하려고 사용하는 다양한 방법들을 과소평가하지 말아야 한다.

3. 기도하라

어떤 수준에서 이루어지든 영적 전쟁의 핵심과 정수는 기도이다. 하나님의 언약 백성으로서, 그리스도인들은 그들의 신적 전사가 되시는 하나님께 호소할 수 있다. 여기에 귀신의 강력한 적대감을 인식하고 실행하는 기도의 몇 가지 근본적인 측면들을 제시한다.

(1) 하나님께 기도하는 방법을 알려달라고 간구하라

예수님은 우리를 위한 보혜사와 인도자로 성령을 보내겠다고 약속하셨다(요 14:16, 26: 15:26). 성령이 하시는 사역의 일부는 우리에게 무엇을 어떻게 기도해야 할지 가르쳐 주시는 것이다(엡 6:18). 우리가 우리 동네에 복음을 전하고자 하거나 아니면 다른 나라를 위해 중보기도를 할 때, 우리는 먼저 성령께 어떻게 기도해야 하는지 물어야 한다. 이것은 몇몇 사람들이 "예언적 중보기도"라고 부르는 것의 기반이 된다. 우리는 성령께 귀를 기울이고 그분이 기도하라고 우리에게 감동을 주시는 것에 민감하게 반응해야 한다.

(2) 하나님께 그 지역에 들어갈 수 있는 길을 열어달라고 간구하라

하나님이 잃어버린 자들을 찾는 그분의 대사로 우리를 사용하기 원하신다는 강한 확신을 갖고, 우리는 복음이 그 지역에 들어갈 수 있게 해달라고 하나님께 기도할 수 있다. 바울이 이런 식으로 기도했다. 그는 데살로니가인들에게 이렇게 기도를 부탁했다. "끝으로 형제들아 너희는 우리를 위하여 기도하기를 주의 말씀이 너희 가운데서와 같이 퍼져 나가 영광스럽게 되고"(살후 3:1).

(3) 하나님께 정체를 알게 된 귀신들의 적대적 활동을 막아달라고 간구하라

우리가 받아들이는 정보를 통해 중보기도를 하고 있는 지역이나 나라에 대해 점점 더 친숙하게 되면서, 우리는 복음을 가로막는 장애물들에 대해 더 구체적으로 기도할 수 있다. 하나님께 악한 자의 영향력을 막아달라고 간구하고, 또 더 구체적으로 특정한 사이비 종교들과 연루된 귀신들의 영향력을 저지해 달라고 간구하는 것은 아주 적절하다.[82] 우리가 주 예수 그리스도에 대해 아는 사람들이 거의 없는 나라와 도시들을 위해 기도할 때, 다음과 같은 책에서 제공하는 정보는 더욱 구체적으로 기도할 수 있게 도움을 준다. 「파수꾼」, 「10/40창에 있는 견고한 진들」,

그리고 패트릭 존스턴(Patrick Johnstone)의 고전「세계기도정보」등이 있다.[83] 또 우리가 기도하는 대상에 대해 더 친밀하게 인식할수록 우리는 더 열정을 갖고 기도할 수 있게 된다.

4. 열심히 하나님 나라의 일을 하라

그리스도의 대사로서, 우리는 지역 영에 덜 관심을 갖고 대사 역할에 더 관심을 가져야 한다. 우리는 하나님 나라의 사업을 하도록 왕 하나님의 파송을 받은 대표들이다. 하나님의 사절로서, 우리는 다음의 목표들을 열심히 추구한다.

(1) 복음을 선포하라

복음은 "모든 믿는 자에게 구원을 주시는 하나님의 능력이 됨이라"(롬 1:16). 복음은 또 "성령의 검"이다. 신자는 영적 전쟁의 공격용 무기로 복음을 사용할 수 있다. 사도 바울은 그 싸움의 영적 차원을 제대로 인식하고 사람들에게 복음을 전했다. 바울은 10년 전만 해도 우상들을 숭배하고 있었던 고린도인들에게 이렇게 말했다. "그 중에 이 세상의 신이 믿지 아니하는 자들의 마음을 혼미하게 하여 그리스도의 영광의 복음의 광채가 비치지 못하게 함이니 그리스도는 하나님의 형상이니라"(고후 4:4). 하지만 바울은 또한 복음을 제시할 때 역사하시는 하나님의 능력을 인정했다. 같은 맥락에서, 바울은 선포와 제시, 주 예수 그리스도에 대해 말하고 그 진리를 분명히 선언하는 것을 강조했다. 이것이 고린도인들이 그리스도와 관계를 맺도록 성령이 역사하신 방법이었다. 성령은 복음 메시지의 제시를 통해 계속 강력하게 역사하신다. 이것이 우리 사역의 기초적인 부분이었으며, 또 앞으로도 계속 그렇게 되어야 한다.

(2) 친절, 사랑, 동정, 봉사의 행동을 하면서 전도하라

하나님 나라의 대표로서, 우리는 또 우리가 사는 지역에서 가시적인 방법으로 사역을 해야 한다. 예수님은 어둠 가운데 빛이 되도록 우리를 보내셨다. 예수님은 우리가 세상 가운데 그분의 이타적인 사랑과 그분의 정의에 대한 헌신을 나타내기 원하신다. 우리가 이웃에게 친절한 행위를 하면 그것은 그 사람에게 예수 그리스도의 애정 어린 보살핌을 나타내는 것이며, 그 결과 나중에 그리스도의 좋은 소식을 제시할 수 있는 기회가 생길 수도 있다.

5. 다른 신자들과 합심기도를 하고 연합선교를 수행하라

대위임령을 수행하는 목표는 한 개인, 교회, 교단에 의해 달성되지 않을 것이다. 하나님의 백성은 이 과제를 효과적으로 수행하기 위해 연합해서 함께 일하는 것이 필요하다.

지난 5-10년은 이 점에서 매우 흥미진진한 시기였다. 관찰자들은 우리나라뿐만 아니라 전 세계에 걸쳐 그리스도인들의 마음을 움직이고 있는 "기도 운동"에 대해 말하기 시작했다. 데이비드 브라이언트는 그가 쓴 책 「가까운 장래에 이루어질 소망」에서 이 점에 대해 훌륭하게 기록해 놓았다.[84] 말 그대로 수백 개의 기도 네트워크들이 생겨나 전 세계에 걸쳐 그리스도를 알지 못하는 사람들을 위해 합심해서 기도하는 운동이 활발하게 전개됐다. 그 결과 사람들이 사탄의 노예에서 풀려나 살아계신 그리스도와 관계를 맺게 되기를 바라는 마음으로 그리스도인들이 교파와 교단을 초월해서 영적으로 하나가 되는 일이 일어났다. 〈대학생선교회〉, 〈세계기도십자군〉, 〈크리스천 정보 네트워크〉, 〈기도합주회〉, 〈국제 에스더회〉, 〈만민선교회〉, 〈중보기도 용사〉, 〈남침례교 선교기도회〉 등은 함께 기도할 사람들을 모집하고 있는 많은 그룹 중 몇 개일 뿐이다.

또 도시들을 위해 기도하는 사람들을 동원하고자 하는 새로운 비전이 나타나고 있는 것 같다. 1995년 11월, 로스앤젤레스에서 그 도시를 위해 중보기도를 하는 네 개의 다른 기도 대회가 열렸다. 더욱 중요한 것으로, 몇몇 도시에서 다양한 교회 사람들로 구성된 비공식적 네트워크들이 만들어져서 매주 자신들의 도시를 위해 합심기도를 하고 있다.

하나님의 백성이 합심해서 기도하는 것은 하나님이 기뻐하시는 일이다. 사도 바울은 에베소의 교회들에게 "평안의 매는 줄로 성령이 하나 되게 하신 것을 힘써 지키라"고 권고했다(엡 4:3).

V. 교회와 도시에서 수행하는 영적 전쟁 모델

영적 전쟁에 대한 대부분의 책과 글들은 축사와 구출 사역을 다룬다. 반면에 교회나 도시의 공동적 수준에서 적을 다루는 방법에 대해 제안하는 자료는 거의 없다. 여기에서 언급할 수 있는 소수의 모델들이 있지만, 나는 성경에 근거하고 또 실제적인 도움을 줄 수 있는 두 모델에 집중하고자 한다.

1. 교회 수준에서 (닐 앤더슨과 찰스 마이랜더)

모든 교회들이 드러난 여러 문제들을 해결하려고 노력하지만, 일부 교회들은 자신들이 갖고 있는 모든 활력이 고갈되어 무력한 상태에 놓여 있는 것 같다. 교인들은 예배를 잘 드리려고 미미하나마 무엇을 해보아도 아무런 소용이 없는 것 같기 때문에 낙심해 있다. 예배는 생명으로 충만한 시간이 되기보다는 오히려 형식적인 행사가 돼버렸다. 목사는 자신에게 주어진 시간의 90% 이상을 불을 끄는데 쓰고, 나머지 10%를 주일 메시지와 몇 개의 성경 공부 모임을 준비하는데 사용해야 하기 때문에 낙심해 있다.

사탄이 각 지역 교회의 사랑이 넘치는 사역을 무력하게 만들기 위해 전략적으로 활동한다는 점을 인식한 후, 닐 앤더슨과 찰스 마이랜더는 몇 가지 생각을 종합해서 교회가 공동적 죄의 문제를 효과적으로 다룰 수 있도록 돕는 계획을 만들어냈다.[85] 탈봇신학대학원에서 나와 함께 가르치는 일을 했으며, 지금은 〈그리스도 안에서 자유를 누리자〉(Freedom in Christ)의 회장으로 사역하는 앤더슨과 〈남서친교교회〉(Friends Church Southwest)의 총감독인 마이랜더는 교회가 그 소명을 완수하기 위해 그리스도 안에서 자유를 경험하려면 공동적 수준에서 다루어야 할 문제들이 종종 있다고 주장한다.

이 두 사람은 교회의 모든 지도자들이 모여서 금요일 저녁과 토요일 1박 2일에 걸쳐 7단계로 만들어진 계획을 공동으로 검토하는 전략을 만들었다. 이 수련회를 준비하면서, 앤더슨과 마이랜더는 참가자들에게 개인적으로 "그리스도 안에서 자유를 누리게 하는 단계들"(Steps to Freedom in Christ)을 검토해 보도록 격려한다. 그들이 제시하는 모델의 정수가 다음 목록에 서술되어 있다.

교회를 자유롭게 하는 7단계

1. 우리 교회의 강점

당신이 속한 교회의 모든 강점을 분별하고 목록을 만들라. 그 다음에 가장 큰 강점들을 요약하라.

2. 우리 교회의 약점

당신이 속한 교회의 모든 약점을 분별하고 목록을 만들라.

3. 기억

교회에서 과거에 일어났던 대단히 충격적인 사건들과 가장 좋았던 기억을 상기할 수 있게 해달라고 주님께 간구하라. 좋은 기억들에 대해 주님께 감사하라. 주님께 나쁜 기억들의 고통을 대면할 수 있는 용기와 가해자들을 용서할 수 있는 은혜를 달라고 간구하라. 사탄에게 당신이 이런 고통스러운 기억들을 통해 그에게 마련해준 근거를 이제 탈환한다고 선언하라.

4. 공동적 죄

교회가 저지른 모든 공동적 죄에 대한 목록을 만들고 용서를 구하라.

5. 영적 적의 공격

옳은 일을 하는 것 때문에 사탄이 당신의 교회와 지도자들과 교인들을 공격해 온 방법들을 분별하고 목록을 만들라. 모든 사탄적 일에 대한 포기를 선언하라.

6. 기도 계획

그룹 앞에 있는 벽에 제목을 적어 넣은 네 장의 종이를 붙이라. 우리는……포기한다, 우리는……선언한다, 우리는……단언한다, 우리는……할 것이다. 이제까지 한 모든 것에 근거해서, 토론하고 종합하고 기도하라.

7. 리더십 전략

사람들이 기도 계획을 시행하고 책임질 수 있게 하는 리더십 전략을 만들라.

이 계획은 거대한 가정에 근거하고 있다. 즉 교회 리더십 팀의 모든 구성원들이 앤더슨이 만든 "그리스도 안에서 자유를 누리게 하는 단계들"을 실행하고, 따라서 영적으로 건강한 사람들이라는 사실이다. 앤더슨에게, 이것은 그들이 죄가 없는 삶을 살고 있다는 뜻이 아니라, 그들이 그리스도 안에서 자신들의 정체성에 대해 잘 이해하고 있으며 또 유혹을 물리치는데 그리스도의 능력을 적극적으로 사용하고 있다는 뜻이다. 내 판단으로는 교회 지도자들이 이 단계의 신앙 경험에 도달했다면 그들은 이미 교회를 건강한 방향으로 이끌어가고 있는 것이다.

그럼에도 불구하고, 앤더슨과 마이랜더는 직면해야만 하는 공동적 죄의 문제들이 종종 있다고 주장한다. 이 전략의 핵심은 교회가 이런 문제들을 직시하고, 공동적 죄들을 고백하고, 행동으로 (또는 무행동으로) 상처를 받은 자들과 하나님께 용서를 구하도록 이끄는 것이다. 이 계획은 또한 고통스러운 기억, 사탄의 직접적인 공격, 혹은 교회의 약점 때문에 생긴 문제들을 붙잡고 고심하는 것을 포함한다.

교회 지도자들을 위해 특별히 마련된 수련회에서 다룰 의제의 일부로, 앤더슨과 마이랜더는 현재는 물론이요 과거의 지도자들 아래서 교회가 저지른 모든 공동적 죄들을 분별할 수 있게 해달라고 주님께 간구하고, 또 이것들을 목록으로 만들라고 그룹에 조언한다 (여기에는 권력 다툼, 무관심, 현실 안주, 다른 교회들에 대한 비판적 태도 같은 것들이 포함된다). 그 다음에 그룹 지도자는 그룹 기도를 할 수 있는 기회를 제공할 것이다.

> 이 시점에서, 인도자는 모든 사람이 자신들의 마음을 살피도록 요청할 것이다. 성령께 교회의 공동적 죄에 각 사람이 어떻게 참여했는지 알려 달라고 간구하라. 그 다음에 성령의 인도를 받는 대로, 각 사람은 큰 소리로 기도하고, 이런 공동적 죄에 개인적으로 참여한 것을 고백해야 한다. 어떤 다른 사람의 죄를 고백하는 것은 금지 사항이라고 모든 사람에게 주의를 환기시켜라. (인도자가 이 점에 대해 이야기하면 보통 참가자들은 웃음을 터트릴 것이다. 하지만 그렇게 해야 커다란 실수를 사전에 예방할 수 있다.)[86]

앤더슨과 마이랜더는 그런 죄 문제들을 다루기 위해 교회 지도자들이 함께 모인 자리에서 "동일시 회개"를 하는 것은 부적절하다고 여기는 것 같다. 그들이 특별히 그런 개념을 언급하는 것은 아니지만, 나는 자연스럽게 다음 단계로 이 지도자들이 집에 돌아가서 전 교회를 기도, 고백, 회개의 시간으로 이끌게 될 것이라고 생각한다. 전 교회가 그 시간에 지도자들과 함께 참여하는 것은 교회에 치유를 가져오고 하나님의 축복을 회복시키는 일에 상당히 중요한 역할을 할 수 있다.

그러므로 이 전략은 정말로 교회에서 지역 귀신을 쫓아내는 방법이 아니다. 이 계획의 중심 부분은 죄를 다루는 것이며, 그렇게 함으로써 마귀에게 넘겨진 활동 근거지를 강탈하는 것이다. 우리 문화는 개인적 책임 의식이 강하기 때문에, 종종 공동적 죄나 공동적 책임을 제대로 고려하지 않는다. 앤더슨과 마이랜더는 교회가 바로 이 문제를 더 효과적으로 다루어주기를 희망한다.

그들이 마음에 두고 있는 종류의 공동적 죄는 많은 교회들이 씨름해 온 문제들이다. 몇 가지 예를 들자면 다음과 같다.

o 교회의 목사나 다른 지도자에 대한 비열한 공개적 비난
o 상호헌신의 부족
o 잃어버린 자들에 대한 무관심을 낳는 자기중심
o 영적 훈련에 대한 헌신 및 실천의 부족
o 다른 인종들에 대한 불관용
o 은사주의자들 또는 비은사주의자들에 대해 매우 비판적인 태도. 또 다른 교단들이나, 같은 지역에 있는 다른 교회들에 대해 매우 비판적인 태도.
o 지역 내에 있는 가난하고 소외된 자들에 대한 둔감함

앤더슨과 마이랜더는 그와 같은 공동적 죄들은 실체를 드러내서 공동적으로 다룰 필요가 있다고 주장한다.

저자들은 또 적과 더 직접적으로 대결할 것을 제안한다. 거기에는 그리스도와 그분의 모든 방법에 대한 충성을 새롭게 공개적으로 발표함과 동시에 사탄과 그의 모든 방법을 공개적으로 부인하는 일이 포함된다. "우리는 너 사탄의 모든 일과 모든 방법을 부인한다"고 말하고 나서 "우리는 그리스도가 우리의 삶의 주가 되시며, 그분의 방법만을 따르며 살

것을 단언한다"고 외친다.[87] 또 그들은 사탄에게 예리한 선언을 하라고 조언하기도 한다. "예수님의 강력한 이름으로 우리는 사탄이 이런 고통스러운 기억을 통해 우리의 삶과 우리 교회 가운데 확보했을 수 있는 근거지를 탈환한다. 우리가 하늘의 영역에서 그리스도와 함께 앉아 있기 때문에, 우리는 사탄에게 우리의 존재, 우리의 사역, 우리의 교회에서 떠나라고 명령한다."[88]

악한 자에 정면으로 맞서 싸우는 대결은 5단계에서 일어난다. 이 단계에서 그들은 하나님 아버지께 "우리, 우리 목회자들, 우리 교인들, 우리 사역들에 대한 사탄의 공격"을 알 수 있게 해달라고 간구할 것을 제안한다. 그들은 이것들을 저주 및 여러 가지 "사탄적 임무"로 이해한다. 이런 것들을 분별해낸 다음에, 그들은 각각의 공격 형태를 하나씩 다음과 같은 선언으로 부인해야 한다고 가르친다. "우리 주 예수 그리스도의 이름과 권세로, 우리는 _____에 대한 사탄의 공격을 부인한다. 우리는 예수님의 강력한 이름으로 그 공격을 반대하고 맞서 싸운다. 우리는 함께 '주님이 너를 책망하노라, 현재와 미래에 우리에게 악한 영향을 끼치지 못하도록 주님이 너를 묶노라'고 선포한다."[89]

2. 도시 수준에서 (에드가르도 실보소)

우리는 어떻게 도시 전체를 그리스도께 인도할 수 있는가? 이것이 아르헨티나 전도자 에드가르도 실보소가 최근에 쓴 책 「아무도 멸망치 않기를」에서 다루는 문제이다.[90] 그는 복음전도가 사탄의 나라에 정면공격을 감행하는 것이라는 사실을 고려해서 이 문제에 대답하고자 노력한다. 〈영적 전쟁 네트워크〉에 속한 많은 지도자들이 아르헨티나의 라플라타와 레지스텐시아를 복음화시킨 실보소의 전략을 다른 지역에서도 적용할 수 있는 모델로 생각하고 있기 때문에 그의 사역은 특히 중요하다.[91] 두 도시에서, 그리스도인들이 연합해서 전도한 결과 수많은 사람들이 그리스도께 돌아왔으며 교회의 활발한 구성원이 되었다.

우리가 조사할 중요한 사항은 실보소가 모든 수준에서 귀신의 반대가 실재한다는 점을 인정한다는 것이다. 하지만 그는 도시를 다스리는 귀신적 권세의 정체를 밝히고 직접 맞서 대결하는 것을 강조하지 않는다.

실보소의 계획에서 가장 중요한 것이 기도이다. 그는 도시 전역에 흩어져서 기도하는 수많은 기도 그룹을 만들라고 권고한다. 그 그룹들은 사람들이 그리스도를 알게 되기를 원하는 열정을 공유하는 다른 교회 사람들로 이루어져야 한다. 그 다음에 이런 기도 모임들은 도시 전체를 위해 기도할 뿐만 아니라 또한 이웃 동네에 사는 사람들을 위해 기도해야 한다. 그는 사람들이 둘씩 짝을 지어 이웃 동네를 돌아다니면서 사람들과 대화를 하고, 그들에게 기도를 부탁하고 싶은 문제들이 있는지 물어보라고 제안한다. 그는 "잃어버린 사람들이 자신들을 위해 기도해주는 것을 반기는 모습이 도시에 복음을 전하면서 내가 경험한 가장 놀라운 일이었다"고 논평한다.[92] 레지스텐시아에서, 6백 개가 넘는 기도 그룹이 만들어졌다. "기도 처소가 없는 동네가 단 하나도 없었다."[93] 내 판단으로는 이 기도 전략의 효과성은 이런 동네에 사는 비그리스도인 이웃들과 맺은 관계의 질에 정비례할 것이다. 우정과 신뢰가 발전해 나가면서, 기도를 부탁하고 싶은 마음이 더욱 커질 것이다. 실보소의 전략은 다음 목록에 개략적으로 서술되어 있다.

도시에 그리스도를 전하는 여섯 단계

1. 도시에 하나님의 방위선을 설정하라

"신실한 남은 자," 하나님의 나라가 자신들의 도시에 임하기를 기다리는 사람들을 찾으라. 그런 사람들이 사탄의 지배 가운데서 하나님 나라의 축소판을 형성한다.

2. 도시에 하나님의 방위선을 지키라

적이 도시뿐만 아니라 죄, 염려, 견고한 진 등을 통해 교회에도 침투해 있다는 점을 인식하라. 사탄의 책략에 대항하고 견고한 진들을 파괴하라. "평안의 매는 줄로 성령이 하나 되게 하신 것을 힘써 지키라."

3. 도시에 하나님의 방위선을 확대하라

하나님은 신실한 남은 자를 사용해서 하나의 모델을 만드신다. 이제 준비가 된 그 모델과 함께, 하나님이 예비해 놓으신 사람들이 서서히 방위선 안으로 들어와서, 궁극적으로 영적 어둠 가운데 도시를 장악하고 있는 세력을 공격할 성도의 군대가 되어야 한다.

4. 사탄의 방위선에 침투하라

확보한 활동 기지로부터, 구체적이고 전략적인 중보기도의 대규모 "공중 강습"을 통해 적진에 낙하산을 타고 낙하함으로써 적의 기지를 혼란하게 만들라. 이것은 도시 전역에 수많은 기도 모임을 만들어 구원받지 못한 자들에 대한 사탄의 통제를 약화시키고, 또 사람들의 호의를 사서 복음에 호의적인 분위기를 만들어냄으로써 이루어진다.

5. 사탄의 방위선을 공격하고 파괴하라

"정면 공격"을 시작하라. 도시를 영적으로 "탈취"하라. 그 지역을 다스리는 영적 권세에 맞서 싸우고 묶고 추방하라. 그 도시에 있는 모든 피조물에게 복음의 메시지를 선포하라. 기존 교회들을 통해 새로운 신자들을 훈련하라.

6. 사탄이 한때 존재하던 곳에 하나님의 새로운 방위선을 설정하라

적의 주둔지를 소탕하라. 사탄이 가장 소중히 여기는 소유물, 즉 인간 영혼을 완전히 빼앗으라. 영적 전쟁이 확실한 회심과 교회 성장의 열매를 맺지 못한다면, 중요한 일이 전혀 일어나지 않은 것이다.

실보소는 이 기도 전략의 근거를 부분적으로 디모데전서 2:1-8에 기록된 바울의 권면에 둔다. "그러므로 내가 첫째로 권하노니 모든 사람을 위하여 간구와 기도와 도고와 감사를 하되." 이런 기도의 궁극적 목표는 사람들이 그리스도를 알게 되는 것이다. 이 구절은 또 기도할 때 거룩한 손을 드는 것을 강조하는데(딤전 2:8), 실보소는 이 점을 진지하게 받아들인다. 기도 모임에 열심히 참여하는 사람들은 회개를 통해 그리고 성결한 삶을 살 수 있게 하는 하나님의 능력을 사용해서 그들의 삶 가운데 있는 개인적 죄를 처리해야만 한다.

일부 사람들은 실보소가 자신의 전략을 제시하면서 전투 이미지를 (지나치게) 사용하는 것에 틀림없이 이의를 제기할 것이다. 그의 접근법이 지닌 전반적인 정신은 복음전도를 사람들이 연마해서 사용하는 일종의 기술로 묘사하는 지난 세대에 나온 많은 책들과 큰 대조가 된다. 실보소의 강조는 우리에게 이미 1장에서 논의한 중요한 성경적 개념을 상기시킨다. 그것은 복음전도를 영적 싸움으로 이해하는 개념이다. 우리는 또 도시를 "영적으로 탈취한다"는 식의 승리주의적 개념에 너무 많은 의미를 부여하지 않도록 조심해야 한다. 여기에서 실보소는 우리 주 예수님이 강한 자의 집을 강탈하는 비유에서 말씀하신 것을 확대하고 있을 뿐이다. 이것을 정치적인 성향을 따르는 것으로, 또는 결국에 가서 도시 안에 있는 다른 종교들을 금하는 것으로 오해하지 말아야 한다. 실보소에게, 이것은 선포된 복음에 대한 반응으로 엄청나게 많은 사람들이 그리스도께 돌아오는 것을 은유적으로 표현하는 방식이다.

"여섯 단계" 접근법이 미국식 실용주의와 프로그램의 성향을 갖고 있지만, 실보소의 방법은 문화적으로 라틴계 기독교에 더 가깝다. 그것은 프로그램이 아니라, 그리스도가 교회에 맡기신 일을 진지하게 감당하기 위해 기도하고 동원하자는 요청이다.

많은 교회들이 문서 배부, 대형 행사, 설문 조사, 또는 전화 걸기 캠페인 등을 포함하는 프로그램 주위에 몰려든다. 반면에 실보소의 모델은 다른 무엇보다도 교회들에 함께 모여 기도하자고 요청한다. 물론 중보 기도는 우리 자신들이 아니라 다른 사람들에 초점을 맞추어야 한다. 다시 말해, 우리 안에 있는 아흔아홉 마리의 양떼를 두고 잃어버린 한 마리 양을 찾아나서는 선한 목자가 되어야 한다.

특정한 도시 교회들을 상대로 사탄이 흔히 쓰는 전략 중 하나는 불화를 만들어내고 영적으로 교만하게 하는 것이다. 실제로, 실보소는 교회 분열을 사탄의 가장 치명적인 견고한 진들의 하나로 여긴다. 우리가 갖고 있는 교회에 대한 생각을 개혁하기 위해, 실보소는 많은 회중들이 모임을 갖는 도시에 오직 한 교회만이 있다는 점을 강조한다. 그는 캘리포니아주 스톡턴에서 "스톡턴을 위해 기도하라"는 행사를 이끌어가는 목사들을 인용한다. 그들은 비그리스도인들에게 스톡턴에 있는 교회 목사라고 자신들을 소개하는데, 의도적으로 자신들이 속한 교단을 언급하지 않는다. 이와 같이 실보소는 대위임령 주위에 모여 연합된 모습을 보임으로써 분열의 벽을 무너뜨리라고 촉구한다. 실보소에게, 이것은 기도하는 그룹으로 시작된다. 그리고 그 초점은 프로그램이 아니라 예수 그리스도이다. 많은 경우에, 이런 그룹들 안에서 진정한 회개와 용서가 필수적으로 일어나야 할 것이다. 우월감, 무관심, 인종차별주의 같은 태도들이 있는 곳에서, 참된 형제 사랑이 생겨나고 진정한 연합이 일어나게 하려면 먼저 이런 태도들을 고백하는 것이 필요하다.

실보소가 "남은 자"로 언급하는 이런 처음 그룹들은 다른 그룹들이 형성되도록 고무시키는 모델과 촉매 역할을 하게 될 것이다. 실보소는 "방위선을 확장해 나가면서, 그 일을 위한 계획을 세우고 모든 사람들이 궁극적으로 참여하게 될 것이라고 희망해야 한다"고 말한다.[94] 물론, 모든 사람들이 참여하지는 않을 것이다. 따라서 참가자들은 교만과 우월감을 갖지 않도록 조심해야 한다.

이런 그룹들이 결성된 후에, 그 지역 내에서 여러 가지 전도 방법을 사용할 수 있다. 실보소가 몇 가지 예를 언급하지만, 가장 중요한 요인은 그 전도 사역을 착수할 수 있는 기도와 연합의 기초를 마련해 놓은 것이다. 그리고 기존 교회의 성장과 새로운 교회의 설립이 주된 목표와 결과가 되어야 한다.

내가 실보소의 접근법에 대해 이의를 제기하는 한 가지 점은 "5단계: 사탄의 방위선을 공격하고 파괴하라"의 첫 번째 부분이다. 역설적이게도, 그 책에서 실보소는 전략의 이 부분을 발전시켜 나가지 않는다. 그에게는 이것이 덜 중요한 문제인 것 같다. 앞에서 논의한 대로, 나는 신자들이 그 지역을 다스리는 영적 권세에 맞서 싸우고, 묶고, 추방할 책임이 있다고 생각하지 않는다. 우리는 사람들이 복음의 진리를 알지 못하게 방해하는 귀신의 강력한 활동이 있다는 점을 인식하고, 그 지역 사람들을 위해 기도할 책임이 있다. 우리는 또 "메시지를 선포하고 새 신자들을 양육해야" 한다. 이런 활동 모두가 사탄의 나라에 대한 정면 공격에 해당한다. 바울이 말한 대로, 복음은 "모든 믿는 자에게 구원을 주시는 하나님의 능력이 됨이라"(롬 1:16). 우리는 지역 통치자들에 대해 지나치게 염려하지 말아야 한다. 그들의 존재가 사실이라면 우리는 오로지 하나님을 더욱 의지할 뿐이다. 하나님이 그들을 처리하실 것이다.

마지막 말: 교회 연합을 호소함

우리가 이 장에서 논의한 것은 기독교 신앙의 핵심을 공격하는 문제가 아니다. 그것은 그리스도의 정체성, 구원의 의미, 또는 성경의 신뢰성에 초점을 맞춘 논쟁이 아니다. 이것은 전략에 대한 문제로, 교회의 선교에 참여할 때 신자가 지닌 권세가 무엇인지 다루는 것이다. 또한 그것은 교리적 문제이다. 따라서 우리는 올바른 관점을 갖기 위해 성경을 살펴보아야 한다. 그러나 나는 그것이 주변적인 교리적 관심사라고 생각한다. 따라서 그것에 대한 입장은 교회의 공식적인 교리적 진술에 포함되지 않을 것이다. 신자들이 그리스도의 복음을 잃어버린 자들에게 전하고자 할 때, 그것은 그들을 분열시킬 만한 문제가 분명히 아니다.

그럼에도 불구하고, 그것은 분열을 일으키는 문제이다. 그것은 선교 위원회가 촌락과 도시에 그리스도를 전하는 전략을 고려할 때 그들에게 영향을 끼친다. 그것은 또 교회가 그들이 위치한 지역에서 복음의 영향력을 확대하고자 애쓸 때 그들에게 영향을 끼친다. 데이비드 브라이언트가 최근에 말한 대로, "사탄이 세계적인 기도 운동을 교활하게 '이용해서' 그 운동이 이 세대를 위한 하나님의 온전한 뜻과 목적이 아닌 다른 문제에 시간과 힘을 소모하게 만들어 그 신임을 잃어버리게 할 수 있다면, 그는 자신의 경탄할 만한 대성공 중 하나를 이루는 셈이 될 것이다!"[95]

나는 선교 위원회와 교회가 이 문제를 균형 잡힌 관점에서 보고, 이 문제 때문에 서로 관계를 단절하지 않기를 기도한다. 또 나는 지나치게 열성적인 사람들이 지역 영에 맞서 직접 싸우는 것을 옹호하는 성경적, 신학적, 역사적 증거가 거의 없다는 점을 인정하고, 그에 맞추어서 자신들의 관행을 수정해 나가기를 바란다. 또 나는 의심이 많고 현실에 안주해 있는 신자들이 그리스도인의 삶은 오직 하나님의 성령의 능력으로만 감당할 수 있는 초자연적인 싸움이라는 점을 인식하게 되기를 소망한다. 이것은 특히 우리가 잃어버린 자들에게 나아가 복음을 전하면서 그리스도께 순종하려고 애쓸 때 명확하게 드러나는 사실이다.[96]

요약

1. 악한 영적 영역에 있는 귀신들과 천사들 사이에 계급이 있다. 일부 악한 천사들은 제국, 종족집단, 국가, 지역, 영토, 도시를 다스리는 임무를 갖고 있다.
2. 초자연적 영역에서 하나님의 천사들과 사탄의 천사들 사이에 다툼과 전쟁이 있는데, 그것은 지상에서 전개되는 사건들에 영향을 끼친다.
3. 성경적 계시를 통해, 하나님은 천사적 영역에 대한 우리의 인식을 고조시키셨다. 하나님은 기도를 통해 그분께 더욱 의존하게 하실 목적으로 우리에게 그런 지식을 주셨다.
4. 하나님이 개인들을 괴롭히는 더러운 영들을 다스리는 그리스도 안에 있는 우리의 권세를 행사할 책임을 우리에게 주셨지만, 하나님이 지역 통치자들을 묶고 추방하거나 저지할 책임을 우리에게 주셨다는 성경적 증거는 없다.
5. 우리는 지역 영에 직접 맞서 싸울 권세를 갖고 있지 않다. 하지만 우리는 귀신적 통치자의 지배를 방해하고 막아달라고, 그래서 복음이 선포되고 믿지 않는 자들의 눈에서 어둠이 사라질 수 있게 해달라고 하나님께 간구할 권리를 분명히 갖고 있다.
6. "영적 지도 작성," 또는 내가 더 좋아하는 표현으로, 어떤 도시나 국가에 살고 있는 사람들에 대한 "영적 프로필"을 만드는 것은 하나님의 백성이 더 구체적으로 기도할 수 있게 도와주는 유용한 방법이다. 그것은 또 새로운 신자들을 가르치고 훈련시키는데 유익한 정보를 제공해준다.
7. "동일시 회개"는 하나님의 백성이 공동적 죄의 문제를 다룰 수 있게 해주는 적절한 방법이다. 하지만 그것을 한다 해도 그리스도인들이 어떤 도시의 믿지 않는 주민들의 죄를 "사해 줄" 수 없으며, 또 그들에게 임한 하나님의 심판의 저주를 제거할 수도 없으며, 또 믿지 않는 주민

들에 대한 지역 영의 지배를 약화시킬 수도 없다.
8. 그리스도인들은 도시, 지역, 국가를 다스리는 정사와 권세에 맞서 직접 대결할 책임을 느낄 필요가 없다. 우리는 하나님께 직접 간구한다. 그러면 하나님이 그분의 천사들에게 지시를 내려서 고위급 권세에 맞서 싸우게 하실 것이다.

추천 도서

전략적 수준의 영적 전쟁을 지지하는 책

Silvoso, Ed. *That None Should Perish: How to Reach Entire Cities for Christ through Prayer Evangelism*. Ventura, Calif.: Regal, 1994. 「아무도 멸망치 않기를」(서로사랑)

아르헨티나의 전도자요 〈추수전도회〉의 창립자인 실보소는 도시 복음화 전략을 수립하면서 전략적 수준의 영적 전쟁과 관련해 몇 가지 원리와 실천을 시행한다. 하지만 실보소는 지배하는 권세에 맞서 직접 싸우는 것에 대해서는 거의 이야기하지 않는다. 이 책은 도시에 있는 그리스도인 지도자들을 동원해서 합심기도를 하고 협력전도를 하는 일에 대해 실제적이고 유익한 통찰을 많이 담고 있다.

Wagner, C. Peter. *Confronting the Powers: How the New Testament Church Experienced the Power of Strategic-Level Spiritual Warfare*. Ventura, Calif.: Regal, 1996. 「영적 전투를 통한 교회성장」(서로사랑)

이 책은 와그너가 쓴 영적 전쟁 책 중 가장 최근에 나온 것으로, 이 주제와 관련해서 가장 중요한 책이다. 이 책은 지역 영에 맞서 직접 싸우는 관행을 지지하는 성경적, 신학적, 역사적 증거를 제공하려는 최초이면서 유일한 진지한 시도이다.

_____. *Warfare Prayer: How to Seek God's Power and Protection in the Battle to Build His Kingdom*. Ventura, Calif.: Regal, 1992. 「기도는 전투다」(서로사랑)

이 책은 전략적 수준의 영적 전쟁이 무엇인지 소개하는 최고의 개론서이다. 이 책은 전투기도 운동의 초창기를 기술하고 있는 점에서 다소 시대에 뒤떨어졌다.

Wagner, C. Peter, ed. *Breaking Strongholds in Your City: How to Use Spiritual Mapping to Make Your Prayers More Strategic, Effective, and Targeted*.

Ventura, Calif.: Regal, 1993. 「지역사회에서 마귀의 진을 헐라」(서로사랑)
이 책은 전도자, 목사, 기도 사역자들이 쓴 글을 편집한 것이다. 특히 이 책은 도시를 지배하는 귀신의 견고한 진들을 다루는 문제를 강조한다. 피터 와그너, 조지 오티스, 신디 제이콥스 등 기고자들은 영적 지도 작성 및 도시를 지배하는 귀신의 견고한 진들에 맞서 싸우는 전략을 서술한다.

_____. *Engaging the Enemy: How to Fight and Defeat Territorial Spirits.* Ventura, Calif.: Regal, 1991. 「영적 원수를 대적하라」(서로사랑)
이 책은 지역 영을 다루는 일에 대해 전도자와 목사들이 쓴 글을 편집한 것이다. 기고자들 가운데는 피터 와그너, 래리 리, 조용기, 딕 버널, 존 도우슨 등이 있다.

기타 도서

Anderson, Neil T., and Charles Mylander. *Setting Your Church Free: A Biblical Plan to Help Your Church.* Ventura, Calif.: Regal, 1994.
이 책은 교회들이 공동적 죄의 문제를 적절하게 다룰 수 있도록 영적 전쟁의 원리를 제시하고 있다.

Rommen, Edward, ed. *Spiritual Power and Missions: Raising the Issues.* Evangelical Missiological Society Series 3. Pasadena, Calif.: William Carey Library, 1995.
이 책에는 컬럼비아 국제대학교의 세 교수가 함께 쓴 중요한 글이 포함되어 있다. 로버트 프리스트, 토마스 캠벨, 브래드퍼드 멀렌은 현대 영적 전쟁 운동이 말하는 많은 내용에 도전장을 내민다. "선교학적 혼합주의: 새로운 정령숭배적 패러다임"이라는 제목이 붙은 글은 전략적 수준의 영적 전쟁 및 구출 사역에 관여하고 있는 그리스도인 지도자들의 믿음과 실천의 많은 측면들이 성경적 실재관보다 정령숭배적 세계관을 더 많이 반영하고 있다고 주장한다. 이 책에는 또 찰스 크래프트의 활기 넘치는 응답과 패트릭 존스턴이 쓴 성경적 중보기도와 선교에 대한 탁월한 글이 실려 있다.

주

1. 이 장의 일부 내용은 1995년 11월 18일 필라델피아에서 개최된 복음주의신학회의 연례모임에서 발표되었다. 또 〈영적 전쟁 네트워크〉의 여러 회원들이 원고의 일부를 읽고 훌륭한 논평을 해주었다. 도움을 준 여러분께 감사드린다.

2. Mario R. Morales, "La Quiebra de Maximon," *Cronica Semanal*, 24 June 1994, 17-20. 1994년 10월 17일 〈영적 전쟁 네트워크〉의 회원에게 나누어준 제안서에서 피터 와그너가 인용함. 이 이야기는 또 다음의 두 책에서 언급되었다. Cindy Jacobs, *The Voice of God: How God Speaks Personally and Corporately to His Children Today* (Ventura, Calif.: Regal, 1995), 250-51. 「내 말을 네 입에 두었노라」(죠이선교회); C. Peter Wagner, *Confronting the Powers: How the New Testament Church Experienced the Power of Strategic-Level Spiritual Warfare* (Ventura, Calif.: Regal, 1996), 217-20. 「영적 전투를 통한 교회성장」(서로사랑)

3. 베켓은 다음 글에서 이 이야기를 기록해 놓았다. "Practical Steps toward Community Deliverance," in *Breaking Strongholds in Your City: How to Use Spiritual Mapping to Make Your Prayers More Strategic, Effective, and Targeted*, ed. C. Peter Wagner (Ventura, Calif.: Regal, 1993), 147-70. 「지역사회에서 마귀의 진을 헐라」(서로사랑)

4. Edgardo Silvoso, "A Layman Challenges Demon Powers in Argentina," *Charisma and Christian Life*, January 1994, 70-75를 보라.

5. Edgardo Silvoso, "Prayer Power in Argentina," in *Engaging the Enemy: How to Fight and Defeat Territorial Spirits*, ed. C. Peter Wagner (Ventura, Calif.: Regal, 1991), 113. 「영적 원수를 대적하라」(서로사랑)

6. 이 성명서는 Wagner, *Confronting the Powers*, 249-62에 부록으로 실려 있다.

7. C. Peter Wagner, *Warfare Prayer: How to Seek God's Power and Protection in the Battle to Build His Kingdom* (Ventura, Calif.: Regal, 1992), 156. 「기도는 전투다」(서로사랑)

8. C. Peter Wagner, "Twenty-One Questions," in *Behind Enemy Lines: An Advanced Guide to Spiritual Warfare*, ed. Charles H. Kraft and others (Ann Arbor: Servant, 1994), 135. 「영적 전투에서 승리하라」(은성)

9. Larry Lea, "Binding the Strongman," in *Engaging the Enemy*, 88.

10. 존 도우슨이 쓴 서문. *Engaging the Enemy*, xi.

11. 앞의 책, xii.

12. Wagner, *Warfare Prayer*, 176.

13. Wagner, *Confronting the Powers*, 200.

14. George Otis Jr., *The Last of the Giants: Lifting the Veil on Islam and the End Times* (Grand Rapids: Chosen, 1991), 85. 「마지막 대적」(죠이선교회); "An Overview of Spiritual Mapping," in *Breaking Strongholds in Your City*, 32.

15. George Otis Jr. and Mark Brockman, eds., *Strongholds of the 10/40 Window: Intercessor's Guide to the World's Least Evangelized Nations* (Seattle, Wash.: YWAM, 1995). 「10/40 창문에 비쳐진 견고한 진」(예수전도단)

16. Wagner, *Warfare Prayer*, 177-78.

17. John Dawson, *Taking Our Cities for God: How to Break Spiritual Strongholds* (Lake Mary, Fla.: Creation House, 1989), 19장, 183-89. 「하나님을 위하여 도시를 점령하라」(예수전도단)

18. John Dawson, *Healing America's Wounds* (Ventura, Calif.: Regal, 1994), 276.

19. C. Peter Wagner, "The Philosophy of Prayer for World Evangelization Adopted by the AD 2000 United Prayer Track" (16 November 1994), statement no. 22, p.7. 이 성명서는 Wagner, *Confronting the Powers*, 249-62에 실려 있다.

20. Wagner, *Confronting the Powers*, 158-59.

21. Wagner, *Warfare Prayer*, 156-57.

22. 앞의 책, 158.

23. Cindy Jacobs, *Possessing the Gates of the Enemy: A Training Manual for Militant Intercession*, 2d ed. (Grand Rapids: Chosen, 1994), 245-46. 「대적의 문을 취하라」(죠이선교회)

24. 앞의 책, 232.

25. Victor Lorenzo, "Evangelizing a City Dedicated to Darkness," in *Breaking Strongholds in Your City*, 177.

26. Larry Lea, *Could You Not Tarry One Hour?* (Altamonte Springs, Fla.: Creation

House, 1987), 93. 「한시 동안도 깨어 있을 수 없더냐」(바울). Wagner, *Warfare Prayer*, 150에서 인용.

27. Peter C. Craigie, *The Book of Deuteronomy*, New International Commentary on the Old Testament (Grand Rapids: Eerdmans, 1976), 379.

28. 시드니 페이지는 이 시편에 대한 학계의 추이를 간단히 소개하면서, 현대 학자들이 대체로 시편 82편에 나오는 신들을 인간 통치자들보다는 초인적 존재로 이해하고 있다고 논평한다. Sydney H. T. Page, *Powers of Evil: A Biblical Study of Satan and Demons* (Grand Rapids: Baker, 1995), 58.

29. 히브리어 마소라 본문은 다음과 같다. "만국의 모든 신들은 우상들이지만 여호와께서는 하늘을 지으셨음이로다."

30. 가나안 종교에 대해서는, Peter C. Craigie and Gerald H. Wilson, "Religions of the Biblical World: Canaanite," in *International Standard Bible Encyclopedia*, ed. Geoffrey W. Bromiley and others, rev. ed. (Grand Rapids: Eerdmans, 1979-88), 4:95-101를 보라.

31. 앞의 책, 96.

32. 몽고메리는 "다니엘서는 열방의 군주, 즉 그들의 천상의 수호자들에 대한 온전한 교리를 제시한다"고 논평한다. James A. Montgomery, *The Book of Daniel*, International Critical Commentary (Edinburgh: T. & T. Clark, 1927), 419.

33. 예를 들어 다음의 두 책을 보라. Stephen R. Miller, *Daniel*, New American Commentary 18 (Nashville: Broadman and Holman, 1994), 284-85; Page, *Powers of Evil*, 63-65. 그러나 Robert J. Priest, Thomas Campbell, and Bradford A. Mullen, "Missiological Syncretism: The New Animistic Paradigm," in *Spiritual Power and Missions: Raising the Issues*, ed. Edward Rommen, Evangelical Missiological Society Series 3 (Pasadena, Calif.: William Carey Library, 1995), 73와 비교해 보라.

34. Miller, *Daniel*, 279-82를 보라.

35. 이 구절의 "아르콘테스"는 절대적으로 인간적 통치자들을 언급하는 것이라고 믿는 학자들이 약간 있다. 하지만 그리스도의 죽음을 부추긴 귀신적 통치자들을 가리키는 증거가 더 강력하다. D. Aune, "Archon," in *Dictionary of Deities and Demons in the Bible* (Leiden: Brill, 1995), 153-59, 특히 158를 보라.

36. "Statement on Spiritual Warfare: The Intercession Working Group Report, Lausanne Committee on World Evangelization," *Urban Mission* 13.2 (1995):

52를 보라 (원래 *World Evangelization* 18.65 [December 1993]에 발표된 글).

37. Wagner, *Warfare Prayer*, 20.

38. 다른 사람들도 이런 식으로 다니엘서 10장을 잘못 적용한 점에 대해 언급했다. Gerry Breshears, "The Body of Christ: Prophet, Priest, or King?" *Journal of the Evangelical Theological Society* 37.1 (1994): 13–14; Page, *Powers of Evil*, 65; Priest, Campbell, and Mullen, "Missiological Syncretism," 73를 보라.

39. Henry A. Kelly, *The Devil at Baptism: Ritual, Theology, and Drama* (Ithaca, N.Y.: Cornell University Press, 1985)를 보라.

40. *Firmicus Maternus: The Error of the Pagan Religions*, trans. and annotated by C. A. Forbes, Ancient Christian Writers 37 (New York: Newman, 1970), 71–72.

41. Wagner, *Warfare Prayer*, 147.

42. 내가 쓴 *Power and Magic: The Concept of Power in Ephesians* (Grand Rapids: Baker, 1997), 54–55를 보라.

43. "The Philosophy of Prayer for World Evangelization Adopted by the AD 2000 United Prayer Track"의 요점 3. Wagner, *Confronting the Powers*, 252에서 인용.

44. 이것은 또 피터 와그너의 의견이기도 하다. 1996년 1월 11일 그와 함께 한 토론에 근거해 내린 판단이다.

45. 이것은 또 OMF 선교사 척 로우가 내린 결론이기도 하다. 전략적 수준의 영적 전쟁에 대해 포괄적으로 분석한 그의 책을 보라. Chuck Lowe, *Territorial Spirits and World Evangelisation?* (Kent: OMF, 1998).

46. 몇몇 해석자들은 그들이 구약 율법(토라)을 수호하는 역할을 하는 선한 천사들을 매도하거나, 아니면 영지주의자로서 그들이 창조자 신과 그의 천사들을 조롱하고 있었다고 생각한다. 리처드 보캄은 베드로가 반대하는 사람들을 초자연적 권세의 존재를 의심하고, 따라서 회의적이고 냉소적인 어조로 악한 권세들에 대해 말한 합리주의자들로 본다. 베드로가 선한 천사들은 결코 직접적으로 그들을 매도하지 않는다고 분명히 말하고 있는 점에 근거해 볼 때, 그들은 이보다 더 직접적으로 매도하는 일을 한 것 같다. R. Bauckham, *Jude, 2 Peter*, Word Biblical Commentary 50 (Dallas: Word, 1983), 262–63. 「유다서 · 베드로후서」(솔로몬)

47. 내가 쓴 *Power and Magic*, 62–64를 보라.

48. Geoffrey W. Bromiley, "Keys, Power of the," in *International Standard Bible Encyclopedia*, ed. Geoffrey W. Bromiley and others, rev. ed. (Grand Rapids: Eerdmans, 1979-88), 3:12.

49. Wagner, *Confronting the Powers*, 104-12, 220-22.

50. 영어 번역본으로 Knut Schaferdiek, "The Acts of John," in *New Testament Apocrypha*, vol. 2, *Writings Related to the Apostles; Apocalypses and Related Subjects*, ed. Wilhelm Schneemelcher, rev. ed. (Louisville: Westminster/John Knox, 1989), 152-209를 보라.

51. Schäferdiek, "Acts of John," 207-8 n. 55를 보라. 또 Richard E. Oster, "Ephēsus as a Religious Center under the Principate, I. Paganism before Constantine," in *Aufstieg und Niedergang der römischen Welt* 2.18.2 (Berlin: Walter de Gruyter, 1993), 1713-14를 보라. 성전 파괴를 기록한 관련 고대 문서들은 *Forschungen in Ephesos veröffentlicht vom Österreichischen Archäologischen Instituts* (Vienna: Alfred Holder, 1906), 1:262-72에 수록되어 있다.

52. Schäferdiek, "Acts of John," 156에서 인용.

53. Philip Schaff, *History of the Christian Church*, vol. 3, *Nicene and Post-Nicene Christianity* (1910: reprint, Grand Rapids: Eerdmans, 1994), 66에서 인용.

54. Wagner, *Confronting the Powers*, 104.

55. R. van Dam, "Hagiography and History: The Life of Gregory Thaumaturgus," *Classical Antiquity* 1 (1982): 302.

56. 이 주제에 대한 광범위한 논의로 앞의 책, 272-308를 보라. 또 알반 버틀러도 그런 이야기들에 대해 논평하면서 "많은 부분이 전설이라는 점에는 의심할 여지가 없다"고 말한다. Alban Butler, *Butler's Lives of the Saints*, edited, revised, and supplemented by H. Thurston and D. Attwater (London: Burns and Oates, 1956), 4:362.

57. Lowe, *Territorial Spirits and World Evangelisation?*의 8장 역시 이 점을 지적한다.

58. Mike Wakely, "A Critical Look at a New 'Key' to Evangelization," *Evangelical Missions Quarterly* (1995): 159.

59. Oster, "Ephesus as a Religious Center," 1700-1706.

60. Duane A. Garrett, *Angels and the New Spirituality* (Nashville: Broadman and Holman, 1995), 216.

61. 이 단어 자체는 영국식 영어에서 "연못, 언덕 같은 지점들을 찾아내서 그곳으로 가는 길을 표시하고, 보통 언덕 꼭대기에서 언덕 꼭대기를 잇는 직선으로 선사시대의 길을 나타내는 가상의 선"으로 사용된 역사를 갖고 있다(*Oxford English Dictionary*, 8:876-77). 레이 선으로 이루어진 격자 거더(a gridwork of ley lines)라는 개념은 현대 신비술에서 아주 인기가 많아졌지만, 원래 초능력이나 신비술적 힘을 갖고 있는 것으로 여겨지는 장소들을 연결해서 만들었다. 실제로, 「The Ley Hunter」라는 제목을 붙인 새로운 잡지가 영국에서 출간되었는데, 이 잡지는 레이, 고대 지혜, 성지, 우주의 에너지 등을 연구하는데 전념한다.

62. Neville Drury, *Dictionary of Mysticism and the Occult* (San Francisco: Harper & Row, 1985), s.v. 드루리는 심령술 연구자와 영매들이 "심령 에너지의 패턴은 레이에서 나온다"고 주장한다고 말한다. 그는 또 일부 UFO 연구자들이 "레이 선을 외계에서 온 방문자들을 안내하는데 사용하는 능력 망(power grid)으로 믿는다"고 언급한다. "그들은 외계인들이 아주 이른 시기부터 인류 문명과 접촉했으며, 신화와 전설에 엄청난 영향을 끼쳤다고 주장한다." 또 "Leys," in *Encyclopedia of Occultism and Parapsychology*, 2d ed., 3 vols. (Detroit: Gale Research, 1984)를 보라.

63. 〈세계복음화 로잔위원회〉 역시 이교적 세계관으로 되돌아가는 것에 대한 우려를 표명했다. 그들이 영적 전쟁과 관련해 최근에 발표한 성명서는 이렇게 주의를 주었다. "우리가 이교적 세계관으로 되돌아가서 그에 따라 생각하고 행동할 위험이 있다……이에 대한 해독제는 성경 전체를 철저하게 연구하는 것이다"("Statement on Spiritual Warfare," 52).

64. 오티스는 영적 지도 작성에 대한 두 권의 책을 썼다. *The Twilight Labyrinth: A Revealing Journey into the Spiritual Dimension* (Grand Rapids: Chosen, 1997); *Informed Intercession: Transforming Your Community Through Spiritual Mapping and Strategic Prayer* (Renew, 1999). 앞의 책에서 오티스는 복음 전파를 방해하는 다양한 문화의 종교적 신비술적 관례 가운데서 역사하는 영적 권세들의 실체를 밝혀내려고 한다. 오티스의 목표는 인간의 고통, 세계관, 신화적 주제, 종교적 체계 뒤에 정말로 마귀가 숨어서 활동하고 있다는 사실을 보여주는 것이다.

65. 이것은 1995년 11월 7일 조지 오티스와 나눈 전화 통화에서 사실로 확인되었다.

66. 특히 C. Peter Wagner and Mark Wilson, eds., *Praying through the 100 Gateway Cities of the 10/40 Window* (Seattle, Wash.: YWAM, 1995)를 보라. 「100개 관문도시를 위한 중보기도」(기독교21세기운동본부)

67. 이 논평은 책의 앞표지 안쪽에 실린 추천의 글에서 가져온 것이다.

68. Dawson, *Engaging the Enemy*, ix. 도우슨은 자신이 쓴 책「하나님을 위하여 도시를 점령하라」의 스터디 가이드에서도, 지역 영의 이름을 알아내고 추방시켜야 할 필요를 강조하지 않는다. "내 책에는 정사와 권세의 정체를 밝히고 나서 그들을 단독으로 물리치는 개인들에 대한 이야기들이 없다는 점을 주목해야 한다." John Dawson, *Taking Our Cities for God Study Guide* (Altamonte Springs, Fla.: CharismaLife Learning Resources, 1990), 5.

69. Wagner, *Confronting the Powers*, 260에서 인용.

70. Kjell Sjoberg, "Spiritual Mapping for Prophetic Actions," in *Breaking Strongholds in Your City*, 109.

71. 앞의 책, 118.

72. 1996년 1월 11일 〈세계추수선교회〉 사무실에서 피터 와그너와 나눈 개인적 대화.

73. Lorenzo, "Evangelizing a City Dedicated to Darkness," 190.

74. *Oxford English Dictionary*, 13:591를 보라.

75. Dawson, *Healing America's Wounds*, 45-47.

76. Joe Hellerman, "Some Additional Thoughts about Building a Theological Foundation for Racial Reconciliation," 1996년 〈약속을 지키는 사람들〉을 위해 쓴 미발간 논문.

77. Dawson, *Healing America's Wounds*, 230.

78. Hellerman, "Racial Reconciliation," 3.

79. 1996년 6월 14일에 쓴 개인 편지.

80. Sherwood Lingenfelter, *Transforming Culture: A Challenge for Christian Mission* (Grand Rapids: Baker, 1992).「변화하는 기독교 문화」(CLC)

81. Walter Wink, *Engaging the Powers: Discernment and Resistance in a World of Domination* (Minneapolis: Fortress, 1992), 75.「사탄의 체제와 예수의 비폭력」(한국기독교연구소)

82. 존 웜버는 "오스트레일리아를 위해 기도할 때 나는 하나님께 거부의 영에 맞서 싸워주실 것을 간구했다. 하나님이 지역 영을 묶어버리기 위해 천사들을 동원하실 것인지 아니면 그분의 성령을 보내 주실 것인지 양자택일의 문제는 하나님의 소관이었다. 나는 내 생각과 노력이 아니라 하나님과 그분의 전략을 신

뢰한다"고 언급한다. John Wimber, *Power Points* (San Francisco: HarperCollins, 1991), 183. 「능력 포인트」(솔로몬)

83. Michael Ebert, ed., *WindoWatchman* (Colorado Springs, Colo.: Christian Information Network, 1994); George Otis Jr. and Mark Brockman, eds., *Strongholds of the 10/40 Window: Intercessor's Guide to the World's Least Evangelized Nations* (Seattle, Wash.: YWAM, 1995); Patrick J. Johnstone, *Operation World: The Day-by-Day Guide to Praying for the World*, 5th ed. (Carlisle, England: OM Publishing; Grand Rapids: Zondervan, 1993). 「세계기도정보」(죠이선교회)

84. David Bryant, *The Hope at Hand: National and World Revival for the Twenty-First Century* (Grand Rapids: Baker, 1995).

85. Neil T. Anderson and Charles Mylander, *Setting Your Church Free: A Biblical Plan to Help Your Church* (Ventura, Calif.: Regal, 1994).

86. 앞의 책, 228.

87. 앞의 책, 307-9에서 부인과 단언을 열거해 놓은 목록을 보라.

88. 앞의 책, 313-14.

89. 앞의 책, 317-18.

90. Ed Silvoso, *That None Should Perish: How to Reach Entire Cities for Christ through Prayer Evangelism* (Ventura, Calif.: Regal, 1994). 「아무도 멸망치 않기를」(서로 사랑)

91. 〈추수전도회〉에서 에드 실보소와 함께 일하는 빅토르 로렌조는 이 전략이 레지스텐시아와 라플라타에 어떻게 적용되었는지 자세히 기록해 놓았다. Lorenzo, "Evangelizing a City Dedicated to Darkness," 171-93를 보라.

92. Silvoso, *That None Should Perish*, 73.

93. 앞의 책.

94. 앞의 책, 250.

95. 나에게 온 1996년 6월 14일자 편지.

96. 영적 전쟁 문제를 둘러싸고 현재 분열된 모습을 보이고 있는 가운데 연합을 이루려고 시도하는 것 역시 〈세계복음화 로잔위원회〉의 관심사이다. 영적 전쟁과 관련해 최근에 발표한 성명서에서, 그들은 이렇게 언급한다. "우리는 영

적 전쟁이라는 주제 및 실천이 복음주의 그리스도인들을 분열시키고 있는 현실에 대해 우려를 표명하면서 우리들의 생각이 화합과 일치를 이루는데 도움이 되기를 바라고 기도한다. 우리는 복음화를 위한 모든 세력이 연합을 이루고, 우리 가운데 싹트고 있는 분열이 사랑으로 극복되기를 간절히 기도한다" ("Statement on Spiritual Warfare," 53).